오늘을 생각하는 우리역사

저자 김인호

신아사

들어가기

2016년 교육부가 이른바 대학에서 인문계열 인원을 축소하거나 공학계열로 이전하여 사회적 직업수요와 학생들의 취업역량을 제고한다는 취지로 시작한 프라임(Prime) 사업은 그나마 취약한 국가적 인문학 기반에 큰 상처를 남겼다. 1년에 150억 원이나 지원한다니 너나없이 재정 위기에 몰린 대학들이 이 사업을 수주하기 위하여 큰 경쟁을 벌였다. 필자도 설마 우리 대학이 이 사업을 따올까 의심하기도 했고, 또한 정부 요구대로 인위적으로 구조조정을 한다고 해도 큰 변화가 있을 것인가라는 의심의 눈초리를 보낸 것이 사실이다.

그런데 설마했던 것이 현실이 실현되었고, 그 유탄에 맞아서 지난 30년을 이어온 본교 사학과도 모집중지를 당하는 처지가 되었다. 그런 '참변'을 겪으면서 역사를 소중히 할 줄 모르는 해괴한 정권에 대한 불만이 커진 것도 사실이지만 이윽고 우리 자신의 무능과 유약에 대한 반성 또한 만만치 않았다. 그동안 우리들은 역사를 종합학문이라고 말하면서도 왜 늘 문헌 중심의 역사 한분야에만 능통한 사람을 육성하려고 했는가? 무릇 역사란 정치, 경제적 식견은 물론, 문학, 예술, 물리, 화학, 의학까지 너무나 넓은 영역을 가지고 있어야 한다는데, 우리는 무엇을 위하여 그리고 어떤 목표를 가지고 학생들을 가르쳐왔는가? 화학을 잘하는 학생을 키워서 좋은 박물관 요원을 만들면 어떨까? 경제학을 전공한 학생을 키워서 훌륭한 경제사학자로 만들면 어떨까?

새로운 역사학의 비젼과 가능성에 대해서 깊이 고민할 시간이 많았고, 어쩌면 인문학 전체의 불확실한 미래를 생각할 때 사학과 사례는 참으로 중요한 경험이라고 여겨진다. 결과야 어찌될지 모르지만 뭔가 새로운 역사학의 미래를 위한 고민은 여전히 계속될 것이고, 가상학과나 재학생기반의 자율전공체제 등 다양한 역사학 재건 방향이 모색되고 있다는 점에서 결코 우리의 고민은 헛되지 않을 것이라고 본다.

프라임 사업에서 주창하는 인문학의 실용적 개편 논의는 참으로 유치한 구상이지만 그래도 그러한 취지를 살려서 오늘을 사는 우리 학생들이 재미있게 오늘의 삶과 고민을 해결하는데 기여할 우리 역사 이야기를 한번 만들고 싶었다. 물론 이전에도 이런 시도가 없었던 것은 아니다. 『역사와 오늘』(신서원), 『오늘을 위한 우리 역사』(한양대 출판부) 등에서 이와 비슷한 책을 낸 적이 있고, 그 중에서 이번에도 쓸 만한 것은 좀 빌어다 놓았다. 하지만 인문 교양을 위하여 그리고 대학생들을 위한 오늘의 역사는 처음 기획하는 것이라서 이제 출판을 앞두니 무척 설렌다.

남의 말을 잘 듣지 않는 성격이라 그동안 욕도 많이 먹었지만 고집 센 만큼 자존심 있는 글을 놓친 적이 없는 터라 글을 쓰면 그동안 잃은 것도 많고 얻은 것도 많았다. 하지만 그 모든 필자 개인의 약점에도 불구하고 지금껏 하나 변하지 않는 것이 있다면, 그것은 역사가는 진실을 말해야 한다는 것이고, 역사의 진실은 대단히 힘들게 얻어진다는 사실이다. 진실을 말하려고 하다 자칫 실수하거나 미처 몰랐던 것을 늦게 발견하기라도 해서 망신을 당할지도 모르겠다. 하지만 필자는 현실 권력의 정치적 목표를 위하여 역사를 수단화하려는 그 어떤 망동에도 싸울 준비가 되어 있다. 그런 면에서 이 책은 수십 년 학문생활하면서 가짜를 싫어하고 진짜배기를 좋아하는 내 마음을 담은 충실한 역사고백이다.

역사연구를 하면 무엇이 즐거운가? 물어 보는 사람이 많다. 나는 사랑하는 사람을 지키는 보람과 같다고 했다. 그리고 역사가로서 역사가 무엇이냐고 묻는다면 '거짓말로 만든 과거'라고 답할 것이다. 그렇다면 역사가의 사명은 자명하다. 역사가는 거짓이 범벅된 역사서술에서 진짜배기를 걸러내는 사람 즉, 가짜와 진짜를 구분할 줄 아는 사람이라고 말하고 싶다.

그런데 역사가 마치 역사적 사실에 대한 이해로만 이해되어선 결코 진실에 접근할 수없다. 사실(事實) 하나로 그 사실이 전하는 모든 정보가 진실일 것이라고 믿는 사람은 얼간이이다. 사료 하나로 우리나라 강역이 러시아 우랄산맥을 넘었다는 둥, 퉁그스족에서 우리 민족이 왔다는 둥, 우리 청동기가 2천 년이니 3천 년 된다는 둥 허망한 소리를 역사학의 좌표니 역사의 목소리하면서 외치는 것은 무척 어리석은 사고이다.

또한 사료 하나에 모든 것을 상상하는 신념의 역사도 문제지만 지나치게 사회과학화하여 숫자 일변도로 보는 계량적 역사는 더 위험하고도 해괴한 역사이다. 혹자는 근대사회는 숫자로 설명이 가능한 사회이니까 경제성장률이나 각종 경제지표가 말하는 것에서 역사적 진실을 찾을 수 있다고 한다. 하지만 이런 생각은 역사국정교과서를 만드는데 기여한 사람들이 스스로 위로하려는 한심한 논리에서 비롯된 것이다.

다시 말하지만 역사란 권력이나 욕망과 같은 각종 이데올로기로 범벅한 '진짜처럼 위장된 과거'일 뿐이다. 그러니 역사와 역사학자는 분명히 다르다. 역사학자는 그런 범벅이 된 진짜같은 과거사실에서 진정 진짜만을 추출해 내는 진실의 탐험대장과 같다. 독서백편의자현(讀書百編意自現)! 인간관계의 총아를 다루는 역사학에서는 숫자로 만든 근대사이든 사료 하나로 이룬 위대한 고대사든 역사 자체가 직접 살아서 말하기 전까지 그 진실을 섣불리 말하는 데 무척 주저한다.

역사학자는 어떤 사실의 전모를 복원하는 것 이상으로 그러한 사실간의 복합적인 연관을 탐구하며, 완벽한 인간관계의 퍼즐이 완성될 때 비로소 개별 사실의 독립성을 인정하는 수순을 밟게 된다. 완벽한 인간관계의 퍼즐은 역사학자의 오랜 사료와의 동거과정에서 얻어지는 짙은 진실의 혜안이다. 오래 보고 새겨보고 지켜보고, 느껴보며, 이렇게 고민하고, 저렇게 고민하고, 정치와 경제를 연관하고, 사회와 문화를 연결하는 수많은 고역에서 하나의 사실이 진정 어디서 진실을 발하고 있는지 확인하게 되는 것이다.

그러니 역사는 사회과학이 아니라, 어쩌면 사실을 놓고 벌이는 위대한 숙련의 예술이다. 역사가는 진실인 듯 범벅된 과거 사실의 진면모를 알기 위해서 다양한 지식의 도움을 받아야 한다. 요즘 일부 경제사가들이 마치 경제사는 자신의 것, 일부 정치학자가 정치사는 자신의 것이라고 말하는 것을 보면 무척 개탄스럽다. 사회과학자들의 역사연구는 자주 권력이 추구하는 이해를 가장 정확하게 파악하는 자세를 역사가의 기본으로 보는 경향이 있다. 하지만 그것은 역사학자로서 바람직한 자세는 아니다. 왜냐하면 역사는 권력자의 정당성을 이해해주고 다독여주려고 만든 학문이 아니기 때문이다.

이러한 현상이 그동안 카(E. H Carr)가 주장한 모든 역사는 현재와 과거의 대화라는 고민의 연장에서 시작되었다는 것은 참 아이러니하다. 카아의 역사는 의도적으로 현재적 가치아래 과거가 복무할 수 있다는 믿음을 널리 전파하는데 기여하였다. 과거 사실이 현재로 인해 바뀔 수 있다는 해괴한 사상이 '상상으로서의 역사'를 만들고 '역사해체론의 길'을 열었다. 역사의 객관적 진실이 위축되고, 늘 역사는 승자의 혹은 현실에 목적에 오염된 상대화된 진실만 담는다는 생각의 확산을 못 막았으니, 이제 오늘날에는 무엇이 가짜이고 어느 것이 진짜인지 그 경계를 얻는 것이 참으로 어려워보인다.

하지만 단언코 이야기 하건데, 역사가는 진짜배기를 감별하는 사람이다. 감별의 능력은 기술이 아니라 숙련이다. 그러니 역사는 문학자가 말하듯 상상의 결과물도 아니며, 경제학자가 말하듯 숫자로 완전히 복원가능한 것이 아니다. 오히려 이런 학문의 도움을 받은 역사학자가 오랫동안 사료의 총체적인 접근을 완성한 다음에 비로소 그 진실을 획득하게 된다는 점 다시금 말해둔다.

너무 어려운 말을 했다. 이 책을 읽으면서 일단 우리 학생들은 역설적으로 이 책이 모두 진실이라고 믿지 말기를 바란다. 나도 자신이 없는 곳이 많다. 하지만 내어놓고 깨어지길 기대한다. 조금이라도 의문이 있으며 지적해주길 바란다. 그리고 열정적인 시도에 대해선 부족하더라도 함께 박수쳐 주길 바란다.

필자는 생각하는 역사를 좋아하며, 아마도 대부분의 독자들도 뭔가 역사 이야기를 통해서 한번 듣고 귓등으로 흘러가는 것보다 가슴에 두고두고 의문을 불러일으키는 자극을 기대할 것이다. 사실 필자도 그런 마음으로 썼다. 답이 없지만 답을 향한 해괴한 시도라고 여겨주어서 크게 한번 즐겨주길 바란다.

이 책은 대학 강의에도 도움을 주려는 의도에서 14장과 보론으로 구성하였다. 15주차 대신에 보론을 달았다. 다시 말하지만 세상을 어떤 권력이 농단하든 간에 역사학자의 본분은 진실을 기록하는 것이다.

일제강점기 총독부 보안과에서 돈까지 받아가며 징용을 피하려던 한국인들을 잡아다 무차별 폭력을 가하고 침략전쟁에 보냈던 간교한 친일파들이 있었다. 이들은 다시 해방 후 권력을 얻으니 자신의 과거를 화려하게 바꾸었다. 굳이 누구라고 말하고 싶지 않지만 '가짜가 진짜처럼 되는 비극'이 우리 근현대사 최악의 비극이다. 여염집 아낙을 빨갱이로 몰아서 죽여놓고 무공훈장 타고 아직도 유공자의 이름을 달고 있을지 모를 그 누구에게 이 책이 경고가 되었으면 한다. 다시한번 이 자리를 빌어서 수단화되고 왜곡된 수많은 근현대사의 피해자들에게 이 책이 조그마한 위안이라도 되었으면 한다.

끝으로 이 책을 내는데 강경구 교양대학 학장님의 간곡한 권유가 있었다. 평소 눈빛이 진실하신 분이라 두말하지 않고 부탁을 들었다. 이 책을 출판하는데 애쓴 도서출판 신아사 임직원께도 깊은 감사를 드린다.

2016년 12월 25일 대지산 자락에서

저자 김인호

목차

제 1 강

우리 민족 이야기

천지창조 이야기

천지창조는 인간이 비로소 세상을 발견한 것

선사시대란 말 그대로 문헌사료가 존재하지 않는 시대 즉, 19세기 이후 고고학의 발달로 새로 알게 된 비(非)문자의 원시시대이다. 그런데 문자로 나누는 그런 구분으로 제대로 된 당대 모습을 이해할 수 있을까? 사료가 없으니 고고학적인 유물로 그 시대를 이해하려는 것은 잘못이 아니지만 그동안 원시사회는 정작 알아야 할 당대 인간이 실제 어떻게 사회를 만들어 갔는지 보는 데는 많은 제약이 따랐다. 문화사적 차원에서 유물 소개가 중심이 되다보니 정작 그것을 만들어야 했던 실제의 삶에 접근할 기회는 축소되었다. 그렇다면 어떻게 해야 하는가? 원시 사회 이해의 출발점은 역시 "인간은 본래 무엇으로 생존하는가?"에 대한 섬세한 관찰에서 시작된다. 자세한 관찰에서 이 시점이 인류사에 미친 진솔한 영향력을 확인할 수 있다.

인간의 기원에 대해서 일부 종교단체는 신이 흙으로 인간을 빚었고, 생기를 불어넣어 생명을 주었으며 자연 만물을 만들었다고 주장한다. 어떤 종교단체는 우주의 거대한 기가 인연이란 거대한 힘에 의해 이합집산하면서 찰나(刹那; 순간)와 같은 인간세상을 만들었다고 한다. 물론 인류의 기원은 시기적으로 고(古)생물학 영역인 인간[유인원]출현 이전 시기까지 거슬러 올라갈 수도 있다. 그런데 인간의 역사는 생물학적 연대에서 출발하기도 하지만 그보다 진정 인간이 동물과 달라지는 시점,

그리고 세상을 객관적으로 자각하는 시점이 어쩌면 인류의 기원일 수 있다. 짐승과 아무것도 다를 것이 없는 고생물학 단계의 인류는 인간의 진화단계임에는 분명하지만, 당시 인간은 천지만물에 대한 객관적 이해능력이 여전히 동물계의 그것과 유사한 상태였다. 동물과 다를 것이 없는 시기의 인간은 부모와 자식에 대한 구분이 아직 없었고, 단순히 먹이를 구하러 다니는 포유류 이상의 지능을 찾아보기 힘든 시기였다.

그렇다면 언제부터 진정한 원시시대인가?

인간이 진정 사회를 만들기 시작한 것은 '천지(天地)에 대한 자각'에서 비롯되었다. 『성서』에 나오는 "태초에 하나님이 천지를 창조하시니라"라는 구절은 어쩌면 신이 인간을 흙으로 구웠던 기록이라기보다 인간이 비로소 동물적 본능에 지배하는 단계를 지나 천지에 대한 객관적 자각을 시작했다는 말로 들린다. 별과 달과 꽃을 보고 아름답고 오묘하다고 느끼는 것 그것이 바로 천지에 대한 자각이었다. 그러한 사물에 대한 자각을 통해서 인간은 비로소 사회와 인간관계를 구성할 수 있게 되었고, 본능과 먹이만에 집중된 자연적 진화의 수준을 넘어 창조적 진화단계로 도약하게 되었으며, 이로서 동물과 다른 진정한 인간의 모습을 보이게 되었다는 점이다.

도가(道家)에서 말하는 "천지(天地)가 불인(不仁)하다"는 것은 천지가 인간의 눈에 아름다움과 동경의 대상이지만 한편으로는 두려움과 공포의 대상이라는 말이기도 하다. 그러한 하늘과 자연이 보여주는 오묘한 모습에 대한 두려움에서 정령신앙이나 토테미즘 같은 원시종교가 발생하고, 인간들이 군집한 사회에 대하여 도덕적 가치를 부여하고 규범을 지정하게 된다. 종교적·도덕적 가치의 형성과정이 인간의 자연적 진화과정을 넘어선 진정한 인간의 과정이다.

인간(人間)을 파자(破字)하면 인(人)+간(間)이다. 즉, 인간은 사람 사이의 관계를 말하며 사회의 일원으로 사람과 관계를 맺는 가운데 형성된다. 인간이 존재하는 이유는 바로 인간이 사회를 만들고, 사회를 운영하면서 동물계와 다른 독특한 도덕적 가치를 형성하기 때문이다. 여기서 도덕은 성선설이나 최고선, 도덕적 덕목 같은 의미가 아니라 지배자에 대한 피지배 계급의 철저한 신뢰와 복종을 위한 모든 장치를 포함한다.

우리는 원시사회를 자주 미개(未開)라든가 야만(野蠻)이라는 말로 대신한다. 하지만 원시사회가 진정 역사 속에서 가치를 형성하는 것은, 기나긴 50억 년에 걸친 자연계의 진화과정에서 마침내 사물에 대한 자각을 이룬 인간부류가 출현하면서부터였다. 원시시대의 인간은 더 이상 자연적 진화만이 아니라 창조적 진화단계로 진입한 점이 주목된다. 처음 도덕적 가치를 주창한 것은 동물계에서나 빚어지는 적자생존[자연도태]·친자불명·약탈경제와 같은 여러 모순에 대한 인간의 반성과 자각이 있었기 때문이었다. 진정한 천지창조는 바로 동물계의 일원에서 인간계의 독립을 달성하도록 한 도덕적 가치가 형성된다는 말이다. 동물과 다른 삶을 의식하게 된 것이 천지창조라고 한다면, 진정한 인간의 의미는 무엇일까?

인간의 발전은 끊임없는 노력에서

인간사회의 도덕적 가치는 인간 내부의 동물계적 질서에 대한 반성과 배척에서 출발한다. 소돔과 고모라에서 탈출한 롯과 그의 딸이 사생아를 낳는 것과 같은 동물계적 전통은 인간사회의 발전적 진화를 저해하고, 합리적 인간관계의 형성을 가로막았다. 그동안 많은 사람들이 이러한 불합리에서 벗어나 좀 더 진전된 가치를 사회에서 전파하고 싶어 했다. 모세가 그토록 바라던 세상은 바로 질서있는 세계였고, 그것을 위해 하나님이라는 절대자의 이름을 빌렸으며, 하나님의 뜻과 그 가치[십계명]로 인간계의 동물적 속성을 규제하였다. 그 과정에서 그런 가치를 수호하는 일군의 제사장 그룹과 하늘의 계시를 받는 그룹이 신성한 종족으로 전환되면서, 신성한 제사장(혹은 무당계급)과 예하에 하늘에 복종하는 일반 피지배 계급이 정립하게 된 것이다.

도덕적 가치(=질서의식)의 자각과 인간사회의 계급관계 형성 사이에는 이처럼 밀접한 관련이 있다. 물론, 원시사회에서 지배계급은 신의 계시를 담당하는 종교색채를 강하게 내포하면서 피지배 계급에 대한 완전한 계급적 지배를 달성하지 못하였다. 천재지변으로 국가적 위기가 발생할 때 '왕 살해'나, 이방인 숭상 등의 방식으로 구태의연한 지배계급이나 관례적인 개편이나 낡은 체제를 제거하는 일은 역사상 항시 존재하였다.

당시는 아직 지배계급이 완벽한 권력을 획득한 것이 아니라 물을 잘 저장하고 생존의 영속성에 도움이 되는 범위에서 지배계급에 권력이 양도되고 있었다. 따라서 원시시대의 계급적 관계의 형성은 삶의 개선과 역사발전에 일정하게 기여하였다. 하늘의 뜻이 있어 임금이나 대통령이 된다는 신비주의적인 어구도, 이런 지배계급에 대한 원시시대의 이해방식이 잔존한 사실을 말한다.

요컨대, 원시시대의 역사적 가치는 동물계와 아무런 다를 바 없던 인간계가 자연적 진화의 영역을 벗어나 "끊임없는 진화 속에 창조적 발전을 꾀하는 인간"을 형성하기 시작한 데서 찾을 수 있다. 세상에 대한 인간의, 하늘과 땅에 대한 인간의 자각, 자연만물에 대한 나름의 해석이 가능해진 인간이 50억 년의 긴 자연적 진화를 거쳐 마침내 지구상에 출현하였다는 데서 큰 의미가 있다. 그리고 그러한 자각을 기초로 인간관계에 남아 있는 동물적 관계의 불합리성을 청산하고, 인간 삶을 고단하게 하는 모든 악법과 약육강식의 동물계적 전통에서 벗어나기 위한 선한 약자들의 끈질긴 노력이 바로 천지창조라고 할 수 있다.

우리는 단일민족일까?

우리민족은 어디서 왔을까? 혹자는 우리가 '백의민족'이니 그 특성을 거꾸로 추적하여 민족적 일체성을 확인하자는 주장도 하는데, 백의민족은 민족형성의 논리라기보다는 민족의 정체성을 표현하는 상징일 뿐이다. 실제로 조선시대까지 백성의 주요한 의복은 백의가 아니라 황포[누런 옷]였다. 한국인이 늘 흰옷만 입었다는 것은 거짓말이다. 마찬가지로 단군의 자손이라 하여 마치 단군할아버지가 마치 우리를 낳아준 것처럼 생각하는 것도 적절하지 못하다. 그것은 이미 수만 년 전부터 한반도에는 많은 종족이 모여 살고 있었다는 사실이 각종 고고학적 발견에서 밝혀지기 때문이다.

민족의 기원을 설명할 때 종래 가장 보편적으로 통용되고 있는 것이 퉁구스(Tungus)설이다. 그런데 한민족이 퉁구스의 일파라는 설은 현재 아무런 증거가 없다. 한민족이 퉁구스족과 몽골족의 잡종이라거나, 한족(漢族)과 몽골족의 후예라는 설도 물론 허구다. 오히려 퉁구스설은 정치적으로 활용된 민족론이다. 즉, 일제강점기 총독부는 조선인이 결국 퉁구스족[=대일본민족]의 일원으로서 같은 민족이었다는 점을 내세운 일선동조동근론을 제창했다. 그러면서 이른바 만선사관(滿鮮史觀)을 통하여 내지(內地)민족(일본본토 민족)이 본래 조선민족과 하나이며, 예로부터 조선은 만주와 깊은 역사적 연고를 가진 사실을 선전했다. 그러나 만선사관은 알고보면 일제가 대륙침략을 추진하는 데 조선인의 자발적 참가를 독려하고, 침략전쟁의 전위대로 내세우려는 대단히 제국주의적 음모에서 나온 것이다. 실제로 사료에서도 엄연히 만주족과 한족(韓族)은 다르다.

통그스족설은 해방 후에도 오랫동안 국정 국사교과서에서 마치 정설인 양 소개되었고, 이와 유사한 여러 가지 민족기원설이 제기되기도 하였다. 우리 민족이 중앙아시아에서 이주해 왔다는 견해나 헐버트(H.B. Hullbert)같이 삼한(三韓)의 언어가 인도의 드라비다어(Dravidian) 가능성이 높다는 의견도 있는데, 이 또한 일제가 유포한 퉁구스족설에서 크게 벗어나지 않은 것이었다. 결국 이러한 민족기원론은 1940년대 일제가 대륙침략을 자행할 때 일선만지일체 즉 '일본, 조선, 만주, 중국이 본래 하나'이기에 침략은 정당하다는 논리가 체계화된 것이라 할 수 있다.

우선 중국문헌에서 보면, 중국의 전국시대를 평정한 진나라 시대 이전부터 우리 민족을 숙신(肅愼)과 예맥(濊貊)으로 부른다. 혹자는 '숙신'이 '조선(朝鮮)'이 되었고, 이후 중화사상이 고착화하면서 동이(東夷)라는 명칭을 사용하였다고 하며, 예맥족은 넓은 의미에서 동이(東夷)이라고 한다.

고고학 측면에서, 우선 구석기 문화유산에서 당시 주민의 존재를 추론하여 우리 민족의 원형을 추적할 수 있는데, 구석기인들은 당시 한반도에 살면서 문화를 남긴 것은 분명하다. 그런데 통설적으로 구석기시대는 이후 시대와 문화적 단절을 보인다고 하는데, 그럼에도 우리 민족 형성에 구석기인들의 역할을 폄하해서는 안 된다.

신석기시대 주민은 현재의 우리 민족 형성과 깊은 관련이 있는 듯하다. 특히 빗살무늬토기는 시베리아와 연관이 있는데 당대 이 지역에는 고아시아족(Paleo Asiatics)이 생활하였고, 이에 우리 신석기 문화에 시베리아 계통의 영향이 크다는 점은 분명해 보인다. 하지만 이들이 전적으로 우리 민족의 전신이라고 보기에는 여러 가지 문제가 있다.

이어서 한반도에는 무늬없는 토기를 중심으로 하는 새로운 문화와 주민이 등장한다. 이들은 선주민인 고아시아족을 흡수하고 들어온 듯한데, 이들은 선주민의 빗살무늬토기와 결합하여 독자적인 민무늬토기 문화로 나아가고 있었다. 그러니 어느 하나의 문명이 우리 민족의 원류라고 단정하는 일이 얼마나 독설적인지 다시금 돌이켜보아야 한다.

또한 형질인류학적으로 우리 민족은 세계인류 신장분포에서 키는 중간 이상[中等大]이며 두골 길이가 짧고[頭骨長徑], 두고(頭高)·안고(顔高) 등의 특색을 보여준다. 이러한 특성은 적어도 퉁구스 계통과 우리가 다르다는 것을 보여주는 중요한 단서인데, 삼국시대 벽화나 양나라에 파견된 삼국사절의 모습이 서로 극히 다르고 특히 신라인들은 완전히 서구형의 모습을 하고 있다는 점에서 이채롭다. 아울러 많은 외국인들이 우리나라에 귀화하거나 침략전쟁을 통하여 다양한 형질의 유전자가 우리 민족에 전래되고 있다.

한국어의 계통이나 기원도 알타이어족의 옛 땅은 흥안산맥(興安山脈) 인근이었고, 이 조어(祖語)시대의 이곳 저곳에서 퉁구스인·한국인·몽골인·터키인들이 혼거하고 있었다는 설이 일반적이다. 근래에 와서 우리말에 고아시아어, 즉 예를 들면 길랴그(Gilyak)어 같은 비(非)알타이어적 요소가 지적되고 있다는 점에서 우리 민족의 형성 과정에 보이는 빗살무늬 토기인들이 혹시나 고아시아족일 가능성이 있음을 시사한다.

우리 민족이 단일민족이라는 가설이 오랫동안 통용되어 왔으나 그렇지 않다는 것이 최근의 일반적인 견해이다. 그리고 민족이라는 개념 자체도 실제의 종족적 개념이 아니라 민족의 자존과 영속성을 강조하려는 이른바 상상의 산물로 기억하는 경우가 많다. 그러므로 민족주의 역사 차원이 아니라 우리 민족의 문화적 원류라는 관점에서 구석기시대 이후 한반도·시베리아 여러 지역에 다양한 종족이 다원적인 생활양식을 영위하면서 분포하였고, 그들이 주변의 역사적 경과와 맞물려 이합집산하면서 한민족이라는 공동체 문화로 일반화되고 주변 중국이나 시베리아와 다른 독특한 문화와 종족적 정체성을 형성해 갔다는 생각을 공유할 필요가 있다.

요컨대, 우리 민족의 기원은 한반도에 살던 종족과 빗살무늬토기인 그리고 이들의 문화를 흡수한 민무늬토기인[예맥족]이 서로 엉키면서 독특한 문화를 만들어낸 것으로 파악할 필요가 있다. 일방적으로 우리 민족이 퉁구스족에서 갈려졌다거나 고아시아족 혹은 민무늬토기족이라는 일방적인 단정은 민족이 만들어지기 이전에 존재하던 민족태를 마치 단일한 젖줄에 의해 형성된 것처럼 위장한 위험한 사고이다. 오히려 피부나 종족은 달라도 특정한 지역에서 문화적 교류관계를 형성하고 유기체적인 역사의 진행을 함께 하려 했던 모습에서 조심스럽게 우리나라 민족의 기원을 확인할 수 있을 것이다. 역사와 연대하려 하였던 수많은 사람들이 삶의 개선을 위해 부단히 노력하여 일정한 일반성과 정체성을 획득하는 과정에서 민족의 원류가 서서히 만들어졌던 것이다.

백의민족 이야기

우리 민족은 과연 흰옷만 입었는가?

우리 민족을 자주 백의민족(白衣民族)이라고 한다. 왜 그럴까? 진짜 우리는 백의만 입었는가? 우리 민족이 하얀 옷을 입은 것은 아주 오래 전이다. 중국의『위지(魏志)』에서는 부여 때부터 이미 우리 민족이 백의를 입었다는 기록이 있다. 본래 우리 역사에서 백의[하얀 옷]는 일반 백성의 옷일 뿐만 아니라 지체 높은 고관대작도 즐겨 입었던 것으로 나타난다. 고려시대에는 왕이라고 해도 백저포로 지은 옷을 즐겨 입었다. 백색 무명이 고려 말에 전래된 이래, 조선인의 옷감은 주로 토포(土布)라는 흰색 무명이나 삼베, 모시 등이었다. 그런데 우리 민족은 이처럼 백의만 입었던 것일까?

역대 왕조 정부가 일반 백성에게 백의를 입도록 강요한 경우는 적었다. 오히려 옷 색은 시대의 변화나 요구에 따라 다양하게 입도록 배려했고, 경우에 따라서는 신분을 표시하거나 생활의 편의를 강조하기 위해, 또는 사대나 각종 국가적 행사를 위해 색깔 옷을 입도록 정책을 시행한 경우가 있었다. 반대로 흰옷을 입지 못하게 금지한 경우도 있었다. 삼국시대 조성된 벽화나 고려시대의 기록을 보면, 주로 치자색, 담황색 등의 색이 들어간 옷을 일반 백성이 널리 입었던 것으로 나타난다. 조선 세종 때에는 전국적으로 황색 옷이 염색이 쉽다는 이유로 유행했다는 기록이 있다.

염색기술이 낮아서?

1920~30년대, 총독부는 조선의 민속에 대한 대대적인 연구 작업을 펼쳤다. 경성제대 법문학부 교수와 학생들로 구성된 민속연구반은 조선의 전통의복 기술이 낮고 문양이나 염색 능력이 낙후된 점을 『고려사』나 『조선왕조실록』에 나오는 몇몇 기록을 근거로 주장하였다.

그런데 그들이 제시한 증거를 실제로 확인해보면, 백색 옷이 염색 기술력이 저급해서 많이 입도록 했거나 입었다는 기록은 충실하지 않다. 예를 들어 고려 중기 문벌귀족의 세상이 되자 귀족들은 문양과 염색 기술이 뛰어난 중국제 물자를 대거 수입해 사치를 조장한 적이 있었다. 이때 '우리나라는 염색이나 문양 넣는 기술이 낮아 중국제 옷감과 같은 것을 만들지 못한다'고 하는데, 일제 강점기 관변학자들은 이것을 우리 민족의 염색기술이 낮았던 상황을 묘사한 증거라고 주장하였다.

하지만 자세히 보면 우리 염색 기술이 낙후된 사실을 말하려는 것이 아니라 일부 고관대작들이 국력을 축내면서까지 값비싼 중국산 의복을 수입하는 것이 우려된다는 내용이었다. 거기에는 중국의 수준 높은 문화에 대한 동경도 깔려 있었고, 그에 대응하여 '우리의 의복 기술을 진흥하자'는 왕조의 의지도 반영되어 있다.

이처럼 잘못된 사료 제시로 인해 오해가 생긴 것이다. 이미 삼국시대 염색기술의 우수성은 화려하게 채색된 각종 고구려 벽화에서 확인된다. 당시 염색 도료로 사용했던 옻이나 각종 자연염료를 통한 염색기술은 지속력 측면에서 오늘날에도 따라가지 못하는 것이 있다. 그 외에도 각종 사원, 궁궐의 건물이나 단청의 채색 기술은 우리 염색기술의 높은 수준을 여실히 증명한다. 우리 경복궁이나 덕수궁, 특히 창덕궁에 가보면 그 화려한 색조와 단청에 비해 일본 내 현존하는 궁전은 잿빛 일색이다. 그렇다고 일본문화를 잿빛 문화라고 폄하하고 싶지는 않다.

유교적 지배수단이 백의라고?

또 하나 편견으로 우리의 백의가 계급을 구분하기 위해 착용되었다는 주장이 있다. 백의는 양반귀족과 일반 백성을 구별하기 위해 백성에게 강제로 입도록 했다는 것이다. 실제로『고려사』를 보면 성종 원년(982) 6월에 정광 벼슬에 있던 최승로(崔承老)가 시무책을 올린 적이 있었다. 이 때 그는 "신라 때에는 공경, 백료와 서인 의복과 신발, 버선이 각각 품색이 있었다. 백성은 문양과 채색이 있는 의복을 입지 못하게 했는데 귀천과 존비를 구분하기 위해서"라고 설명했다. 즉 백의는 신분 차별정책의 결과라는 것이다.

최승로가 한 말이지만 사실 그가 의도한 것은 전혀 다른 것이었다. 바로 다음 문장에서 흰옷을 강조한 실질적인 이유를 이렇게 표현했다. 그는 문양과 채색 옷감이 모두 수입한 것이기에 국가 재정이나 국부 유출이 염려되며, 고관대작들이 송나라의 고급 채색비단을 걸치고 다니면서 왕실의 존엄을 해치고 있다는 비판이었다. 백성이 본시 흰옷을 입었다고 말한 것은 바로 그러한 의도에서 나온 말이었다.

우리나라 왕실이 다른 국가의 왕실과 다른 점이 있다면, 적어도 겉으로나마 검소를 미덕으로 실천하고 백성에게 보이고자 한 점이다.『고려사』를 보면, 덕종 3년(1034년)에 어의[임금의 옷]를 염색하는 재료인 홍지초 구입비마저도 삭감하는 조치가 있었다. 염색을 할 수 없어서가 아니라 그 비용을 줄이자는 뜻이다. 고려의 일반 백성이 입었던 의복은 무척 화려한 것으로 보인다. 송나라 사람 서긍이 쓴『고려도경』에도 고려인은 무척 화려한 옷을 입었다고 소개하고 있으며, 『고려사』 현종 16년(1025년) 9월의 기록에서도 정부가 일반 서민이 용과 봉황의 문양을 사용하지 못하도록 하자는 의견이 나올 정도였다. 이 기록은 당시 고려인들이 용과 봉황과 같은 복잡하고 섬세한 문양으로 수놓고 화려하게 염색된 옷을 즐겨 입고 있었다는 사실을 알 수 있다.

계속해서 정종 9년(1043년)에도 백성이 용과 봉황무늬 옷을 입지 못하게 하자는 상소가 있었다. 뿐만 아니라 문종 32년(1078년) 10월에는 백성이 치자색, 담황색 의복을 입는 것을 금하자는 상소가 있었고, 1131년 5월에도 금수공작(錦繡工作)을 정지하고 일반민이 비단 옷과 비단 바지를 입지 못하게 했다. 그럼에도 일반 백성의 색의 착용은 지속되었고, 용과 봉황을 이용한 수준 높은 문양을 한 고급 옷은 계속해서 고려인들은 입고 있었다. 그러나 색깔 옷 금지 정책에도 불구하고 급기야 충렬왕 원년(1274년) 6월에는 백의를 입지 말라는 조치가 있었다.

백의를 입게 된 또다른 동기로 유교적 허례의 영향을 주장하는 경우가 있다. 상례나 제례 기간이 유난히 긴 결과 자연히 흰색 옷을 자주 입게 되었다는 견해이다. 유교를 숭상하는 선비들은 자주 백의를 입었는데, 백의 착용이 유교적 허례에 의한 것이라는 생각은 과장된 것이다. 유교적 허례 때문에 흰옷을 즐겨졌다는 것은 근대사회에 들어와 '탈(脫)아시아' 사상을 주장하면서 '아시아 낙후론'과 '유교 망국론'을 설파했던 일본인 문화사가들의 공통된 생각이었다. 일면 유교에서 제의와 상례를 중시하는 것은 부정할 수 없지만 일반 백성의 상복은 흰옷이라기보다는 황색 옷이었다. 그와 유사한 사상으로 고대인들이 태양을 숭배하는 사상이 있었기 때문에 백의를 입었다는 설, 혹은 우주를 표현하는 색이 백색이기에 백의를 숭상하게 되었다는 견해도 있다. 사실 태양은 붉은 색이며, 우주를 굳이 색으로 말한다면 '그윽한 색(dark)'이다. 퇴계

이황의『태극도설』에서 '무극이 곧 태극'이라고 했던 것은 흰색과 검정색의 대조가 아니라 우주를 구성하는 음과 양의 조화와 상통을 강조한 대목이다. 백색 바탕에 검은 먹으로 사군자를 치던 유학자의 마음이 바로 해동 유학이 지향한 미학이요 미감인 것이다. 이처럼 유학의 겉만 보고 '흰색숭상론'을 강조하는 것은 잘못이라 하겠다.

백의를 숭상한 진정한 이유

일제의 '백의민족론'에서 우리 민족의 염색 기술이나 의복제조 능력의 낙후성을 강조했다는 것은 결과적으로 우리 민족의 후진적 기술과 미술성을 강조하려는 것이다. 또는 유교망국론 즉 유교에 의해 민족의 발전이 지체된 결과로 백의를 즐겼다는 이야기도 조선시대 정신사의 주축인 유교를 애써 폄하하고 일본식 근대화와 근대주의가 올바르며 나아가 일본의 조선 강점도 이유가 있다는 식의 이념 공작이었다. 우리 민족이 백색만을 좋아했다는 생각은 하나의 편견이다. 정작 우리 민족이 즐겨 입던 옷은 색동저고리, 연분홍치마 등으로 표현되듯이 여러 가지 문양과 화려한 수가 놓인 의복이었다. 결혼식 때 입던 옷은 화려한 화관과 꽃무늬 옷이었고, 조선시대 젊은 아가씨가 가장 갖고 싶은 옷이 다홍색이나 연분홍 치마 저고리였다.

그렇다면 우리를 백의민족이라는 말로 부른 것은 허구란 말인가? 사실 백의는 우리 민족이 가진 소중한 전통을 표현한다. 그것은 백의가 가진 상징성에 있었다. 백색은 부정과 오염에서 벗어난 밝고 순수한 색으로 여겨졌고, 우리 민족이 세계사에 자랑할 만한 멸사봉공, 살신성인 그리고 청렴, 결백, 청빈 정신을 상징하였다.

근대 사회에 와서는 백색 옷을 즐겼다기보다는 백색이 가지는 의미를 통하여 일제의 침략에 맞서고자 했던 우리 민족의 저항정신을 상징한 것이었다. 민족이란 말 자체가 근대사회에 들어와 사용된 말이기도 했다. 근대 우리 역사만이 아니라 고려시대 혹은 그 이전에도 백색은 정의를 숭상하는 민족정신의 상징이었다. 옛날 우리나라에는 왕실이 부정과 불의를 저질렀을 때 충신이 농성할 때 입던 옷이 백의였다. 『고려사』를 보면 이자겸이 척준경에게 패하여 근왕군에 항복할 때도 백의를 입었다. 단양 우씨의 시조인 우탁은 충렬왕의 부인인 숙창원비가 충선왕 때 다른 남자와 통정을 하는 등 패륜을 저질러도 아무도 그 잘못을 간하지 못하자 목숨을 걸면서 흰옷을 입고 도끼를 들고 대궐 앞에 나섰던 이야기는 너무도 유명하다. 조선시대 선비들이 백의를 많이 입은 것도 알고 보면 염색기술이 부족해서가 아니라 백색이 부정과 불의에 항거한다는 의미를 담고 있다는 점에서 선비가 지향해야 할 정신을 대변하는 색으로 여겨졌다.

정몽주의 어머니가 지은 시조라고 알려진 백로가 중 '까마귀 우는 골에 백로야 가지 마라'라는 대목에서도 나오는 것처럼 백색은 지조와 청결 그리고 정의를 상징하는 색이었다. 한국인들이 옛날에 흰옷만 입었기에 백의민족이라 불렸다는 이야기, 염색 기술이 없어서 그렇게 되었다는 이야기, 나아가 너무 자연미를 강조하다 보니 그렇게 되었다는 이야기, 이 모두 어쩌면 우리 민족의 자랑스러운 전통을 망각한 잘못된 생각이라 할 수 있다.

다시 말하지만 우리는 다홍색, 연분홍 치마저고리와 화려한 용과 봉황의 문양을 그리고 장식한 옷을 널리 입었던 그야말로 다채로운 민족이었다. 왜적의 불의에 가득 찬 침략에 대항해 백의민족을 강조한 것은 백색이 정의를 상징하고 지조와 절개를 표현하는 색이었기 때문이다.

일상에서는 장미나 카네이션이 인기가 있는 꽃이지만 무궁화 민족임을 스스로 강조하는 경우가 많은데 그것은 실용성보다는 그것이 가지는 상징성 때문이다. 비록 온갖 색조의 의류가 한국인의 몸을 감싸고 있다고 하더라도 우리의 정신은 언제나 순백이었다. 그만큼 우리 민족은 우리가 간직한 정의감을 백색의 옷을 통해 드러내고자 했던, 자존심 강한 민족이었던 것이다.

한사군(漢四郡)은 우리역사

서기전 108년, 한나라 무제가 고조선을 멸망시켰다. 그 이유에 대해선 여러 주장이 있지만 그 중에서 고조선이 중국 한나라와 남쪽의 진 사이에서 독점적으로 중개무역을 했다는 이른바 중계무역독점설이 멸망의 원인으로 주목된다. 이 논의에서는 위만의 손자 우거왕(右渠王) 때 고조선 세력이 흉노족과의 연계하여 중국 본토에 대한 견제를 강화한 사실과 고조선이 성장하면서 주변의 여러 정치세력이 한나라와 연결되는 것을 저지한 대신 중개무역으로 큰 이익을 보게 된 점을 강조한다.

한(漢) 입장에서 위만조선과 흉노(匈奴)가 연합할 경우 위협적이었을 것이다. 결국 서기전 109년, 한의 사신 섭하가 고조선에서 살해되면서 한 무제의 대대적인 침공이 이어진다. 한나라의 대군은 곧바로 왕검성(王儉城=지금의 평양으로 추정)을 공격했지만 처음 전투에서는 위만조선이 전황을 유리하게 이끌었다. 그러나 위만조선 내부에서 화·전 양파가 대립하고 조선상(朝鮮相) 역계경(歷谿卿)이 남쪽으로 망명하는 등 분란이 발생하였다. 특히 우거왕이 암살되면서 멸망했고, 여기에 한 무제는 낙랑·진번·임둔 및 현토 총 네 곳에 한사군(漢四郡)을 설치했다.

그러나 곧바로 한반도 주민의 저항에 직면하여, 한은 서기전 82년까지 진번·임둔의 두 군을 폐했고, 그 관할 지역을 낙랑·현토에 맡겼다. 이 때 일부 포기된 현은 다시 한반도 주민 소속으로 바뀌었고, 일부는 낙랑군에 편입되면서 낙랑군의 영역이 커졌다. 서기전 75년, 현토군은 신흥 고구려의 압박으로 제2 현토군 지역으로 옮겼으며, 낙랑군은 또

몇 개의 현을 더했다. 낙랑군은 최전성기에 25개 현을 거느렸고, 주민은 6만 2,812호에 40만 6,748명 정도였다. 왕망이 중국에서 신(新)나라를 건국할 즈음, 낙랑군에서는 왕조(王調)란 자가 반란을 일으켜 서력 30년경에 평정됐다. 중앙의 직접적인 지배가 약화되면서 영동 7개 현이 자치하게 되었다.

이후 북방 고구려가 더욱 성장하고 삼한 지역에서 국가가 발흥하자 낙랑군 영역은 계속 축소되었고, 서기 204년경에 요동의 공손씨가 낙랑군 둔유현 이남에 대방군(帶方郡)을 설치했다. 여기서 잠깐. 낙랑과 고구려와의 관계를 보여주는 이상한 역사적 기록을 하나 살펴보자. 그것은 바로 낙랑공주(樂浪公主)와 호동왕자(好童王子)의 이야기이다. 『삼국사기』(대무신왕 15년 서력 32년)에 의하면, 왕자 호동이 낙랑공주가 자명고를 찢는 사이에 최리(崔理)의 낙랑에게서 항복을 받았다는 내용이 있다. 그리고 대무신왕 20년(37년)에는 또한번 낙랑을 습격해 멸망시켰다고 한다. 또 7년 뒤에는 한의 광무제가 낙랑을 정벌해 그 땅을 군현으로 만들어 살수(薩水) 이남이 한나라에 속했다는 기록이 있으며, 나아가 태조왕 4년(56년)에는 고구려의 남쪽 영역이 살수까지 확대됐다고 한다.

그렇다면 낙랑군이 고구려 대무신왕때 이미 멸망했는가? 일부 연구자는 낙랑공주와 호동왕자의 러브스토리는 평양이 아니라, 동예나 옥저 지역의 낙랑이었다고도 하며, 처음 설치된 낙랑도 지금 말하는 평양 지역의 낙랑인지 확실치 않다고도 한다. 또한 일부에서는 낙랑공주이야기의 낙랑은 낙랑군 25현 중의 한 현(縣)인 최리의 현이라는 설도 있다.

그렇다면 왜 25현 중 겨우 1개 현을 멸망시킨 것을 마치 '낙랑 습멸'이라고 부풀렸을까? 당시 낙랑의 한개 현(縣)과 삼한의 1개 국(國)이 서로 비슷한 규모이다. 즉, 25현의 현당 평균호수가 2.500여 호였는데, 『삼국지』에 당시 삼한 각 국 평균이 2천여 호라는 점에서 그렇다. 호동왕자 설화에서 당대 낙랑군의 통치형태가 각 현마다 독자적인 권력이 쥐고 있었던 사정을 확인할 수 있다. 그리고 최리의 최씨가 등장하는 것도 『삼국사기(三國史記)』가 고려시대에 간행되었던 점에서 그러한 최씨라는 성씨가 나온 것이 아닐까 한다.

그렇다면 한사군의 역사적 의미는 무엇인가? 일제강점시기 설치된 조선총독부와 비슷하게 조선을 지배한 식민지배기구였던가? 아니면 '한국화(韓國化)'된 중국의 지방정권인가? 또는 일부 국수주의자들의 생각처럼 중국 관내에 있던 한사군인가?

한사군! 말 그대로 한나라가 세운 4개 지방 군현이다. 그렇지만 이들 집단을 그저 중국의 식민지배기구로만 보는 데는 문제가 있다. 한사군은 중국역사이면서도 일부는 우리 역사라는 생각이 필요한 듯하다. 혹시 한사군을 우리 역사로 편입하자는 것인가라고 반문할지도 모르겠다.

그렇지만 비록 낙랑이나 대방군이 한반도에 있던 중국의 지배지역이었기는 하지만 사방의 한반도 주민들과 어떠한 형태로든 '좋은 관계'를 가지고 생존해야만 하는 특별한 정권이었다. 다시 말해 이들 한의 군현은 비록 고조선을 멸망시킨 중국인 지역이었지만 적어도 한반도 주민들과 지속적으로 평화롭게 교류하지 않으면 존재할 수 없는 섬과도 같은 지역이었다.

그동안 우리의 역사인식은 낙랑 등 한 군현은, 중국이 세운 것이었기에 '한사군=중국의 지배기구=침략기구=약탈기구'라는 인식이 하나의 공식처럼 인식되었다. 이에 낙랑군, 대방군 등을 식민지배기구로 보다 보니 낙랑군을 멸망시킨 고구려는 한반도에서 중국세력을 몰아낸 우리 민족의 영웅이었다. 그러나 우리 고대사의 상당한 부분이 한 군현 지역의 높은 수준의 문화 세례를 받았다는 생각을 한다면 어떨까?

냉정하게 보아 한의 군현은 위만조선의 멸망이라는 뼈아픈 역사의 흔적이었지만, 나중에 이어질 고구려, 신라, 백제 등 삼국시대의 역사발전을 촉발한 토양이기도 하다. 왜냐하면 높은 수준의 한 군현의 문화가 끊임없이 주변 지역에 전파되면서 고조선에 이어 새롭게 발전된 고구려·백제·신라가 등장하기 시작했던 것이다.

실제로 낙랑공주와 호동왕자의 사랑이야기는 고구려의 이중적인 낙랑군에 대한 입장을 보여준다. 그저 사랑으로 보이는 그 이야기는 다름이 아니라, 낙랑군에게서 배우고 낙랑군을 동경하는 고구려였고, 한편으로는 그런 낙랑군을 어떻게든 손에 넣어서 고구려의 발전 동력으로 만들려는 호전적인 침략의식도 나타난다. 즉, 한의 군현은 한반도 주민에게는 높은 수준의 문화를 전파해주는 통로이자 한편으로는 침략하여 획득하고픈 먹잇감이었다. 고구려를 비롯한 한반도 주민은 낙랑을 계속 괴롭혔지만, 한편으로는 낙랑과의 관계를 통해 상당한 부와 문화를 획득하고 있었다.

그렇다면 고구려 미천왕이 낙랑군과 대방군을 차례로 멸망시킨 것은 어떻게 보아야 하는가. 그것은 더 이상 한의 군현이 고구려를 비롯한 한반도 지역 국가들의 역사나 문화적인 발전에 기여할 수 없게 된 사정을 말한다.

온달을 바보라고 보는 이유

온달은 고구려 평원왕 때 장군이다. 눈먼 어머니를 봉양하려고 구걸했기에 모두들 바보 온달이라 했고 그러다 평강공주와 결혼했으며, 중국의 북주 무제(武帝)가 침입했을 때 큰 공을 세웠고 대형(大兄) 벼슬에 올랐다. 서기 590년에는 신라에게 빼앗긴 한강유역 탈환을 위하여 자원해 출정했다가 아차산성(阿且山城: 단양 온달산성으로 추정)에서 신라군의 화살을 맞고 전사했다.

평강공주(平岡公主)는 어릴 적에는 눈물이 많았지만 아버지의 뜻을 거부할 줄 모르고 사랑을 받기보다 먼저 온달을 사랑했으며, 결국 그를 훌륭한 장군으로 성장시켜 고구려를 외침에서 벗어나게 한 호국 여성이었다. 평강공주가 눈물이 많았다는 것은 열정도 많고 감성적이었다는 점과 더불어 결심도 단호했던 사정을 반영한다. 단순한 사랑의 노예가 아니라 공주로서 국난의 위기에 처해 자신의 책임을 다하고자 했다.

온달 이야기 중에서 가장 가슴이 아픈 것은 아차산성에서 전투하다 죽은 온달의 관이 평강공주가 올 때까지 움직이지 않았다는 부분이다. 성 춘향과 이 도령의 사랑보다 훨씬 간절하고 아름다운 사랑이었다. 김부식 같은 고루한 유학자의 눈에도 그 모습이 얼마나 보기 좋았으면 그 이야기를 기록으로 남겼을까.

『삼국사기』를 보면 고구려 평원왕이 어릴 적부터 평강공주가 울면 온달한테 시집보낸다고 했다. 여기서 이미 평강은 어릴 적부터 왕이 온달을 알고 있었으며, 이는 적어도 온달이 평강공주보다 훨씬 나이가 많거나 온달족이 별도로 있다는 것을 말한다.

그렇다면 온달이 천민인가? 어쩌면 그는 새로운 마인드와 능력을 가지고 등장한 신흥 귀족층의 일원일지도 모른다. 그들 그룹의 문화가 이전의 전통적인 5부족 문화와는 전혀 생소한 사실을 반영하는 것으로 그래서 보수적인 5부족의 눈에 비친 온달은 마치 히피족처럼 무척 도발적이고 어색하며 근본이 없는 그룹으로 인식될 가능성이 컸다. 당시로 보면 온달은 대단히 신식 인격이었고 기왕의 5부족 문화로는 도저히 흡수하기 힘든 새로운 유행과 새로운 역사관을 가진 그룹이었다.

하지만 중요한 것은 왜 하필 평강과 결혼했는가 하는 문제다. 온달이야기는 5호 16국 시대를 끝내고 중국이 통일할 때 즈음 나타난 고구려의 영웅이야기다. 평강공주가 온달을 사랑한 것은 어쩌면 정략적이었을지도 모른다. 왜냐하면 둘은 나이 차이가 컸고 온달이 5부족 사람이 아니었다는 것만으로도 확인할 수 있다. 온달과 그의 추종자들은 광개토왕과 장수왕 시대의 영광을 좀먹는 보수 기득권 계급에 대한 분노를 가슴에 저축한 사람들이었다. 그들은 기득권 계급이 고구려의 발전에 발목을 잡고 있다고 보고 한편으로 평원왕이 느끼던 국제정세에 공명하면서 왕실과 결탁하려한 신흥귀족층이었다.

광개토 대왕이 자신의 무덤에 수묘인(무덤지키는 사람)을 고구려 5부족뿐만 아니라 새로 흡수된 한(韓)과 예(濊) 즉 한반도 남부 지역 사람도 포함하도록 하고, 장수왕이 국내성을 버리고 평양을 천도한 것 모두 기존의 기득권 계급을 억제하지 않고는 도저히 고구려의 발전을 이룰 수 없었기 때문이었다.

온달이 신라를 치러 간 것은 551년경 진흥왕이 죽령을 돌파한 다음 파죽지세로 황초령, 마운령 지역까지 함락하고 평양성을 위협하는 등 신라를 견제하지 않으면 안 될 사정이 있었기 때문이다. 신라를 놔두고는 다가올 중원 통일세력과 자웅을 결할 수 없었다. 이에 단양지역으로 온달을 파견한 것은 신라 세력을 죽령 이남으로 몰아내어서 후방을 안정시키기 위한 것이었다. 온달이 영춘면 지역에서 버티고, 북한강 입구의 단양지역에 있는 진흥왕 본진을 견제함으로써 신라는 더 이상 북진이 어려워졌다. 오히려 일시적으로 죽령 이북 지역이 다시 고구려의 영향력 아래 놓이고 만다. 온달이 회복한 죽령 이북의 땅은 고구려 재건의 희망이었다. 이 지역이 얼마나 중요했으면 평강공주가 오기 전까지 온달의 관이 전혀 움직이지 않았던 것일까?

이처럼 온달은 기왕의 5부족 기득권체제의 고구려가 어떻게 주변의 위기를 극복하려했는지 보여주는 일화이다. 기왕이 체제로 고구려가 효율적으로 중국과 전쟁하는 일은 힘이 들었을 것이고, 온달과 같은 세력의 등장이 일시적이나마 고구려 5부족의 힘을 약화시키는데 성공하고, 죽령 이북의 신라를 몰아내는 등 국운이 다시 상승하는 모습을 보인 사실을 형상화한 것이다. 그런 힘을 바탕으로 등장한 고구려 영양왕은 다시 요서 지역을 공략하고 수나라의 침략에는 살수대첩 등으로 중국과의 70년 전쟁을 이어갔다.

제 2 강

우리 고대사의 현재성

유리왕의 사랑과 패륜

『삼국사기』를 보면, 고구려 유리왕(榴璃王)은 고구려 시조인 동명왕 주몽이 부여에 있을 때 결혼한 예씨 부인이 낳은 아들이며, 주몽이 죽기 몇 달 전 정표로 준 부러진 칼을 가지고 와서 돌연 태자로 책봉되었고 곧바로 왕이 되었다고 한다. 그러면서 유리왕의 성이 해(解)씨라고 했다. 이것을 두고 여러 사람들이 유리왕과 주몽과는 친자식과 아들이 아니라고도 하고, 진짜 고씨가 왕이 된 것은 6대 태조왕 때부터라는 이야기를 지어내기도 했다. 과연 유리왕은 주몽의 아들이었을까.

유리왕은 기원전 19년부터 기원후 18년까지 약 37년을 재위했고, 왕 22년(서기 2년)에는 도읍을 국내성으로 옮기는 한편, 왕 33년(서기 13년)에 한(漢)나라와 싸워서 고구려 현을 빼앗았다는 기록이 있다. 유리왕에게는 아들 넷이 있었는데 첫아들 둘째아들 모두 유리왕의 음모나 질책으로 스스로 자결하였고, 넷째도 병으로 죽었으며, 나중에 왕이 된 셋째아들 대무신왕(이름은 無恤) 조차도 왕의 변덕에 조마조마하다 겨우 목숨을 부지할 정도로 유리왕은 아들에게 모진 박해를 가한 왕이었다. 또한 재위기간 중에 사냥에 탐닉하여 대보인 협부로부터 만류를 당하자 협부를 한직으로 내치는 등 개국공신에 대한 핍박을 일삼았고, 무엇보다도 황조가(黃鳥歌) 이야기에서 보듯이 두 여인의 질투와 사랑 속에서 허망한 세월을 보냈다.

일반적으로 황조가(黃鳥歌)는 두 여인을 옆에 둔 유리왕의 낭만적인 사랑 이야기로 해석하기 십상이다. 『삼국사기』에 의하면 왕 3년 10월에 왕비 송씨가 죽어서 두 여자를 계비로 맞이했는데, 한 여자는 골천 사람의 딸 즉 고구려 여인인 화희(禾姬)였고, 하나는 한나라 사람(漢人) 치희 (雉姬)였다고 한다. 두 여자는 사랑을 다투어 서로 화목하지 못하자 왕이 양곡(凉谷)에 두 궁전을 짓고 각각 살게 했는데 어느 날 화희가 치희에게 "너는 한가(漢家)의 비첩으로 무례함이 어찌 그리 심한가?" 라고 욕을 하니 치희는 부끄럽고 분하여 제 집으로 돌아가 버렸다는 이야기이다.

황조가에 얽힌 이야기는 실제로 사랑의 이야기임에는 틀림없으나 늘 그는 사랑뿐만 아니라 정치적으로도 무척 외로웠다는 점이 적나라하게 반영된 이야기이다. 그가 왜 적대세력이었던 한나라 여성을 고구려 여성과 대립되는 위치에 놓고 견제하려고 했는지 밝히는 것이 이 사건의 본질이다. 사실 유리왕의 정적에 대한 견제심과 번민이 치희와 화희 이야기로 둔갑된 것이라는 점을 생각한다면, 사랑만으로 묘사된 듯한 황조가는 다시 읽혀야 한다.

물론 유리왕의 주적은 한나라였을 것이지만 적어도 재위 초기에는 굴러들어온 돌이 박힌 돌을 뽑듯 왕이 된 다음 자신의 왕권을 아직 안정화할 수 없을 만큼 상대적으로 토착세력에 대해서 미약한 존재였다. 이에 토착세력을 저지할 수 있는 힘을 한나라에서 구하고 싶었을 것이고 이는 치희와 결혼으로 이어진 것이다. 나름의 정치력을 발휘한 것이다.

그런 의미에서 치희는 단순한 한나라 출신 연인이 아니라 유리왕 세력을 뒷받침하는 또 다른 정치력의 버팀목이었고, 이에 치희가 화가 나서 한나라로 돌아간 것은 거대한 정적으로부터 왕권을 유지하는데 필요한 버팀목을 잃었다는 것이다. 따라서 황조가는 왕권유지에 대한 불안이 점철되면서 이를 사랑의 간절한 아쉬움으로 승화시킨 글이다.

翩翩黃鳥(편편황조) 훨훨나는 저 꾀꼬리
雌雄相依(자웅상의) 암수 서로 정 답구나
念我之獨(염아지독) 외로울사 이 내 몸은
誰其與歸(수기여귀) 뉘와 함께 돌아갈꼬

그렇다면 그는 왜 두 아들을 모두 죽였을까. 이렇게 힘들게 왕권을 지켰던 유리왕에게는 그 이후로도 최선을 다해 왕권을 지키기 위한 병적인 고통과 노력이 따랐을 것이다. 그가 부여계 해씨라는 점도 고통이었을 것이다. 성이 달랐다고 유리왕이 고주몽의 아들이 아닌 것은 아니었다. 추측컨대, 당시의 씨성은 오늘날처럼 혈연이 아니라 지역적인 의미가 강하였던 결과로 보인다. 이는 유리왕이 부여지역 즉 부여왕족으로 살아왔던 결과로 해씨를 이어온 것으로 보인다. 그럼에도 성이 달랐다는 사실은 당시 귀족들에게 무척 이질적인 느낌을 주었을 것이 분명하다. 유리왕의 행적은 마치 김춘택의 아들이라서 몰아내야 한다는 이인좌의 말에 평생 상처를 받은 영조의 행적과 유사하다. 영조는 그런 스트레스로 인해 아들인 사도세자를 죽였고, 세자 주변의 측근인사들을 제거하는 상황까지 나아갔다. 정조가 왕세손 시절 그렇게 암살의 위기를 느끼며 하루하루 고민하며『일성록』을 썼던 그 마음처럼, 유리왕의 아들들은 괴팍한 아버지의 변덕 때문에 늘 고민했고 죽어갔다.

유리왕의 첫째 아들인 도절(都切)은 계모로부터 참언을 받아 불효막심한 사람으로 낙인찍혀 죽었고, 둘째아들 해명(解明)은 황룡국과의 외교에서 무례했다는 이유로 자결을 명받아 주변의 만류에도 불구하고 창을 거꾸로 세워서 자결하게 되었다. 물론 김부식이라는 유교적인 사관을 가진 사람의 마음에서 두 아들의 불운이 충효논리로 각색된 결과겠지만 모든 정황상 유리왕은 괴팍했고, 변덕이 심했으며, 자기 탐닉이 강했고, 사람을 믿지 못했다. 유리왕의 사랑과 패륜은 이처럼 왕권에 대한 과잉집착이 빚어낸 불행이었다.

세상에 스트레스를 홀로 받고 사는 사람들의 일탈에는 그만한 이유가 있는 법이다. 유리왕이 보여준 패륜과 사랑 행각에서 알 수 있는 것은 이 세상에서 생존하는데 따뜻한 관용과 이해보다는 이해관계와 생존을 향한 끝없는 투쟁과 계교라는 어쩌면 비교과서적인 해답이 더 정답에 가깝다는 사실을 보여준다.

비정한 아버지의 그 아들, 대무신왕

고구려 3대 대무신왕 무휼(無恤)은 이름 그대로 '긍휼함이 없는' 아마도 사도세자를 죽인 조선의 영조왕보다 더 인정머리 없는 왕이었다. 그런 무정한 사람이 호감형의 탤런트가 분장하여 연기하는 모습을 보니 조금은 코끝이 간지럽다.

호동왕자(好童)과 낙랑의 자명고 이야기는 웬만한 한국 사람이면 다 하는데, 사랑을 위해 자명고를 찢어 조국인 낙랑을 고구려에 바친 낙랑공주의 슬픈 사랑의 전설 뒤에는 비정한 아버지 무휼이 있었다. 그의 간계가 어쩌다 잘 먹혀들어 낙랑을 멸하는 데 성공했지만 잃은 것도 많았다. 비단 호동과 낙랑의 비참한 말로 뿐만 아니라 그때까지 평온했던 고구려와 이웃나라간의 신뢰가 붕괴하였다. 그 이전에는 비록 전쟁이 있어도 부족간의 호혜와 신뢰의 전통을 무너트리지 않았다. 그러나 무휼은 그런 질서를 무너트리고 간계로서 낙랑을 멸하였다.

『삼국사기』(권 14 고구려 본기)를 보면 무휼이 먼저 낙랑국왕 최씨의 딸(낙랑공주)에게 잘 생긴 아들인 호동과 혼인하라고 꼬드긴 다음 며느리로 맞게 하고 대신 자명고를 찢지 않으면 며느리로 인정하지 않겠다고 한다. 결국 자명고를 찢었고, 낙랑공주는 아버지 손에 죽임을 당했다. 이제 낙랑을 정복한 대무신왕은 곧바로 정벌의 일등공신 호동을 제거할 차례가 되었다. 마치 유리왕이 아들 해명태자의 힘이 커질까 두려워 자살을 명한 것처럼. 자신도 아버지에게서 배운 똑같은 모습으로 아들에게 자살을 명했다.

명목 상으로는 호동의 음란한 행실을 질책한다는 것이었다. 호동은 정실이 아닌 차비의 소생이었다. 그런데 정실인 원비가 '호동이 큰 공을 세우면 태자가 될 것'이라고 두려워하여 "호동이 자꾸 나를 어머니로 대하지 않고, 음란한 행동을 하려고 한다"고 고자질하였다. 그러자 왕이 격분하여 호동을 다그쳤다.

그러나 이야기를 보면, 낙랑 멸망과정에서 대무신왕이 자행한 패륜 행각에 대한 국민들의 원성이 숨어있다. 고대사회에서 부족 간 평화의 약속인 혼약은 동서고금을 막론하고 양 지역의 정치적 결속을 다지는 행사이자 호혜와 공존의 약속이었다. 그러나 무휼은 보통의 상식으로 있을 수 없는 양국의 성스런 혼인마저 전쟁수단으로 이용한 것이다. 이는 조선시대 수양대군이 조카 단종을 죽이고 왕이 된 파렴치 그 이상으로 고구려 내부의 불신과 원성을 자아내었다. 그래서 그러한 인륜 파괴의 죄를 대신 호동에게 뒤집어씌우고 싶었을 것이다. 호동이 큰 어머니를 건드렸다고 한 이야기는 호동이 당대 사람들로부터 얼마나 낙랑공주와의 신의를 저버린 데 대한 도덕적 측면의 냉대와 원성을 받았는지 짐작케 한다.

자신은 일등공신이지만 언제나 그림자처럼 따라다니는 '파렴치'라는 냉대는 마음의 병을 키웠을 것이다. 호동이 죽기 직전 "내가 만일 어머니에게 음란하지 않았다고 변명하면, 어머니의 악함을 드러내어 왕의 걱정을 끼쳐 줌이니 어찌 효라고 할 수 있는가?"라고 도덕적인 자신의 모습을 주장한 것도 그가 얼마나 낙랑과 사랑을 저버린 행동에 부끄러워하는지 보여준다. 반면, 대무신왕은 이처럼 호동에게 도덕적 허물을 뒤집어씌우는 계교를 통하여 그간 자신이 벌이고 감독한 모든 파렴치한 행각을 호동의 책임으로 전가할 수 있었다. 그의 간교함은 이미 15세에 왕이 된 그때부터 드러나고 있었다.

즉위한 이듬해 부여왕 대소(帶素)가 문득 머리가 하나인데 몸은 둘인 까마귀(赤烏)를 보내왔다. 왜냐하면 대소왕의 주변에 있던 사람들이 까마귀를 고구려에 보내면 장차 고구려를 병합할 것이라는 점괘에 현혹된 것이었다. 물론 이런 행동은 어린 대무신왕을 주눅 들게 하려는 술책이었다. 그런 이야기가 퍼지면 이제 갓 왕이 된 어린 무휼이 정치적으로 몰릴 것이 자명하다고 여겼던 것인데, 여기서 대무신왕의 놀라운 반전 전략이 나온다. 무휼은 "검은 것은 북방의 색인데 지금 이것이 변하여 남방의 색이 되고 또 붉은 까마귀는 상서로운 물건이거늘 그대가 얻어서 가지지 않고 나에게 보내니 양국의 존망을 모르겠다."라고 하여 대소왕의 무식을 천하에 알렸다. 그리고 2년 후 19세 되던 때 군대를 끌고 비류수를 건너 부여를 침공하고 마침내 괴유(怪由)의 간계를 빌어서 대소를 죽이는 데 성공하였다.

이후 무휼은 한나라 대군과의 전투에서도 잉어요리와 술로서 적군 수뇌부를 교란하여 철군시키는데 성공하였고, 대소왕과 전투에서도 진흙탕으로 적군을 몰아서 계교로서 승리하였다. 이처럼 무휼은 늘 계교와 술책을 통하여 적군을 교란하고 승리를 쟁취하였다. 계교로 싸우니 늘 승리하였으나 늘 존경받는 승리는 없었다. 그래선지 광개토왕비에서 보듯이 고구려 왕실은 그를 높게 평가하지만 김부식과 같은 후대 사람들은 그다지 대무신왕에게 좋은 점수를 주지 않았다. 계교에서는 제대로 역사를 배울 것이 없기 때문이었다.

대당전쟁 수행의 힘

고구려는 중원을 통일한 수·당과 6세기 말부터 약 70년에 걸쳐 혈전을 벌였다. 동북아 일대를 격동에 몰아넣은 이른바 고수·고당 전쟁은 중원적인 질서를 거부하고 독자적인 생존권을 얻으려던 고구려와, 중국 중심의 질서를 강요하는 수·당 제국의 동아시아 정책이 정면충돌한 결과였다. 이 숙명적인 대결은 막대한 인적 자원과 물자동원 능력을 앞세운 당이 고구려를 멸망시킴으로써 막을 내렸다.

70년에 걸친 수·당과의 전쟁에는 겉으로 드러난 패권주의적 갈등 이외에도 요동지역에 광범하게 매장된 철과 석탄 등 중요 자원을 둘러싼 갈등이 농축되어 있다. 조선 북부 지역이 '비금속 광물의 박물관'이라면 요동지방은 무궁한 철산과 노천탄광이 즐비한 '세계 최대의 중요 광물지대'다. 아울러 당시에는 요동평원으로 광범한 농경이 진행되어 인구밀도도 높았고 인두세에 국가재원을 기대하던 고구려로서도 국가보전에 절대 필요한 곳이었다.

요동을 획득하는 나라가 동북아의 패자였으며, 요동의 인적·물적 자원은 고구려가 장차 대제국으로 비약할 수 있는 교두보였다. 그런 까닭에 고구려는 자신들의 자존심인 요동을 쉽게 당나라에 내어줄 수 없었다. 630년 마침내 당 태종은 동부 돌궐을 평정함으로써 그 동안의 팽팽한 긴장관계를 전쟁국면으로 몰고 갔다. 고구려도 연개소문을 중심으로 한 거국적 군국지배체제가 완성되면서 서진(西進) 즉 중원공략 정책을 본격적으로 추진하였다.

연개소문은 쿠데타를 통해 대중국 화친을 내세우던 기왕의 5부족 세력과 영류왕을 제거하여 일단 민심을 얻었다. 그리고 기왕의 남진 대신 적극적인 중원공략으로 전략을 바꾸었다. 강력한 안보논리로 자신의 권력을 공고화하였고, 곧이어 닥칠 전란을 효율적으로 대처할 기동력도 얻었다.

재미있는 것은 대막리지(大莫離支)라는 관직이다. 일종의 관직인 대막리지는 실무를 총괄하는 오늘날 같으면 국무총리에 해당하는 관직으로, 귀족 사이의 서열체계인 관등과는 달랐다. 이는 제1관등인 대대로를 중심으로 한 소모적이면서 유약한 귀족 합좌체제에 대한 반감과 관료적 지배구조의 속내를 보여주는 대목이다.

결국 당 태종은 645년부터 전쟁을 시작하였고 이에 고구려는 초기 침공에 크게 당황하여 요동성·백암성 등을 빼앗겼지만 안시성에서 당나라 군사들을 견제하였다. 당 태종이 안시성 성주라는 양만춘의 화살에 한 눈을 잃었는지 여부는 실제로 알려진 것이 없으나 각종 사서를 통해서 적어도 고구려는 신출귀몰한 게릴라 전법을 통하여 상당한 전과를 거둔 사실을 보여준다. 안시성 싸움에서 당군의 집요한 공격을 끝끝내 극복할 수 있었던 것은 인접한 개평(蓋平)지역의 철 생산력 때문이었다. 당시 철은 오늘날의 석유와 비견되는 중요자원으로 사회적인 부의 상징이자 표현수단이었다. 그리고 엄청난 양질의 석탄이 매장된 푸순 등지와 연결하여 고급 철제 무기를 생산하여 대외적인 팽창을 이룩하였고 당나라 군대에 강력하게 저항하는 힘이 되었다. 또한 일반 생활에 필요한 다양한 고급 철제품은 고구려 수레에 실려 유연·몽골·중국 등지로 교역되면서 국가적인 부가 크게 증진되었다.

당나라 군대에 크게 저항을 할 수 있었던 또 하나 요인은 비사성을 중심으로 요동반도 남쪽 자락에 펼쳐진 천혜의 해안방위선과 막강한 수군이었다. 이 지역은 중국의 산동반도와 최단거리로 연결되기 때문에 평시에는 중국과의 교역에 유리한 곳이었으며, 전시에는 중국의 침략을 막는 최전선이었다. 고구려로서는 이러한 요충지를 요새화하였고, 정예 수군이 배치되어 있었다. 고구려 수군 능력은 여러 대에 걸쳐 계승되어 장보고 시대와 이순신 시대를 여는 데도 기여하였다. 수군을 통한 보급이 어려워지면서 당군의 단기전 계획은 차질을 빚었다.

요컨대, 고구려와 수·당제국간의 70년 전쟁은 7세기판 고구려의 결사항전이자 총력전이었다. 고구려는 최대한의 전쟁자원을 동원하기 위하여 불교에 이어서 도교를 도입하여 자신의 군국주의 질서를 확고히 하고자 했고, 천혜의 요동 철산을 굳건히 지키면서 돌궐 등의 주변 세력을 활용하여 당을 견제하였다. 더불어 고구려 백성들의 치열한 게릴라 전투는 당의 작전을 곳곳에서 좌절시켰다. 그 속에는 말을 타고 북만주를 달리던 고구려 여인도 끼여 있었다.

남북국 시대의 실패 이유

신라와 발해는 보기 좋게 남북국으로 불리며 230여 년 동안 공존하였지만 교섭보다 대결 시기가 길었다. 신라는 발해를 흉이(凶夷) 혹은 말갈발해 등으로 부르며 발해라는 국호는 사용하지 않았으며, 잘 불러야 북국(北國)이었다. 신라가 713년 개성(開城)을 쌓거나, 721년 북방에 장성을 쌓은 일, 782년 패강진(浿江鎭)에 민호를 옮겼던 일은 모두 발해를 의식한 행동이었다. 또한 발해가 당의 떵조우(登州)를 공격한 사건(732)으로 신라와 당이 밀착된 것 그리고 일본의 신라 공격계획(759 764)에 발해가 개입하여 신라를 협공하려고 하였던 사건들도 두 나라가 얼마나 적대적이었는지 보여준다.

일본의 승려 에닌의 기행문인 『입당구법순례행기(入唐求法巡禮行記)』에 의하면, 신라인들이 8월 15일(음)을 기해 3일 동안 주야로 가무행사를 폈는데(839년), 그것은 신라가 발해와의 전투에서 승리한 것을 기념한 행사였다. 또한 신라 지식인조차도 발해에 대해 노골적으로 적대하였다. 최치원이 당나라 소종에게 보냈던 「사불허북국거상표(謝不許北國居上表)」는 897년 발해왕자 대봉예가 글을 올려 발해가 신라보다 강성하다고 하면서 서열을 '신라-발해'가 아니라 '발해-신라'로 해야 한다는 주장을 당나라가 거절한 데 대한 감사의 글이었다.

당이 외국인들을 위해 설치한 빈공과에도 두 나라는 서로 좋은 성적을 얻기 위해 경쟁하였다. 875년 발해의 오소도가 신라인을 제치고 수석으로 합격하자 최치원은 "일국의 수치로 영원히 남을 것이다"라고 하였고, 906년에는 반대로 신라의 최언휘가 오소도의 아들 오광찬보다 상위에 합격하자 오소도가 심하게 항의하였다.

물론 남북국이 대결만 한 것은 아니다. 발해는 건국기인 7백 년경과 멸망기인 924년경 신라에 사신을 파견하여 협조를 구하였던 적이 있었는데, 이에 신라가 대조영에게 제5품 대아찬의 벼슬을 주는 방식으로 발해의 건국을 인정하고, 멸망기에는 발해의 구원요청을 응낙하기는 하였으나 결국 돕지 못한 경험도 있다. 신라도 원성왕 4년(802)에 사절을 파견하여 신라 국내외의 위기상황을 극복하려고 하였다. 하지만 헌덕왕 11년(819) 당에서 일어났던 고구려계의 이사도 반란에 신라가 구원병 3만을 지원하면서 신·당은 밀착하고 남북국은 더욱 적대하게 되었다.

남북국 교섭이 여의지 않은 것은 신라가 그들의 특정 정치집단의 이해관계 때문에 발해와 교섭을 시도하였고, 발해는 고구려 멸망에 대한 신라와의 대립감정으로 인해 오랫동안 신라를 우호적으로 보지 않았던 사정과 관련된다. 또한 두 나라는 각기 당과 일본과의 관계를 우선으로 생각하고 남북교섭은 그들의 필요에 의한 차선책으로 이용하였다.

이러한 한계는 결국 신라와 발해의 문화적 이질성이 심화되고 대결적 현상이 고착되는 결과를 가져왔다. 끝내 두 나라는 대결의식을 해소하지 못하였으며 발해가 이민족의 침략에 의해 붕괴되자 발해유민의 상당수는 거란의 협조자가 되어 거란군으로 고려와의 전쟁에 참여하기도 하였다.

여기서 조심스럽게 남북국 시대의 파멸을 초래한 더욱 심각한 원인을 생각하게 한다. 바로 발해인의 상당수가 거란의 앞잡이가 되어 고려 침공에 길잡이가 된 사실이다. 왜 그들은 거란의 앞잡이가 되었을까? 어쩌면 가장 큰 요인은 가공할 만한 남북국의 신분적 질곡 그리고 강요된 무력적 질서일 것이다. 발해민중들의 진정한 적은 누구였을까? 그것은 바로 넓은 영역과 고급 문화의 외관만 믿고 큰소리치면서 끝내 고구려계만의 독점적 사회를 유지하려 하였던 발해지배층의 보수성일 것이다. 신라의 골품제도 마찬가지다.

따라서 아무리 발해가 고구려의 후예라고 자처하였어도 결국 일부 발해민중들의 창끝은 고구려의 후예인 고려로 향하고 있었다. 우리 역사를 보는 일부의 의견에는 발해가 고구려 후예라는 사실을 무척 높이 평가하기도 한다. 하지만 거기서 간과하기 쉬운 역사적 좌절요인은 바로 그들의 독점적 선민의식이었다. 이는 소수의 고구려계가 독점적 지배질서를 통하여 자신들의 소유를 정당화하려던 반(反)역사적 자세일 것이다.

남북국 시대의 역사적 경험에서 오늘날 교훈을 얻는 것이 있다면 아무리 서로 적대하든 교류하든 간에 서로에 대한 신뢰와 포용보다는 정치적 절충만으로 일관된 화해 제스처는 결코 진정한 평화체제를 구축할 수없다는 것이다. 그리고 사회적 모순, 내적 모순을 외면하고 당에 빌붙은 신라의 종속적 역사인식과 발해의 고구려계 지배층 중심의 독점적 수탈, 그리고 그것에 억압당한 발해민중의 외면은 남북국 시대를 실패로 몰아간 일등공신이었다.

풍수지리설은 혁명사상?

풍수지리설은 음양오행설을 바탕으로 주역(周易)의 체계를 주요 논리구조로 삼는, 중국과 우리나라의 전통적인 지리학이자 길함을 좇고 흉함을 쫓아내는 것을 목적으로 땅을 살피는 기술학이다. 특히 우리 나라의 풍수설은 산 자의 주거 선정이나 취락 입지의 방법 뿐만 아니라 죽은 자의 영면 장소를 찾는 일까지 포함하는 점에서 독특하다.

묘지와 관련된 음택(陰宅)과 주택 및 도읍과 관련된 양기(陽氣 또는 양택) 풍수로 나뉘며 항상 일정하기보다는 시대와 사회성격에 따라 다양하게 변화하며 기능을 다했다. 그들은 방위를 청룡(青龍, 東)·주작(朱雀, 南)·백호(白虎, 西)·현무(玄武, 北)의 4가지로 나누어 모든 산천·당우(堂宇)는 이들 4개의 동물을 상징했고, 어느 것을 주로 하는가에 따라 그 장소나 풍수에 따라 다르게 되었다. 고구려 고분에 남아있는 사신도(四神圖) 역시 그러한 의미에서 그려진 것이다. 또 땅 속에 흐르는 정기가 물에 의해 방해되거나 바람에 의해 흩어지지 않는 장소를 산천의 형세에 따라 선택해 주거를 짓거나 조상의 묘를 쓰면 자손은 그 정기를 받아 부귀와 복을 누리게 된다고 믿었다.

이처럼 풍수의 자연현상과 그 변화가 인간생활의 행복에 깊은 관계가 있다는 생각은 이미 중국의 전국시대 말기에 시작되어, 그것이 음양오행의 사상이나 참위설과 혼합되어 중국의 전한 말부터 후한 시대에 걸쳐 인간의 운명이나 화복에 관한 각종 예언설을 만들어냈고, 그것은 다시 도교의 성립에 따라 더욱 체계화되었다.

풍수지리설이 중국에서는 대중화할 수 없었던 것과 달리, 우리나라에서는 크게 발달해 오늘날까지도 여전히 음택풍수 형태로 잔존하게 되었다. 그것은 중국과 만주 같은 망망한 대평원에서 풍수지리설이 큰 의미를 가질 수 없었던 탓이며 우리 나라나 일본과 같이 산악이 밀집한 곳에서 좌청룡 우백호와 같은 풍수설이 나름대로 설득력을 가질 수 있기 때문이었다. 다시 말해 우리가 아는 풍수지리설은 중국에서 왔지만 가장 한국적인 것이다. 그리고 한국의 풍수는 단순한 인간의 운명과 화복을 점치는 것이 아니라 체제 변혁이나 체제 수호의 도구로도 크게 이용되었다.

풍수에 대한 한국 문헌상의 최초 기록은 『삼국유사』 신라본기 탈해왕 항목에서 나온다.

> '왕이 등극하기 전 호공(瓠公)으로 있을 때, 산에 올라 현월형(弦月形; 반달 모양)의 택지를 발견하고 속임수를 써서 그것을 빼앗아 후에 왕이 되었다'.

여기에서 주목해야 할 것은 풍수지리설의 체계 그 자체보다는 풍수지리설이 가진 역사적 의미이다. 즉 풍수지리설에 대한 일반적인 오해는 바로 좌청룡 우백호 하면서 지형을 음양오행에 끼워 맞추면서 길흉이나 화복을 예언하는 요술 정도로 보는 견해가 그것이다. 이러한 논리는 후대 풍수지리설이 민간신앙 차원으로 하강하면서 발생한 결과이고, 본래적 의미는 고대 왕국이나 중세 국가의 체제 재편이나 국토재개발 혹은 국토 재배치 계획이라 할 수 있다. 나아가 경직된 구체제에 신선한 탄력을 더해주기 위한 체제 내부의 자구책이며 정치세력의 재편을 위해서도 이용되었다.

신라 탈해왕의 도읍탈취 사건이나 백제의 사비천도, 고구려의 평양천도에서 볼 수 있듯이, 풍수지리설은 국토 재개발적 성격을 강하게 드러내고 있었다. 즉 수백 년의 전란으로 백성은 도탄에 빠졌는데 귀족은 오히려 부와 권력을 강화해, 급기야 왕권에 대한 심각한 도전으로 나타난 데 대한 왕실 측의 대응이었다. 또 경직된 구체제를 신체제로 전환하려는 왕실 측의 적극적인 체제 재편 전략이기도 했다. 풍수지리설의 진보적 성격이 엿보인다. 이처럼 삼국시대 왕실 측에서 도입한 이 풍수사상은 통일신라시대 경주 중심의 진골 지배세력이 독점하게 되었다. 그런데 삼국시대에 보였던 풍수지리설의 풍부한 역사성은 통일신라에 들어 크게 퇴락했다.

삼국시대가 풍수지리를 전쟁 체제의 재편이나 국가 재건이라는 원대한 목표에 이용했다면, 통일신라시대는 주로 왕자의 권위를 수식하기 위한 도읍의 지리적인 설명이나 궁실과 능묘의 선정에 사용되었다. 그 대표적 예가 '초월산 대숭복사비'에 나온다. 원성왕이 죽음에 따라 그 무덤으로 곡사(鵠寺)의 절터가 풍수지리상 좋은 땅으로 추천되자, 절터가 무덤으로 바뀌고 절은 다른 곳으로 옮겨졌다는 것이다.

나말여초에는 풍수지리설이 지방 호족으로 확산되면서 지방 세력의 발흥을 예고했고, 또 민간에게도 전파되어 도선(道詵)같은 대가가 출현하기도 했다. 그는 중국에서 발달한 참위설을 골자로 지리쇠왕설·산천순역설 및 비보설 등을 주장했다. 지리에는 쇠왕지와 순역지가 있으므로 왕지와 순지를 택해 거주할 것과 쇠지와 역지는 이것을 비보할 것이라고 말한 일종의 비기도참서를 남겼다. 문자 그대로 도선에 이르러 풍수지리는, 종래보다 더욱 관념화되고 신앙화되었다. 그래서 풍수지리설은 새 왕조를 개창하는 이들에게 정치적 명분 강화에 이용가치를 높였고, 민심 수습과 국가적 통일을 기하는 데도 유용했다. 이후 조선시대 이성계나 방원의 한양 천도에서도 적용되었다.

고려 때에 성행한 『도선비기』 등은 그 전체를 도선이 지은 것인지는 명확치 않으나, 그의 사상에서 영향을 받은 것으로 보인다. 이 비기라 일컬어지는 예언서는 그의 사후에 전해져, 민심변화에도 영향을 주었다. 도선(道詵) 대사와 고려 태조 왕건(王建)의 인연에 대해서는 이미 잘 알려진 사실인데 왕건이 풍수지리설에 어느 정도 심취했는지는 그가 후대 왕을 위해 남긴 <훈요 10조> 속에서도 드러난다. 제5조에서는 "짐은 삼한 산천의 음우(陰佑)에 힘입어 대업을 이룩했다"라며 마치 후삼국 통일이 지덕(地德)에 의한 듯이 말했다. 또한 서경은 수덕(水德)이 순조롭기에 우리 나라 지맥의 근본이니 만대 대업의 땅이 된다고 했다.

문제가 되는 8조에는 "차령 이남 공주강 밖은 산형과 지세가 배역으로 되어 있고 인심도 또한 그러할 것이니"라고 해 그곳 인물의 기용을 조심하라고 했다. 이는 태조가 자신에게 끝까지 반항했던 후백제의 땅을 지칭해 배역지로 몰아붙인 예이다. 하지만 최근 들어 이러한 <훈요 10조> 중 제8조는 현종대 이후 신라계가 정권을 장악하면서 조작한 내용일 것이라는 파문이 일고 있다.

요컨대, 한국의 풍수지리설은 삼국시대와 나말여초, 조선초기에는 주로 체제 변혁이나 국토 재배치 계획 같은 변화에 적극적인 역할을 수행했던 데 반해, 통일신라시대나 조선시대에는 관념화해 묘 자리나 집자리 혹은 개인의 길흉을 점치는 식으로 비기(秘記)류가 됨으로써 역사성을 훼손했다. 이처럼 한국의 풍수지리는 시대에 따라 체제 수호의 논리가 되거나 체제 변혁의 논리가 되는 등 다양한 얼굴을 드러냈다.

제 3 강

관음 쟁탈의 시대

달마가 동쪽으로 간 까닭은?

한때 산사에서 수도하는 스님 이야기를 다룬 '달마가 동쪽으로 간 까닭은' 이란 영화가 국내에서 상영된 적이 있다. 이 영화에는 세 명의 스님이 등장하며, 그들은 속세의 인연에서 오는 수많은 번뇌와 싸우면서 득도를 향한 진지한 고민을 한다. 세속의 인연에 방황하면서 마침내 부처님 세계로 든다는 내용이었다. 그런데 정작 이들 세 사람은 세상 인연에 대한 철저한 이별을 하기 위해 입산하고자 했을까? 그리고 달마는 세상 사람과의 이별을 위해 동쪽으로 간 것일까?

정작 이 영화는 달마가 왜 동쪽으로 갔는지에 대한 해석을 영화 속에서 담아 내지 못했다. 영화 내내 그저 번민하고 다시 질문하는 독백과 방백의 화법으로 난해한 선문답의 세계로 골치 아픈 국민의 마음을 유인할 뿐이었다. 관념론의 정점에서 말도 안 되는 비과학적 세계관을 마치 인생의 리얼리즘인양 선전했다. 하지만, 그것은 대단한 착각이다. 그러한 착각은 마치 득도가 인간현실과 연대하지 않고 이뤄지는 양, 그리고 도도한 자신만의 깨달음인 양 여기는데서 증폭됐다. 물론 세상사와 단절된 수도생활이란 존재할 수 없다. 왜냐하면, 스님도 먹고살아야 하고 살고 싶으면 일해야 하며 인간생리의 보편적 요소를 그대로 담아 낼 수밖에 없는 인간이기 때문이다.

진정한 '득도(得道)'는 세상의 비인간적 반민주적 반역사적 세태로부터 이탈할 것을 인간에게 진지하게 요청한 것이지, 세상이야 죽든 살든 상관하지 않는 그런 비정함을 말하는 것이 아니다. 부처가 두려워했던 것은 살아있는 역사가 아니라 죽은 신이 살아있는 인간을 목매게 하는 잘못된 세상이었고, 번뇌는 바로 거기서 오는 것이었다. 달마는 역사의 신이 보낸 사자였다. 그가 전파한 교의는 죽은 극락을 산 사람의 극락으로 바꾸라는 부처님의 엄명이었다.

달마의 본래 인도 이름은 보디다르마(Bodhi-dharma)다. 그는 6세기 초 서역에서 중국의 화북(낙양)에 들어가 선종을 전파한 인물로 소개된다. 그가 중국에 온 것은 교학 중심의 불교 대신, 본래의 청정한 자성(自性)에 눈떠 성불하라는 사상을 사람들에게 전하기 위해서였다. 이른바 불립문자(不立文字), 교외별전(教外別傳; 문자, 언어, 경전이 아니라 마음에서 마음으로 전해진다), 직지인심直旨人心, 견성성불(見性成佛; 자기 마음을 봄으로써 자신이 본래 부처였음을 깨닫는다)이라는 4구절이 그의 교의를 대변한다.

이러한 어려운 말은 접어두고, 진정 달마가 이러한 선종의 논리를 설파한 것과 스스로 인도를 버리고 동쪽 중국으로 간 것은 서로 무슨 상관관계가 있을까? 달마의 동쪽 행은 단순히 참선을 즐겨하는 선종이 진정한 불교의 본의라는 말을 전하기 위한 것은 아니었다. 자세히 보면, 달마의 동행(東行)에는 비장한 역사의식이 드러난다.

그는 귀족만이 독점한 극락세계를 민중세계에게도 개방하고자 했다. 당시, 달마의 눈에 보이는 중국의 불교는 이른바 교학 불교로 관념과 사변의 늪에서 헤매고 있었다. 권력과 부를 독점한 귀족들만이 난해한 한자로 기록된 불경을 외면서 극락 가는 방법을 독식했다. 그들은 반야심경이 무엇이고 천수경은 무엇이며, 화엄경은 무엇이라고 하면서 난해한 문장을 이리 저리 뒤집으면서 자신만의 극락을 현실에 제도화했다.

글을 모르는 백성들은 영문 모를 귀족의 독경소리를 구걸하듯 귑실

거리며 들어야 극락의 언저리에나마 가까스로 낄 수 있었다. '수리수리 마하 수리'가 무슨 뜻인지도 모른 채 그저 외우는 것만 허락되었고, 민중들이 진정 알고 싶은 신비한 불법은 괴이한 부처의 이적이나 고승의 선문답으로 관념화되었다. 도대체 무슨 소리인지 알 수 없는 법어(法語)는 그저 믿기만 하면 된다는 괴이한 교리와 선문답을 재생산했다. 아울러 언어와 사상을 독점한 지배계급은 일반 민중들의 삶이 그토록 고달픈 이유가 자기 귀족들 때문이라는 사실을 희석시키고자 또 자신의 가혹한 수탈에 인내하는 순수한 백성으로 만들고자, 불교 교리를 왜곡해 자신을 정당화하고자 했다.

이제 귀족에 목숨 바쳐 충성하는 백성만이 극락 언저리에 가는 3등 열차 표 하나를 얻을 수 있게 된 것이다. 극락은 귀족이 백성에게 주는 시혜였으며, 그 시혜를 위해서 백성은 일생동안 뼈가 빠지게 일해야 했다. 달마가 동쪽으로 간 까닭은 영화처럼 속세와의 인간적 관계를 단절하는 것은 아니었다. 만약 그랬다면, 그는 동쪽으로 가지 말고 동굴로 가야했을 것이다. 그의 동행은 역사와 연대하는 불교를 위한 것이었고, 독점과 수구세력이 지배하는 극락세계를 민중에게 되돌리려는 현실의식의 반영이었다.

또한 달마는 극락의 길이 난해한 각주로 신성화된 교학보다 진실한 심성의 수련에서 비롯된다고 함으로써, 불교를 사변이 아닌 진정한 철학으로 거듭나게 하고 싶었다. 이른바 선이라고 하는 심성의 수련은 단지 현실과 인간 삶 자체에 대한 열정을 강제적으로 억누르는 관념의 수단으로 전락시키려 한 것이 아니다. 또 세상을 상실함으로써 극락정토의 문고리를 흔들 수 있다는 괴이한 교리를 말하는 것도 아니다. 오히려 선(禪)이란 권력과 부에 의해 사회적 도의가 왜곡되는 현실에서 철저히 사람과 사람이 화해하고 자비하는 도덕적 사회의 구현을 시도하려는 첫 관문이었다. 상식이 일상의 준칙이 되는 성찰, 그리고 서로 말을 하지 않아도 인간이 인간의 고통을 치유하는 길을 열어갈 수 있다는 믿음이 바로 달마가 전파한 선종이었다.

이처럼 달마가 동쪽으로 간 까닭은 어쩌면 사바세계와의 인연을 더욱 아름답게 하기 위한 노력과 민중에게 극락의 문을 여는 방법을 알려주기 위함인지도 모른다. 그 안에는 민중의 극락과 새로운 도덕적 가치, 즉 사람이 진정 정의로운 세상을 만들기 위한 심대한 고민을 담은 선을 그려내려는 노력이 있었다. 선(禪)이라는 글자를 파자(破字)하면 단순하게(單) 본다(示)는 말이 된다. 하지만 그 단순함은 세상의 고통을 말도 안 되는 관념의 끝자락에 세우고 '번뇌'라는 한마디로 구겨 넣어 단순화하는 것이 아니라, 사회적 모순의 본질을 명쾌하게 생각하고 그것에 대한 명확한 대안을 만든다는 논의일 것이다. 간단히 본다는 것은 정의롭게 세상을 본다는 것이다.

낙산사를 지킨 두개의 꿈

묘하게 낙산사는 관세음보살을 부처님처럼 모시고, 오대산 월정사, 상원사는 문수보살을 부처님처럼 모신다. 관세음보살이 아미타여래의 협시(挾侍)보살로 온 누리에 자비를 베푼다면, 문수보살은 비로자나불의 협시보살로 모든 중생이 지혜롭게 살게 하는 방편을 알려준다. 또 문수보살은 일시적으로 석가모니불을 도와서 중생 교화에도 힘쓴다.

왜 그들 귀족 승려들은 관세음보살에 이어서 문수보살도 필요했을까. 실제로 낙산사는 의상이, 월정사는 자장이 창건했다고 하는데 공교롭게도 모두 당나라 유학파들이고 모두 신라의 최고 골품인 진골 출신이었다. 그러니 당연히 그들은 왕이 곧 부처요, 모든 것은 하나에서 나온다(王卽佛 一卽多)를 주된 교리로 하는 화엄사상을 종주로 삼고, 엄청난 재원을 들여 전국 방방곡곡에 대사찰을 지었다.

오늘날 그 많은 명산 대사찰들이 대개 의상과 자장을 시조로 하는데, 그 이유는 그 분들의 위대한 공력도 있지만 무엇보다도 당대 모든 권력과 땅을 소유하고 온갖 곡식과 땔감 그리고 노동력을 불사에 동원할 수 있었던 권력을 가졌기 때문이다. 그들이 세운 사찰은 왕실이나 귀족들의 영지였고, 그 영지는 귀족과 왕들이 자신들만의 극락을 만들기 위한 사찰을 유지하는 물적 기반이었다. 그래서인지 돈 있고 힘있는 승려들이 지은 절은 천년이 지나도 화려하고 웅장하다.

부처님 보시기에 그토록 화려하고 현란한 사찰이 진정한 불심과 불법인지, 진정 부처님이 바라는 길인지는 다시금 생각해 볼 부분이다. 그들의 화려한 치장 이면은 이러하다. 화려한 당나라 유학을 마치고 고국으로 되돌아온 그들의 앞에 무언가 납득하기 힘들고 낯선 현실이 존재하고 있었다. 이미 원효와 같은 고승이 민중의 마음에 관세음보살을 퍼트리고 있었던 것이다. 민중에게 극락에 가는 법을 알리면서 새로운 마음의 불교를 만들어 가는데 그들이 가진 것은 여전히 우리 풍토와 현실에 맞지 않는 중국식 화엄일 뿐이었다. 어쩌면 6두품의 신분에 불과한 원효에 대한 깊은 멸시감을 포함해 신라 현실의 개혁에 미온적이고 제대로 알 수 없었던 유학파인 그들로선 원효의 현실과 연대하는 불교철학과 경쟁하기 무척 힘들었을 것 같다.

그래서 그들은 열등의식을 보다 화려하고, 보다 웅장한 사찰을 건립하면서 그리고 왕실이나 귀족과 깊은 유대를 키워가면서 해소해보고 싶었을 것이다. 오늘날 와서 정작 민중에게 극락을 준 원효가 세운 사찰은 손에 꼽을 정도로 적지만, 의상과 자장, 범일 같은 해외 유학파 및 진골 승려들이 세운 사찰은 전국에 깔려있다.

의상과 함께 낙산사 이야기의 또 한사람의 주인공은 범일(凡一)이다. 그는 통일신라 선종 9산파 중에서 굴산파의 수장이었고, 847년 중국 유학을 마치고 굴산사를 창건하였다. 청해진에서 장보고가 활약을 시작할 무렵 830년경 범일은 중국에 있는 개국사(開國寺)에서 한쪽 귀가 잘린 어린 스님을 만났다. 그때 그 스님은 자신이 신라 사람이며, 집은 명주(지금의 강릉) 익령의 덕기방이니 신라에 가면 꼭 오라고 했다.

몇 십 년이 흘러 858년 2월 15일 밤, 범일은 개국사에서 만났던 귀가 잘린 어린 스님 꿈을 꾸었다. 꿈에서 어린 스님은 "지난 날 당신과 약속했습니다. 찾아오시라 했는데 왜 아직 오지 않으십니까"라고 했다. 꿈에서 깬 다음날 범일은 제자들을 데리고 익령 근처로 찾아갔다. 거기는 낙산사 바로 아래였고, 실제로 덕기라는 이름의 여자가 살고 있었다.

그녀에게는 아들 하나가 있었다. 그 아이는 8살이었는데, 때마침 마을 남쪽 돌다리에서 놀고 있었다.

그 아이는 "제가 함께 노는 아이 중에 금색동자가 있다"고 말했다. 이 말을 들은 범일 국사는 아이가 놀았다는 다리에 가보았는데, 거기 다리 밑 물속에서 석불 하나를 발견했다고 한다. 그 석불 모습은 꿈에서 본 어린 스님과 같았다. 이에 곧바로 그 석불이 대세지보살의 현신이라고 생각하고 불사를 지었다고 한다. 귀 잘린 아이와 대세지보살은 무슨 인연이 있었을까? 일설에는 범일이 의상의 문하였다고 하는데, 어쩌면 의상이 힘과 권력으로 관세음보살을 쟁취한 다음 아미타불의 또 다른 입시보살인 대세지보살조차도 장악하려는 의도가 있었던 것은 아닐까? 그 후 100여 년 지나서 산불이 나서 낙산사가 불탔다. 산불에도 불구하고 유독 관음과 대세지보살을 모신 두 성전은 재앙은 면했다고 한다. 최근의 낙산사 화재로 홍련암과 의상대만 남은 것과 흡사한 큰 화재였다. 그만큼 관세음보살과 대세지보살은 신라인의 마음을 움직이는 중요한 정치적 대상이었다.

한편, 몽골이 침략하자 승려들은 관세음보살과 대세지보살의 보물 인형 두 개를 낙산사로 옮겼다. 그런데 정작 몽골 병이 쳐들어 와서 수많은 고려인이 죽었을 때, 이 두 보물을 지킨 사람은 주지승이 아닌 걸승이라는 사원노비였다.

이야기 줄거리는 그저 어떤 노비의 도움으로 두 보살을 지켰다는 단순한 이야기지만, 정작 본론은 몽골 전쟁에서 30년 동안 고려가 버틸 수 있었던 힘이 노비에게서 나왔다는 말을 하려는 것이다. 노비 걸승의 봉기는 당시 몽골과 전쟁을 수행하는 데 당시 지배층으로선 노비계층의 도움이 절실했는가를 보여준다.

낙산사 관련 설화 중에 가장 독자들의 마음을 사로잡은 이야기가 바로 조신의 꿈이다. 일제하에서 이광수 원작의 <꿈> 이라는 소설로 거듭났고, 한때 안성기, 황신혜 주연의 영화로도 만들어졌던 유명한 이야기이다. 여기서 조신은 강릉에 있던 세규사 본사에 근무하던 스님이었다. 그러다가 지금의 영월에 있던 세규사 영지에 책임자로 가게 됐다. 그런데 당시 강릉 태수로 있던 김흔의 딸을 보고 한 눈에 반했다. 조신은 낙산사 부처님 앞에 나아가 태수의 딸과 결혼하게 해 달라고 기도했다. 하지만 태수는 조신의 마음과는 달리 다른 데로 혼처를 정했다. 이에 조신은 낙산사에 다시 가서 눈물을 흘리며 자기 소원을 들어주지 않았다고 부처님을 원망하다 잠이 들었고 꿈을 꾸게 됐다.

꿈속에서 김씨 아가씨는 조신의 방안으로 들어오며 "저는 일찍부터 그대의 모습을 훔쳐보았습니다. 같이 살고 싶습니다"고 말했다. 조신은 기뻐하면서 고향에 가서 40여 년을 함께 살았다. 그런데 점점 살림이 곤궁해지다 결국 사방팔방으로 입에 풀칠하려고 걸식하기를 10여 년. 그러던 차에 명주(지금의 강릉)의 어떤 고개를 넘다가 열 다섯 먹은 큰아들이 굶어 죽었고 이어서 남은 딸도 개한테 물려 죽었다.

태수의 딸과 50년을 살아온 인연에도 불구하고, 이제 춥고 배고프고 쇠약하고 아무도 돌보는 사람 없는 처량한 그들은 긴 사랑의 인연에 종지부를 찍고, 각기 갈 길로 가기로 했다. 한없는 눈물과 함께 이별을 하다 잠을 깨어보니 조신의 수염이며 귀밑머리가 하얗게 변해 있었다.

그제야 조신은 속세에 대한 기대와 태수의 딸에 대한 연모가 사라졌다는 것을 알았다. 그리고는 꿈속에서 죽은 아들을 묻었던 곳에 가서 땅을 파보니 미륵상이 나왔다. 이에 조신은 서라벌로 돌아와 정토사를 창건하고 부지런히 수행했다고 한다. 이 이야기는 '수고로운 인생은 결국 한순간의 꿈'이라는 사실을 중생에게 알리기 위한 교육적 내용이지만, 스님이 부처님께 그것도 정혼한 여자를 취하게 해 달라고 조르는 모습에서 신라인들의 자유분방한 모습이 엿보인다. 신라, 사랑이 무척 자유롭던 시대인 듯하다.

낙산사와 관음보살 쟁탈전

미의 극치, 종이로 만든 관세음이 머무는 원통보전이 있고, 여섯 개의 팔을 가진 관음보살이 모셔진 보타전(菩陀殿). 그리고 예종이 아버지 세조를 위해 만들었다는 동종. 의상대사가 처음 관세음보살을 보고 낙산사를 건립했다는 이야기가 전해지는 홍련암(紅蓮岩). 그리고 그보다 더 소중한 아름답던 낙산사 소나무, 산짐승들. 예종의 고뇌와 세조의 번뇌를 씻어주던 그 유려한 동종의 소리. 안타깝게도 지난 2005년 4월 화마와 함께 역사 속으로 사라졌다. 원래의 모습이 사라졌다고 생각하니 참으로 마음이 허전하다.

낙산사는 온통 관음보살 이야기로 가득 한 사찰이다. 일명 보타(菩陀) 혹은 원통(圓通)이라고 불리는 이 보살은 이미 부처로 성불할 수 있지만 인간 세상에 남아 힘들고 가난한 사람을 위해 자비를 베푸는 작은 부처님이다. 아미타불 옆에 입시하여 극락정토로 중생을 인도한다. 낙산(洛山)은 인도의 보타낙가산(菩陀洛伽山)이라는 '관세음이 강림했던 지역'이라는 뜻에서 따온 말이다. 그래서 중국에 유학을 갔다 온 의상이 동해에 접한 홍련암 밑 동굴에서 관세음을 보았다하고, 이에 감화를 받아 낙산사를 창건했다고 한다.

> 옛날 의상법사가 처음으로 당나라에서 돌아왔을 때 부처님을 진신이 이곳 동해안 해변굴 안에 계시다는 말을 들었다. 그래서 낙산(洛山)이라고 불렀다. 대개 이는 서역에 보타락가산이 있는데, 소백화(小白華) 혹은 백의(白衣) 대사의 진신이 계시는 곳이라 하여 이 이름을 빌린 것이다(『삼국유사』).

처음 의상대사가 관세음을 본 홍련암은 신비한 바닷가 동굴인데 거기서 의상은 여러 신들에게서 큰 대접을 받았다. 즉, 천룡팔부(天龍八部; 즉 하늘나라 옥황상제가 거느리는 무서운 신)가 시종하거나 수정 염주나 여의주를 받기도 했다. 의상은 이윽고 자기가 앉아있는 곳 위의 산 정상에 대나무 두 그루가 있는데 그곳에 절을 짓게 된다. 이처럼 낙산사 창건 설화에는 유난히 의상대사의 관세음보살에 대한 강한 집착을 보여준다. 반대로 의상은 당대의 고승 원효로선 참기 힘들 힐난을 가한다.

왜 그랬을까? 의상은 가질 것 다가지고 중국에 유학까지 한 신라 진골 출신의 엘리트 승려였다. 그런데도 온갖 궂은 일을 도맡고 수백 수천의 손으로 중생의 아픔을 어루만진다는 백성을 위한 관세음보살이 왜 필요했을까? 단순한 원효 대사에 대한 경쟁심일까? 아니면 원효와 다른 새로운 극락을 발견해서 일까? 그 해답은 원효에게 있었다.

원효는 이미 관음보살이 백성의 마음에 있는 줄 알았고, 글 읽는 자만이 극락을 독점(이른바 신라 교종)하는 것이 아니며 비록 글을 읽지 못해도 "나무아미타불, 관세음보살"만 외면 누구든지 갈 수 있다는 교의를 전파하고 있었다. 중국에서 유학을 하고 왕실이 주는 거금으로 살면서 누구하나 부럽지 않았던 의상은 이제 조국인 신라로 돌아와 보니 이미 조무래기로 알았던 원효가 극락의 열쇠를 백성들에게 나누어주는 참된 모습에 참으로 경악한 듯하다. 자신이 만리타향에서 배운 그 위대한 불경의 자구(字句) 하나하나보다 더 위대한 원효의 설법에 스스로 무기력하고, 무능력해 보였을 것이다. 그래선지 『삼국유사』 탑상 제4항목에 나오는 원효는 무능력하고 무기력한 사람 혹은 탐욕스런 인물로 묘사되고, 원효를 비웃기 위해 저자인 일연선사는 안간힘을 쓰고 있다.

이야기인즉, 어느 날 원효가 의상이 창건한 낙산사 관세음보살에게 예를 올리려고 길을 떠났다. 길을 가는데 흰옷 입은 한 여인이 벼를 베고 있었다. 그래서 벼를 좀 달라고 했더니 말라붙은 벼를 주었다고 한다. 또 길을 가다가 생리대 빨래를 하고 있는 한 여인에게 물을 좀 달라고 했더니 더러운 물을 주었고, 그래서 엎어버리고 개울물을 떠서 마셨다고 한다.

첫 번째 이야기에서 말라붙은 벼가 상징하는 바는 '원효는 생산을 할 수 없는 무기력한 존재, 중생을 구제할 수 없는 무능력한 존재'라는 것이다. 다음 이야기에서 여성이 생리한 물을 떠서 주었다는 이야기는 요석공주와 결혼하고 이윽고 설총(薛聰)이라는 아이까지 두게 된 원효의 파계를 비꼰 것이다. 이어서 또 하나 이야기가 나온다. 원효를 보고 파랑새 한 마리가 "휴제화상"이라고 울었다는 대목이다.

휴제화상(休醍和尙)이란 제호 즉 '잘난 스님=원효대사'이여 "휴"하라. 다시 말해 "잘난 스님 원효여! 그만 두시라"라는 뜻이다. 무엇을 그만 두라는 것일까? 어쩌면 극락과 관세음보살을 신라 백성에게 나누지 말고 그들만의 극락 독점권을 가져보자는 선언일 것이다. 왕이 곧 부처(王卽佛)이며, 하나는 모든 것(一卽多)에 통한다는 의상의 고뇌는 결국 왕과 귀족을 위한 관세음보살을 만들고자 하는 나아가 신라 귀족의 염원을 대변한 것이다. 따라서 제호화상 이야기는 더 이상 원효가 백성들에게 극락가는 주문(나무아미타불 관세음보살)을 전하지 말라는 의상 계열의 발원이었다.

파랑새의 힐난하는 소리를 들으면서 걸음을 재촉한 원효는 마침내 절에 도착했고 이윽고 관음상 아래서 다른 가죽신 한 짝을 보았다. 그제서야 그는 앞서 만난 여자들이 바로 관세음보살임을 알게 되고 후회했다는 이야기이다.

정리하면, 이 이야기는 두 가지 사실을 말하고자 한다. 하나는 의상이 동굴 속에서 온갖 신비로운 광경과 선물 그리고 직접 관음보살을 정확히 보았는데 반해, 원효는 관음보살이 변신한 모습을 보고서도 그녀가 관음보살인지 알아채지 못했다는 점이다. 그렇다면 일연 스님은 왜 이렇게 의상을 두둔하는 이야기를 남겼을까? 역시 『삼국유사』를 읽을 수 있는 사람이 일반 고려 백성이 아니라 당대의 귀족이었다는 사실과도 연관된다.

낙산사 관음보살을 보러 오다 원효가 당한 그 수모는 정작 원효의 위대함을 따돌리고 왜곡하려는 의상 계열 사람들의 위작일 가능성이 크다. 의도적이면서 교활한 인물로 원효를 설정한 낙산사 설화를 통하여 민중에게 극락을 알려 준 원효에 대한 귀족 불교측의 원망이 얼마나 절절했는지 보여준다.

세상을 어둡게 하는 큰 어리석음이 있다. 그것은 무식한 사람이 높은 자리를 차지하여 내려오지 않는 것이며, 무식한 자가 소신을 굽히지 않고 힘없는 사람을 희롱하는 것이며, 무식한 자가 부지런하게 인간을 조종하며 세상을 흐리는 것이다. 의상은 원효의 공력이 무서웠고, 어떻게든 원효를 이기고 싶어 했다. 그래서 온갖 궁리를 다해 그를 협박했고, 전국에 수많은 사찰을 세우며 돈과 모든 권력을 다 누렸고 관세음보살을 본 듯이 상징조작을 했지만, 정작 관세음보살은 신라 백성과 함께 하고 있었다.

자장과 문수가 만든 성지

낙산사가 주로 관음보살이야기가 많다면 오대산 월정사나 상원사 근처에는 유난히 문수보살에 대한 이야기가 많다. 왜 문수보살을 그토록 앙망(仰望)했을까? 그리고 왜 오대산일까? 신라 선덕여왕 때인 636년 자장법사가 중국 오대산의 문수진신을 뵙고자 하여 중국에 들어가 경건히 7일간 기도를 드렸는데, 문득 꿈에 부처가 나타나 게(偈; 노래)를 주었다고 한다. 산스크리트어로 쓰인 관계로 어떻게 해독할지 몰랐는데, 이튿날 한 승려가 붉은 비단에 금점이 박힌 가사 한 벌과 부처의 바리 하나 그리고 부처의 머리뼈 한 조각을 가지고 와서는 자장에게 와서 물었다.

그 승려는 산스크리트어를 해석하면서 석가모니가 쓰신 도구이니 세 가지를 잘 보관하라는 당부를 남기고 사라졌다. 그 후, 용이 나타나 "지난 번 노래를 번역해주던 승려가 바로 문수보살의 진신입니다. 그리고 신라의 명주 북쪽 경계에 오대산이 있는데 그곳에 1만 명의 문수보살이 계십니다."라고 알렸다. 이에 자장은 643년에 신라 오대산으로 돌아와서 문수를 뵙고, 이곳에 정암사라는 절을 창건했다. 이곳이 오늘날의 월정사이다. 이처럼 자장이 월정사를 지은 것은 문수보살을 통해 무언가 얻고자 했다는 사실을 말해준다.

640년대 당시 신라는 신흥세력인 김춘추와 김유신 그룹이 기왕의 성골 지배세력인 진덕여왕, 알천공, 비담과 염종 세력 등과 경쟁하고 있었다. 그러한 복잡한 정세 아래서 자장은 자신의 입지를 어떻게 세워야 하는지 고민했을 것이고, 자연히 그의 복잡한 심경은 비로자나불의 협시 보살로서 세상을 지혜롭게 사는 방법을 알려주는 현명한 문수보살에게 쏠렸을 것이 분명하다. 그리고 문수보살의 혜안은 자연히 신문왕과 두 아들 이야기와 결합되고 있다. 『삼국유사』를 보면, 신라 신문왕의 두 아들인 보천과 효명태자가 어느 날 약속을 하고 오대산으로 들어갔다고 한다.

그들이 진정 세상을 등졌던가는 의문이다. 자장이나 의상 등의 진골이 거대한 불사를 하고, 각종의 설화를 유포하는 등 여전히 권력 일선과 손을 닿고 있었다는 당시의 정황을 미루어 볼 때, 태자들의 불교귀의 사실을 진짜 출가로 보는 것은 단편적인 해석이다. 불교에 귀의한다는 것은 왕자와 귀족의 또 다른 입신출세의 길이었다. 여기에서 오대산을 왜 오대산이라고 하는지 그 이유가 나오는데, 두 태자는 오대산의 다섯 봉우리에 올라 예불을 올렸다고 하며, 오대산은 다섯 개의 대가 있다는 뜻이다.

> 동대는 만월산인데 1만 명의 관음 진신이 있고, 남대는 기린산인데 8명의 큰 보살을 우두머리로 하는 1만 명의 지장보살이 있다. 서대는 장령산인데 무량수여래를 우두머리로 1만 명의 대세지보살이, 북대는 상왕산인데 석가여래를 우두머리로 500명의 대아라한이, 중대는 풍로산 또는 지로산인데 비로자나불을 우두머리로 하는 1만 명의 문수보살이 있다(『삼국유사』)

아침마다 문수보살이 지금의 상원사에 36가지 모습으로 변해 나타난다고 한다. 태자들이 오대산에서 보살을 친견하는 일을 어떻게 봐야 하는가?

신문왕은 늘 자기 아들들이 구래의 귀족에게서 위협을 당할지도 모른다는 고민을 했을 것이다. 왜냐하면 무열왕 이후 더 이상 왕조차도 성골이 아닌 상황에서 언제든 같은 귀족 진골들이 왕권을 위협할 수 있는 조건이 형성되었기 때문이다. 그래서 왕은 태자들을 일단 오대산으로 피신시킨 듯한데, 오대산을 택한 것은 5만 명의 문수 보살과의 유대에서 예상되듯이 강력한 종교적 후원을 기대한 것으로 보인다.

신문왕이 죽자 둘째 아들인 효명이 왕으로 추대됐었는데, 이가 바로 성덕왕(聖德王)이다. 왕은 705년에 상원사에 진여원을 다시 짓고 문수 보살의 초상화를 걸어두었다. 그리고 화엄경을 독송케 하고 나아가 화엄사(華嚴社)를 결성하는 등 적극적으로 화엄종파를 지원하기도 했다.

한편, 왕위에서 밀려난 형인 보천태자는 늘그막에 공중 부양해 울진 장천굴에 갔고, 거기서 굴의 신을 만났다. 보천태자는 그 신이 다라니경을 읽는 것을 보고, 그에게 보살계를 주었다고 한다. 그리고는 오대산 신성굴에 돌아와 50년을 수련했는데 도리천(忉利天)의 신이 하루 세 번에 걸쳐 그의 설법을 들었고, 정거천의 무리들이 그에게 차를 끓여 바쳤으며, 40명의 성인들은 10척을 공중부양하면서 그를 지켜주었다고 한다.

성덕왕 대의 오대산과 관련한 이야기에는 태자들의 활약과 문수보살의 출현 그리고 굴신이나 각종 신들의 현신 등의 줄거리를 가지고 있다. 여기서 당시 아미타 신앙, 즉 극락정토를 기대하는 신라인의 염원을 읽을 수 있으며, 문수보살의 지혜를 통해 난세를 이기고자 하는 심정도 볼 수 있다. 문수보살과 화엄종. 전자는 왕권을 강화하는데 기여하고 정치적 번민을 지혜롭게 이기는 비법을 알려주었고, 후자는 왕이 곧 부처라고 하여 왕실 중심의 극락을 설파하는 데 기여하였다. 그렇기에 두 요소는 화엄사상의 핵심요소로서 신라 중대시기에 재위했던 왕들의 정신적 지지를 받으며, 통일신라의 문화적 극성을 이끌고 있었다.

제 4 강

역사는 누구 편인가?

죽서루(竹西樓), 가난한 자의 염원

숭례문과 광화문을 복원하고자 정부는 강원도 삼척에 있는 준경묘(濬慶墓; 태조 이성계에서 4대조인 목조 이안사(李安社)의 아버지 묘)에서 백 년 먹은 금강송을 베었다. 그런데 왜 하필 준경묘에서 소나무를 베려고 할까?

설화에 따르면 이안사의 아버지가 자기의 기생첩을 범하려는 지방관에게 대어 들다가 탄압을 받아 결국 식솔을 데리고 이곳에 왔다고 한다. 이 지역이 이안사의 외가였다는 설도 있지만 아마도 거기에 자생하는 아름다운 소나무와 관련이 있는 듯하다. 즉, 본래 소나무는 아름다울 뿐 아니라 고려시대에는 왕권의 상징으로 존중되었다. 수도 개성을 송악(松岳)이라고 부르거나 사육신의 성삼문이 낙락장송(落落長松)이라고 했듯이. 그리고 조선 세조가 정이품송(正二品松)이라고 이름을 지었던 이유도 모두 소나무가 왕권을 상징한다는 것과 관련된다.

삼척에는 동화에도 나오는 유명한 설화가 하나 전하는데, 조선중기의 문신 김효원(金孝元)이 삼척부사로 왔을 때 예로부터 유명한 이 지역 성황당을 부순 일이 있었다. 항간에 인기를 끌던 드라마 『전설의 고향』에서 자주 나오는 설화로, 신관 사또가 부임하면 첫 날 반드시 귀신에 홀려 죽는다는 처녀 귀신이야기가 바로 그 설화이다. 물론 정치적으로 해석하면, 그가 성황당을 부순 것은 유교적 교화와 미신타파라는 당대의 치국 이념과 관련된다. 그런데 밤마다 신관 사또를 죽음으로 몰아넣었던 그 원혼은 알고보니 억울한 죽음을 당한 처녀였다. 왜 하필 처녀였으며, 오죽했으면 귀신처녀의 모습만 보아도 신관사또들은 하나같이 목숨을 버렸을까?

문제는 왜 귀신만 보아도 죽는 신관사또가 그리 많았던가이다. 당시 사또들이란 유교적인 교양을 풍부히 받고 귀신을 믿지 않는 사람이 대부분이었을 것인데. 그리고 알고 보면 귀신이 산 사람을 이길 수 없었음에도 말이다. 결국 김효원이 삼척부사로 오면서 처녀의 원혼을 달래고 억울한 죽음을 불렀던 성황당(城隍堂)을 파괴하라는 지시가 내려졌다.

김효원은 선조대 성립된 사림정권에서 청년관료들을 이끌던 동인의 영수였다. 삼척에서 이러 김효원이 추구했던 꿈은 바로 유교적인 논리와 합리주의적 사회였겠지만 성황당을 다시 보면, 거기에는 당시까지 누군가 절절히 맺힌 한과 염원이 전설 속에 메아리치고 있다. 즉, 단순히 유교적 교화의 설화만은 아니라는 것이다.

삼척에는 고려의 마지막왕인 공양왕릉이 있다. 바로 이 점에서 조선왕조가 왜 시조의 묘(준경묘)를 이곳에 만들었는지도 조금 이해가 갈 법하다. 결론적으로 말해 망국 고려의 한이 그렇게 무서웠다는 것이다.

삼척 죽서루(竹西樓)에 쓰인 이승휴(李承休)의 위대한 문장은 옛 삼척이 주는 영감을 떠올리게 한다. 죽서루에 오르면『제왕운기(帝王韻紀)』의 저자로 유명한 이승휴가 남긴「서루차판상운(西樓次板上韻)」이라는 글이 남아 있는데, 그 내용을 보면

> 높은 하늘 고운 색채 높고 험준함을 더하는데
> 햇빛 가린 구름조각 용마루와 기둥에서 춤추는구나.
> 푸른 바위에 비스듬히 기대어 날아가는 고니 바라보고
> 붉은 난간 잡고 내려다보며 노니는 물고기 헤아려 보네
> 산은 들판을 빙 둘러 둥그런 경계를 만들었는데
> 이 고을은 높은 누각 대문에 매우 유명해졌구나.

이제 모든 벼슬 버리고 편안하게 세월을 보내고 싶지만
작은 힘이나마 보태서 임금님 밝게 빛내기를 바라네.

결론은 왕을 위해 모든 것을 봉사하겠다는 내용의 시(詩)이지만 구름 조각이나 용마루, 기둥 그리고 고니를 바라보는 마음 등에서 벼슬 잃은 관리 특히 지방으로 좌천된 지식인의 재기를 향한 열망이 느껴진다.

그런데 그런 감상보다 더 중요한 것이 있다. 즉, 단순한 개인적인 재기나 권력욕을 넘어 높은 하늘, 험준함, 춤추는 기둥, 높은 누각, 붉은 난간 등 큰 우리나라의 기운을 담으려고 애쓰는 이승휴의 원대함이다. 원대함, 더 높음 이런 단어들은 인간 열정(熱情)의 또다른 이름이다. 결국 이러한 삼척의 아름다움이 이승휴로 하여금 삼척 소재 천은사(용안당)에서 『제왕운기』를 저술하게 한 힘이 되었다고 보인다.

그런데 왜 그는 삼척에서 『제왕운기』를 지었을까? 한이 맺힌 곳은 염원도 함께 부풀어 오른다. 힘들고 고달픈 삶의 여정에서 오늘날 많은 서민들이 많은 사회적 냉대와 생존의 위기가 닥쳐온다. 어쩔 수 없는 경제 불황의 늪에서 마구잡이로 구조조정을 겪어야 할 아픈 현실. 자산이 있는 사람이야 이런 위기가 기회이겠지만, 어디 기댈 곳도 없는 많은 서민들은 그런 위기를 기회로 돌리라는 사회적 계몽이 오히려 고통이다.

이승휴가 삼척에서 본 것은 고려 시대 당시 사람의 원대한 이상이다. 굽힐 줄 모르는 조국의 위대한 산세(山勢)에 신뢰를 보내고, 아름다운 산세를 통하여 현실의 전쟁이나 수탈에 고통 받는 모든 이들에게 현실을 이길 힘을 주었던 것이다.

술 덕분에 왕이 된 충녕대군

태종이 충녕[세종]을 왕으로 만든 까닭은 무엇일까? 어떤 이는 양녕이 무단으로 궁궐을 넘어 거리에서 악행을 저질렀기 때문이라고도 하고, 어떤 이는 양녕이 외가살이를 했는데, 태종이 원경왕후 민씨 집안을 몰락시킨 데 대해 앙심을 품었다는 이야기도 한다. 아이러니컬한 것은 동생인 충녕대군이 총명하였기에 자기보다 동생을 왕위에 앉히고 싶어서 거짓 악행을 일삼았다는 주장도 있다.

양녕대군의 정치적 야심은 훗날 그의 행정을 보면 잘 알 수 있다. 그는 결코 정치와 담쌓고 지낸 청산거사가 아니었다. 수양에게 단종을 죽이라고 한 것도 그였고, 인평대군·금성대군 등 세종의 쟁쟁한 아들을 죽이려고 공작한 것도 그였다.

양녕의 활솜씨는 대단하였다고 하는데 실제로 매를 사냥해 아버지에게 바치다 혼난 적이 있으며, 경복궁 경회루 현판을 쓴 명필이라는 점만 보더라도 범상하지 않았다. 잡기에 능하였으며 그것으로 많은 인맥을 만들었고, 따라서 세자시절부터 귀족들과 교유할 수 있었다. 특히 어머니 원경왕후 민씨와 민무질·민무구 등 외척들 그리고 경상도 지역 출신의 수하 등은 그의 정치적 기반이었다.

이러한 양녕의 정치적 성장은 아버지 태종 이방원에게 큰 위협이 되었고, 태종의 왕권을 위협할 만큼 섣불리 제어할 수 없는 강대한 세력이 양녕의 주변에 모인 것을 말한다. 태종이 양녕 대신 충녕을 왕위에 올린 일도 즉흥적이지 않은 대단히 치밀한 정치적 계산에 의한 것이었다. 태종은 귀족세력의 후원을 받는 양녕을 무척 불신했다. 결국 태종은 양녕을 배경으로 정치세력화하는 귀족들을 제거할 필요를 느꼈고, 결국 이는 전면적인 외척가문에 대한 박해와 양녕의 폐세자로 이어졌다.

태종이 충녕을 세자로 책봉하면서 내린 비망기이다.

> 충녕은 중국 사신을 접대할 적이면 몸동작과 언어동작이 두루 예법에 맞고, 음주가 비록 무익하나 사신을 대하여 주인으로서 한 모금도 마실 수 없다면 어찌 손님을 권하여 그 마음을 즐겁게 할 수 있겠는가. 충녕은 비록 술을 잘 마시지 못하나 적당히 마시고 또 그친다. 효령대군은 한 모금도 마시지 못하니 이것도 불가하다. 충녕대군이 대위를 맡을 만하다. 나는 충녕을 세자로 정하겠다(『태종실록』).

일국의 왕을 세우는 데 '술을 잘 마신다'라는 이유를 든 점이 참으로 엉뚱해 보인다. 정말 세종은 태종의 말대로 술을 잘 먹어서 왕이 된 것일까?

태종이 술을 말했지만 그것은 하나의 상징일 뿐이었다. 그것은 술을 먹을 줄 아는 것이 중요한 것이 아니라 참을 수 없는 것 혹은 자신이 싫어하는 것조차도 참고 이겨낼 수 있는 인격에 관한 이야기였다. 때문에 술을 마시거나 잘 그치는 일과 도리와 진퇴를 아는 성격은 같은 의미였고, 그런 인물이라고 판단된 충녕에게 왕위를 넘기겠다는 말이었다.

태종의 예측대로 세종은 성군이었고 늘 학문에 정진하여 새로운 과학기술을 창시하고 인재를 널리 등용하였다. 그런데 그를 그러한 성군으로 만든 것은 역시 세종 자신이 사람을 부릴 줄 알고 신하의 마음을 읽을 줄 아는 능력이 있었기 때문이었다. 세종의 수많은 일화를 보면 공통점이 하나 있다. 세종은 아무리 좋은 정책을 자신이 개발하였어도 언제나 신하들의 찬반을 먼저 물었다. 그리고 모든 일은 황희·맹사성 같은 재상들에게 추진하게 함으로써 여론의 직접적인 화살을 피해 갔다. 그리고 그가 아낀 신하들은 그러한 자유분방한 토론을 통하여 정치를 살찌우고 뛰어난 인물로 성장하였다.

아무리 시간이 지체되더라도 신하들은 의제를 놓고 열띤 논쟁을 벌였고, 그 논쟁의 결과가 나올 때까지 기다리고 기다렸다. 한글의 창제에서 반포까지 만 3년을 보낸 것도 그 이유였다. 직접 하급신하들과 조우하기보다는 영의정 황희의 조정력을 믿었고, 하급관리의 반대는 논리로써 대응하였다. 지칠 정도의 토론결과는 늘 주상전하에게 맡기자는 것이었고, 이 때 과감하게 왕권을 발휘한 것이다.

제 5 강

조선왕조의 저력

조선왕조가 500년을 간 저력

태평양전쟁 때 일본 수상 도조 히데키는 2600년 일본 역사상 외국에 패한 적이 없다고 하면서 자살 특공대인 가미가제를 출격시켰다. 우리 국민도 을지문덕이 수나라 100만 대군을 살수(청천강)에서 수장시켰다는 사실을 자랑하기도 한다. 또한 뉴라이트 역사학에서는 일본이 에도시대부터 이미 우리나라보다 생산력이 앞섰다고 한다. 과연 그런가?

사실 우리가 아는 부국강병 즉 국부와 군사력을 국가 간의 경쟁무기로 삼은 것은 근대 사회가 만들어 진 이후의 일이다. 우리 역사에서도 근대 이전에는 비록 생산력을 높이기 위한 노력이 없진 않았지만 중요한 과제는 이른바 부국강병이 아니라 이도편민(以道便民; 덕치로 백성을 편하게 살게 하는 것)이었다. 백성들이 배불리 먹고 사는 것 바로 그것이 국가적 목표였던 조선 정부는 수탈의 최소화를 기하면서 최대한의 정치적 안정을 꾀하고자 했다. 이러한 면만 보면 조선왕조는 참으로 무력해 보인다. 하지만 세계사에 자랑할 만한 우리 역사의 자랑거리는 전혀 딴 곳에 있었다.

적어도 한양성은 일본의 에도성이나 중국의 자금성과는 달리 해자(성 둘레의 물구덩이)가 없었다. 그래서 격쟁이라 하여 백성들 가운데 힘들고 억울한 사람은 궁궐 담벼락에 올라가서 꽹과리를 치면 승지들이 나와서 그들의 아픔을 기록하고 왕에게 고했다. 어느 나라에서 백성이 임금님 궁궐 담 벽에 기어 올라가서 주장을 할 수 있었을까?

균역법을 실시하면서 기왕에 받던 군포를 두필에서 한필로 감하면서 부족한 세원은 왕실이 소유한 소금, 고기, 선박 세금이나 요호부민이 내는 선무군관포로 대신하게 하였다. 백성들의 부담을 줄이기 위해 왕실의 재산을 내놓는 사례였다. 그리고 새로운 글자를 만들면서 백성을 위하여 혹은 백성의 필요에 이롭다는 정치철학을 말한 경우도 세계사에서 그다지 보기 힘든 광경이다.

조선 초기 과전법이 시행될 시기에 백성의 부담을 보면, 평균 토지 1결로 잡아 10분의 1세인 30말을 거두고 공납인 별공과 진상, 그밖에 군역(수자리), 부역 등 1결(300말 소출의 토지)에 100말 정도는 세금으로 내어야 했다. 하지만 조선후기에 오면 전세는 1결당 4말, 공물은 대동법이 실시되어 16말, 군포는 1필이었다. 그나마 모든 세금도 통합되어 1결당 30말로 정해지고, 대동전(大同錢)이나 각종 화폐로 통일하였다.

이처럼 백성의 부담을 가능한 줄이는 것으로 치국의 이념이 모아졌고, 여러 가지 어려운 사정에도 불구하고 이러한 원칙은 지속적으로 지켜졌다. 그러니 아무리 관료 및 양반의 전횡이 있고, 지주의 수탈이 컸어도 이런 장점이 기반이 되어 조선왕조는 500년을 유지했던 것이다.

혹자는 조선 사람들이 왜 5,000년 동안 중국에 흡수되지 않고, 산이 많고 척박한 조선 땅에서 독립을 유지하면서 겨우 겨우 살아 왔을까 의문을 표하기도 한다. 어떤 사람은 한술 더 떠서 조선이 중국이나 일본에서 쓸모가 없었기 때문이라는 해괴한 주장을 하기도 한다.

그런데 그 이유를 보면, 먼저 중국은 무궁무진한 대평원이 있어 농업에 유리했고, 일본은 기온이 따뜻하여 농사에 좋은 지형이었지만, 정작 조선은 그다지 비옥한 땅이 없었다. 이것만 보면 조선이 동북아 삼국 중에서 가장 환경적인 요인에서 불리한 것처럼 보인다. 하지만 중국에서는 메뚜기 떼가 한번 기승을 부리면 사방 몇 천리에 풀 한포기 나무 한그루 살아남을 수없는 광활한 죽음의 평원으로 변한다. 그래서 사람고기(人肉)를 먹는 일이 비일비재했고, 양각육(兩脚肉, 다리 둘 달린 고기)이라고 하여 인육을 상품화하기도 했다.

일본의 경우는 비옥한 영토를 가졌지만 각 지역 다이묘들은 영역 다툼을 위해 백성에게 무차별적으로 생산물의 공납을 요구했다. 백성들은 살기 위해서라도 생산력을 높였고 바쳤다. 그 결과가 에도시대 전후하여 일본이 조선을 생산 측면에서 앞지른 것이다. 물론 일본의 강요된 농업생산은 백성이 아니라 다이묘나 사무라이 차지였고, 어떤 다이묘는 살인면허증(키리스토 코멘)을 교부하여 무사들의 칼이 녹 쓸지 않도록 백성들을 죽일 수 있는 권한을 주었다.

조선에서도 가뭄이 들며 많은 참변이 있었고, 인육을 먹은 일이 없진 않았으나 중국과 일본과는 차원이 다른 고통을 겪었다. 조선 땅에서 적어도 평소에는 생산에 지장을 많이 주었던 산(山)이나 강(江)이 가뭄을 당해서는 그나마 풀뿌리 나무껍질로 백성들이 연명하게 하는 피난처가 되었다.

적어도 일본처럼 백성을 마음대로 죽이는 일이 없었다. 그래서 조선은 비록 정부의 재정이 열악하고 백성이 호의호식은 못했지만 크게 강요된 삶을 누리지 않았으며 궁궐담벼락에 올라서 꽹가리를 두들기며 백성의 한(恨)을 풀 수 있는 그런 문화를 만들어왔다.

우리 역사에서도 어두운 면이 많지만 그럼에도 우리 역사가 5000년을 이어온 저력에는 백성의 부담을 가능한 줄이려는 지배층의 노력과 백성의 아픔을 받아주려는 사회적 제도가 있었다. 그것이 상실되는 19세기에 조선왕조가 명운을 다한 것도 다 그 때문이다. 백성의 생존 원칙이 학문적 이상인 자유 평등의 원칙보다 우선된다는 생각에 젖으니 역사가 새삼 달라 보인다. 역사의 진실은 통계만으로 알 수 없는 것이다.

운하를 걱정하는 신하의 마음

태종 13년(1413) 9월에 왕이 전라도 임실에서 사냥하려고 했는데, 이때 의정부 지사였던 박자청(朴子靑)이 "임실은 물이 험하고 초목이 깊고 빽빽하니, 사냥을 하지 마시라"고 청했다. 그러자 이방원은 "말을 달리고 싶지는 않다. 다만 사냥하는 것을 구경할 뿐"이라고 답했다. 이 말은 가고 싶은 사냥을 말리는 신하를 안심시켜서 어떻게 해서라도 사냥을 강행하려는 교묘한 변명에 불과했다.

이에 조영무 등이 "지금의 사냥은 백성들로 하여금 가시나무를 베게 하여 사냥한다면 이러한 사실이 사서(史書)에 반드시 오를 것이니 후세에서 어떻게 생각하겠습니까?"라고 했다. 백성이 굶주리고 힘든데 갑자기 무슨 사냥이며, 만약 왕이 이렇게 백성을 힘들게 하는 공역이나 사사로운 행동을 자꾸 한다면 반드시 역사에 기록될 것이니 참으로 걱정된다는 간언이었다.

그러자 이방원은 이렇게 대응했다.

> 지금 백성들을 시켜서 가시나무를 베게 하는 것은 나도 실로 부끄러워한다. 수 양제 운하를 파고 겨울철에 오색 비단을 가위질하여 꽃을 만들었는데, 내가 백성으로 하여금 가시나무를 베게 하는 일이 수나라의 그러한 고사와 무엇이 다르겠는가!

그러면서 행차를 거두었다. 그런데 과연 신하의 간언이 무서워서 행차를 그만두었을까? 왕이 무서워한 것은 신하가 아니라 오히려 역사였다. 바로 수양제가 대운하를 파면서 백성들을 힘들게 했던 폭정이 태종 자신의 치세에서 재등장하는 것을 두려워한 것이다.

조선 초기는 큰 도시를 세우고 조운선을 잘 띄워야 하니 자연스럽게 각지에 운하 파는 일이 잦았다. 그래서 1395년에 태조 이성계는 최유경을 보내 충청도 태안군 북쪽에 조운선이 다닐 수 있는 조거(漕渠) 즉 운하를 빨 수 있는가를 물어보았는데, 그 결과 "땅이 높고 굳은돌이 있어서 갑자기 팔 수 없다."는 보고를 했다. 겉으로 보면 지형이 좋지 않아서였다고 하지만 개국 초 잦은 부역 동원으로 흩어질 민심을 걱정한 것이었다. 태종 11년(1411)에는 서울에 운하를 파는 일이 있었다.

이때 충청도, 강원도, 전라도 등 전국 각지에 부역 동원에 필요한 상황을 탐문하는 일이 있었다. 이때 성석린이 이렇게 말했다.

> 2월을 기다리면 농사의 적기(農時)를 놓칠까 두렵기에 정월 보름으로 하고, 또한 경상도 전라도에 조금 풍년이 들었으니 소집하는 것이 좋겠다.

그러면서 백성의 동원이 적절한 지방 예를 들어 풍년이 든 지역에서만 부역동원을 하기로 했다. 아무리 부역이 백성의 의무였지만 풍년이 들지 않으면 부역 동원도 연기되거나 취소되었다. 또한 백성이 먹고살아야 하는 농사의 시기를 놓치면서까지 국가사업을 무리하게 추진하려 하지 않았다.

사실 부역은 수자리에 동원된 군인들이 하는 것이라서 새롭게 인원을 차출하는 것이라기보다는 군역을 져야 할 사람들이 군대가는 대신 근로 동원하는 방식이었다. 마치 요즘의 군 위탁산업체나 건설방위와 같은 인원 관리였다. '일꾼'이라는 말도 바로 '일하는 군인'을 우리말로 한 것이다.

그러한 치밀한 백성에 대한 배려는 왕실이나 정부가 직접 백성의 삶을 배려하고 심사숙고를 하고 있다는 모양새를 보여주려는 제스처이기도 했다. 물론 알고 보면 동원 명분을 안정적으로 얻으려는 간교한 생각일 수도 있다. 그런 조건이 충족되자 정부는 이듬해 1월 15일을 잡아서 개거도감(開渠都監) 즉 운하사업단을 만들고 전라도 경상도 충청도 3도의 군인에게 역사를 시작하도록 했다. 이 때 운하를 파려면 먼저 종묘 사직 산천의 신(神)에게 신고해야 했다. 이는 하늘이 과연 그들의 정책을 옳다고 인정하는 것인지 묻고, 그러한 의례를 통해서 건설과 동원의 명분을 확립하고자 했다.

실제 건설과정에서도 백성들의 부담을 최소한으로 줄이는 조치를 내놓고 있다. 본래 부역은 자기 도시락을 싸거나 쌀을 가지고 와서 무상으로 일을 하는 제도였다. 그러나 당시 조선왕조는 비록 부역 동원이라 하더라도 정부가 일꾼들이 먹고 살 식량을 지급하고 있다.

『태종실록』에 따르면 당시 서울의 개천을 파는 일에 동원된 군인 수는 52,800명이었다. 이에 태종은 "5만여 인이 먼 길에 쌀을 지고 온 것이 반드시 넉넉지 못할 것이다."라고 하고, 군자감에 비축한 쌀 40,400석을 내어서 군인에게 각각 3말씩 배급했다. 이는 당시 일꾼들이 보름정도 먹고 살 식량이었다. 또한 일군 중에 부모의 상(喪)을 입은 3백 명은 동원을 면제하기도 했다. 이방원이 수양제 대운하 파던 이야기를 고사로 자신의 사냥을 멈춘 것이나 서울의 운하를 파더라도 충분히 지방의 민심을 살핀 것 나아가 부역동원이었지만 적어도 먹을 것만큼은 국가가 지급한 사실은 당대의 위정자가 역사를 무서워할 줄 알아서였다.

하지만 모든 일에는 하늘이 정하는 시간과 장소가 있으며, 그 것을 알아차리는 것이 바로 역사를 보는 혜안이다. 그래서 조선의 왕들은 대역사를 벌일 때는 반드시 의례를 소중히 하여 백성의 심적인 동의를 구했던 것이다. 그래서 숭례문이 중요한 것이다.

성삼문과 신숙주 누가 충신인가

요즘 가장 한국적인 가치에 대한 국민들의 관심이 남다르다. 그리고 그러한 한국적 가치의 표본을 들라고 한다면 단연 선비와 그 정신을 드는 경우가 많을 것이다. 선비정신을 한마디로 규정할 수 없지만 근대주의적 인상에서 평가한다면 '보수적이고 봉건적인 소양을 철저히 견지한 지배계급 생산의 저수지' 정도로 생각할 수 있다. 하지만 좀더 한국적 가치를 생각하는 사람에게 선비정신은 부정과 불의에 항거하여 온전히 살신성인, 멸사봉공한다는 의미로 받아들여진다.

무엇이 진정한 충성이고, 무엇이 진정한 선비정신일까. 선비정신하면 역시 세조 때 죽임을 당한 사육신을 떠올리는 경우가 많다. 사실 그들의 죽음을 살펴보면, 유학자라서 저절로 체득한 절개보다는 정의와 명분을 소중하게 생각하는 우리 민족의 전통 속에서 바라볼 필요를 느낀다. 역사 속에서 유학자만이 절의와 명분을 소중하게 본 것은 아니었다. 백제의 계백 장군이 그랬고, 화랑 관창이 그랬으며 도이장가의 주인공 신숭겸 장군도 그랬다. 바꿔 말해 민족의 정서와 절의가 연결되지 못하고 그저 '성리학자=선비'라는 등식으로 그 뜻을 논하는 것은 옳지 않다.

역사의 충신으로서 사육신을 대표하는 성삼문과 변절자로 낙인찍힌 신숙주 중에서 누가 더 충신일까? 많은 사람들은 '충신(忠臣)은 불사이군(不事二君)'이기에 성삼문을 더 충신이라고 한다. 또 한편으로 죽음으로 나라의 발전이 보장되는 것이 아니고, 정의가 바로서지 않는다면 살아서 정의를 세우고, 국가발전을 도모하는 일이 바로 충(忠)일 수 있다는 해석도 있다. 누가 더 충신인가?

성삼문과 신숙주는 한 때 친한 동무였고 둘 다 세종시절 집현전 학사를 시작으로 벼슬길에 나갔으며 세종의 총애를 함께 받았으며, 한글 창제에도 크게 기여했다. 두 사람은 1442년 요동에 유배되어 있던 명나라 한림학사 황찬을 열세번이나 찾아가서 직접 우리나라 말의 음가를 교정 받고 돌아오는 등 매사에 협력했다. 두 사람은 세종 말년에 명나라 사신을 접대 했는데 신숙주는 통역을 하고 성삼문은 시를 지어 상대했다. 이때 사신이 두 사람에게 감동하여 서로 의형제를 맺었다고 한다.

하지만 두 사람의 관계는 세조의 왕위 찬탈로 인해 금이 갔다. 1453년 수양대군(세조)은 한명회와 권람의 도움을 받아 쿠데타(계유정난)를 일으키고 김종서, 황보인 등 권신들을 제거한 다음 단종을 협박하여 마침내 1455년 왕위를 빼앗았다. 당시 성삼문은 아이러니하게도 세조가 등극하는 날 예방승지로서 옥쇄를 수양에게 전달해야만 했다. 이에 격분한 친구 박팽년이 경회루에 몸을 던지려하자 애써 만류한 다음 차근차근 단종 복위운동을 벌여나갔다.

1456년 성삼문은 거사 일을 명나라 사신 환영잔치 날로 정했다. 다행히 성삼문의 아버지 성승이 유응부와 함께 당시 무장호위(별운검)를 맡게 되면서 거사는 무르익었지만 이들 별운검이 환영식장에 들어오지 못하고 결국 거사는 실패했다. 모진 고문 속에서도 성삼문은 지조를 지키며 끝내 세조를 전하라고 부르지 않았다. 능지처참을 당해 찢기고 잘린 그의 시체가 저잣거리에 전시된 것은 또 다른 쿠데타를 막겠다는 세조의 의지였지만 결과적으로 세조의 정치력에 대한 커다란 국민적 실망을 가져왔다. 오죽했으면 속리산 소나무를 정이품까지 하사하면서 자신의 왕권이 하늘로부터 주어진 것이라는 상징조작을 하려고 했을까. 당시 소나무는 왕권의 상징이었다.

반대로 신숙주는 세조가 "당 태종에게는 위징이 있고, 나에게는 숙주가 있다"고 할 정도로 총애를 받았다. 신숙주와 수양대군의 인연은 수양이 명나라에 사신으로 갈 때 서장관으로 동행한 것이 기화였으며, 이미 집현전 시절 그의 유창한 중국어 실력 때문에 수양이 쿠데타를 위해 중국을 입막음할 때도 큰 힘을 발휘했다. 사실 계유정난의 역사적 의미는 세종에게 사대외교를 견제하고 자주적 외교를 간언한 김종서 등 자주파에 대한 친명 집단의 반역이고 쿠데타였다는 점이다. 명나라와 긴밀한 관계를 통하여 권력 찬탈을 용의주도하게 준비한 일등공신이 바로 신숙주였다.

노련한 외교가 신숙주가 왜 그러한 반민족적 거사의 주역인 세조를 도왔을까? 그것은 바로 수양대군이 대세를 읽는 현실주의자이자 냉철한 현실 분석력을 소유한 사람으로 믿었던 것 때문이었다. 즉, 수양이 그를 선택한 것이 아니라 신숙주가 수양을 선택한 것이다.

그리고 성삼문이 불사이군을 말할 때 신숙주는 명나라와 소원해지는 현실에서 조선을 구제하는 것이 진정한 충성이라고 생각한 듯하다. '절대 왕권의 안정=국민 생활의 안정'이라는 의식으로 무장함으로써 충신은 불사이군이라는 단하나의 자기 최면만으로 죽음을 쉽게 여기는 그런 절의나 충성과는 분명한 선을 그은 것이다.

나중에 성종이 즉위한 뒤 세조의 조카 구성군이 왕위 찬탈 기도를 하였을 때는 오히려 그를 제거함으로써 왕권의 안정을 도모했다. 결국 세조의 왕위찬탈을 지원한 것은 나쁘게 보면 자신의 영달을 위해 간에 붙고 쓸개에 붙고 한 것이지만, 크게 보면 양반 귀족이 자신의 독점적 권력을 이용하여 무차별적으로 백성을 수탈하는 것보다 한사람에 의한 만인 수탈이 보다 기동력 있는 역사를 만들어 낼 수 있다고 판단한 결과였다.

이처럼 지조를 지키고, 신념을 지키는 일도 중요한 애국이지만 그것은 나라의 주인에 대한 맹목적인 충성과 다름 아닐 수 있다는 생각이기도 하다. 충성의 대상이 비록 임금이던 시절이었지만 백성의 삶도 중요했고, 국가의 운명도 중요하다고 보면 충성을 이해하는 기준도 달라져야 할 것이다. 이는 오늘날도 마찬가지이다.

제 6 강

누가 지킨 나라인가?

우리나라 수군 이야기

장보고는 난세의 영웅인가?

옛날 어떤 작가가 신라 장보고(張保皐; ?~846)에 관한 방대한 역사흔적을 찾아 동북아를 두루 다니면서 '해신(海神)'의 경지까지 장보고의 위상을 높여준 소설을 내기도 했다. 또한 오페라 '장보고' 공연이 국내는 물론 유럽 각지에서 호평을 받았다고 한다. 장보고에 대한 관심은 어제오늘의 일이 아니다. 이미 아동용 위인전기물에서는 빠지지 않고 그 업적이 소개되고 있고, 우리 해군에서도 1990년대부터 바다를 지킨 이순신 만큼 해외로 위세를 떨친 장보고에 크게 주목하고 있었다.

청해진 대사 장보고의 활약상은『삼국사기』·『삼국유사』를 비롯하여 일본의 고승 에닌(圓仁)의『입당구법순례행기』에서 확인된다. 특히 에닌의 기행문은 중국에 거주하는 신라인의 공식적인 대표자들이 신라왕을 섬기는 대신 사적으로는 무역왕인 장보고를 섬겼다고 한다. 그리고 장보고가 군졸 1만 인으로 청해진을 만든 다음 종래 창궐하던 해적의 활동이 자취를 감췄다는 이야기도 남아 있다.

그동안 장보고의 출현은 신라 말 헌덕왕(809~826) 시절의 국가 혼란 그리고 사회적 모순과 관련하여 설명하는 것이 일반적이다.『삼국사기』를 보면 821년 봄 "흉년이 들어, 백성이 굶주려 자식을 팔아 끼니를 잇는다"고 했으며, 당시 당나라 또한 안사(安史)의 난으로 중앙통치력이 무너지고 뒤따른 경제적 혼란으로 연안에서 해적이 자주 출몰하고, 그

와중에 많이 신라인들이 노비로 매매되는 참담한 상황이었다.

아울러 우수한 신라 해군이 신라 말에도 여전히 건재하였던 사정도 장보고 대두의 중요한 배경이었다. 장보고는 이러한 배경 위에 중국 유학을 통하여 배운 선진적인 병법과 전략을 결합하여 보다 강력한 해군을 만들었다. 피폐한 신라 말 상황에서 진흙탕의 연꽃같이 피어난 위대한 영웅 장보고라는 설명만으로는 도저히 이해할 수 없는 소중한 역사적 자산이 있었다는 사실이다.

다시 말해 장보고에 의해서 신라수군의 전력이 급상승한 것은 사실이지만 전통적으로 우리나라의 해군력은 막강하였다. 예를 들어 고수전쟁·고당전쟁 당시 수와 당군이 산동반도에서 곧바로 평양성으로 상륙할 수 없었던 것은 황해를 지키는 막강한 고구려 수군 덕분이었다. 천혜의 비사성 즉 현재의 중국 따렌(大連)지역과 인근 열도를 연결하는 고구려 수군방어선은 수·당의 수군이 해로로 침공하는 데 거대한 장벽이었다. 이후 수많은 중국세력의 침투에서도 황해를 택해 한반도로 진공한 경우는 드물었다. 그보다 전인 4~5세기경 북방계의 백제 세력이 한강 이남으로 밀려왔을 때에도 마한지역은 자신의 우수한 수군을 이용하여 상당기간 버텨냈고, 마한의 상인들이 일본이나 중국과도 활발하게 무역하면서 훌륭한 상선과 함선을 건조하였다.

『일본서기』에서도 신라가 조선술을 일본에 전하였다는 기록이 남아 있고, 고 원 연합군이 일본을 침공할 때에도 고려 수군의 위력이 대단하였다고 한다. 물론 그러한 우리 해군의 전통이 임진왜란 때 위대한 활약을 보인 이순신과 조선수군의 이야기로 연결된다. 따라서 에닌이 보았던 신라명신(新羅明神)은 장보고는 물론이고 당대를 주름잡던 신라 해군에 대한 전체적인 존경심의 표현이다.

장보고는 당시 크게 진작된 적이 없는 국제적인 자유무역을 실험하고 있었다. 청해진 즉 완도는 해상 군사요지로서의 조건을 갖추고 있을 뿐만 아니라, 북으로는 해남·강진으로 이어져 내륙지방과 쉽게 통할 수 있고, 남으로는 당에서 황해를 지나 흑산도를 거쳐 남해 연안을 지나 일본 북큐슈로 통하는 당시의 무역로가 신라와 당·일본을 거미줄처럼 연결하는 해상교통의 중심이었다.

장보고는 이 곳 청해진을 본거지로 하여 일본에는 회역사라는 무역사절을, 당에는 견당매물사를 파견하여 중개무역을 독점하였다. 당시 중국은 주변국가와 조공관계 이외 '외부접촉금지령(爲人臣無境外之交)'을 공표하고 있었다. 신라 또한 공헌과 회사라는 철저한 '관 주도 무역'이었다. 그런데 그가 직접 당나라에 견당매물사를 보냈다는 것은 관무역을 가장한 사무역(私貿易)으로 보인다. 일본과의 교역에서도 사무역이 활발하였던 것으로 보이는데, 이는 장보고가 일본에 회역사를 파견했을 때 일본이 정부간 교역은 거절했지만 그때 가져간 물건만은 교역하겠다고 한 기록에서도 알 수 있다.

물론 이러한 사적인 자유무역이 활발한 데는 당시의 역사적 조건이 한 몫을 했다. 중국은 안사의 난 이후 왕조가 쇠퇴하는 상황이었고, 일본과는 신라 경덕왕(景德王) 12년 이후 외교단절로 통상요구가 확대되던 때였다. 또한 신라도 혼란한 정치상황으로 말미암아 중앙정부의 상공업 통제가 이완되고 있었다.

장보고 그 이후

이런 장보고의 해군력은 고려시대로 이어졌다. 고려인들은 강력한 수군을 바탕으로 뛰어난 조선술과 국제적인 무역 활동으로 이름을 세계만방에 떨쳤다고 한다. 고려 초의 해군력이 상당한 수준에 있었다는 사실은 『고려사』에서도 알 수 있다. 고려 태조 왕건이 전통적으로 강력한 해군을 바탕으로 궁예의 명에 따라 전라도 나주 지역을 장악했다는 이야기는 이미 잘 알려진 이야기이다. 그것은 당시 선박제작 기술도 그에 상응하는 대단한 수준이었음을 말한다.

그런데 초기의 그러한 모습들이 고려 후기가 되면서 어려움에 봉착했다. 그 원인은 우선 고려 초기 북방 민족의 침략에 따라 육군의 역할이 점차 강해졌으며, 태조가 비록 해상세력을 바탕으로 한 호족 출신이지만 결국 후삼국의 통일은 육전(陸戰)을 통해 달성되었기 때문이다. 그리고 태조의 북방정책 즉 북진(北進)논리가 북방 여진족 혹은 거란족과 같은 내륙 민족과 관련되어 있기 때문이다. 이처럼 북방 중시 정책에 의해 해양이 상대적으로 덜 주목받게 되면서 기왕의 해군력이 조운(세금 운송)이나 다른 용도로 전용되는 일이 발생했다. 『고려사』의 기록에 따르면, 정종(靖宗) 10년(1043) 2월에 예성강의 병선 180척으로 군자를 조운해 서북계에 있는 주진(州鎭)의 창름을 채웠다고 한다.

고려의 해군력은 몽골과의 오랜 전란과 간섭으로 더욱 약화되었다. 물론 일본 정벌과 관련해 고려 수군이 급조되었지만, 이들은 어디까지나 몽골의 과도한 요구에 의해 차출해 동원된 미숙한 수군이었을 뿐 결코 자주적인 국방력 강화 차원에서 수군을 확장하는 일은 몽골의 간섭으로 제대로 실현될 수 없었다.

국가 수군이 약화된 것과는 달리, 사병 집단인 삼별초의 해군력은 오히려 막강했다. 삼별초의 수군 덕분에 삼 년여를 진도와 제주도에서 버틸 수 있었다. 하지만, 국가적인 측면에서 고려 조정은 진도에 있는 삼별초 평정에 겨우 해군 3백 명을 동원할 정도였다. 그나마 4품 이상의 관리들이 데리고 있는 가노를 한 사람씩 내게 하여 수부로 삼았다.(『고려사』원종 12년 5월) 이후 고려의 해군력은 거의 연안방비 수준으로 전락했다. 그러한 상황은 공민왕 22년(1373년) 5월 간관 우현보 상소에서 잘 나타난다.

> 지금 동서강(東西江)에 모두 방수를 두었으나 적은 바다에 떠서 의기양양하게 오는데 아군은 연안에서 두 손만 마주 잡고 있을 뿐입니다. 비록 정예 백만이 있다고 해도 어찌할 수 있겠습니까?

그래서 고려 말 왜구의 극심한 침공에도 고려 조정으로선 속수무책이었고, 그들이 내륙으로 들어왔을 때 비로소 육군으로 제어할 뿐이었다. 공민왕 때는 해군력 강화의 목소리가 한층 드높아졌다. 하지만, 막대한 자금이 드는 선박 제조비용이나 공민 부역동원 문제가 거론되면서 소기의 성과도 거두지 못했다.

그 대신 사기 앙양책으로 해군 열세를 만회하고자 했다. 예를 들어, 공민왕이 왜구퇴치에 공을 세운 사람들을 포상하기 위해 밀직사로 하여금 공명(空名)의 천호첩(千戶牒) 20개와 백호첩(百戶牒) 200개를 나눠주도록 한 것은 그러한 제스처의 하나였다. 고려 조정은 급기야 육도도순찰사 최영에게 배 2천 여 척을 만들어 6도의 군과 함께 배를 타고 왜구를 잡으라는 명을 내렸지만 백성들 중 부역을 피하는 자가 10명중 5, 6명이었으며, 결국 이준제의 건의로 일이 중지되면서 공민왕 대에서는 본격적인 전함 제조가 이뤄지지 못했다.

그러다 우왕 이후 본격적인 해군 정비에 착수했다. 우왕 3년(1377) 10월에 시전(市廛) 상인들을 뽑아 해도의 군사로 충당하는 조치를 취했다. 아울러 수군만호부로 하여금 성곽과 보루를 수축하고 허약한 지점에는 군대를 주둔하게 하며, 먼 곳까지 척후하고 봉수(烽燧)를 신중하게 실행토록 했다. 공양왕 3년(1391)에는 세 사람의 건장한 남성을 한 팀으로 짜고 해당 토지에 대한 조세를 면하는 대신 해군에 복무하는 조치를 내렸다.

그리하여 점차 사라지던 고려 해군의 위용이 다시 회복된 것이다. 고려는 한 때 뛰어난 조선술과 해군력을 가진 나라였다. 고려는 바다를 지배하는 방법을 일찍부터 깨달았고, 실제로 그것이 고려사회의 국제화를 앞당긴 원인이었다. 문제는 그러한 조선술이 조선으로 이어지고 있다는 점이며, 임진왜란 때 이순신의 함대가 왜적을 물리친 것도 고려시대 선박제조술이 조선으로 계승된 결과였다. 그리고 조선 소나무가 일본 소나무보다 훨씬 질이 좋고 강도가 높았다. 그러기에 거북선과 같이 적진을 파고들어 적선을 깨뜨리는 전술이 통할 수 있었던 것이다. 아울러 장보고, 삼별초, 이순신의 해군력에는 고된 고려의 천민들의 삶이 어려 있었다. 공을 세우거나 갖은 어려움을 이겨서 면천하고자 하는 고려 천민들의 아우성은 노를 젓는 소리가 되었고, 왜적을 물리치는 힘이 되었다.

소나무, 나라 지키다

풍요와 번영의 상징

소나무는 침엽수과 교목으로서 특히 조선 소나무는 솔 또는 소나무라고 부른다. 한자로는 송(松)·적송(赤松)이라고 하는데 조선송은 가지가 많고 잎이 무성하여 잘 자라면 높이 35m, 지름 1.8m 정도이며 껍질은 적갈색이나 밑 부분은 흑갈색이다. 느티나무·벚나무·배나무 등과 더불어 강도가 높아 골재로도 쓰였다. 솔잎은 소화불량 및 강장제로, 꽃은 이질에, 송진은 고약의 원료로 쓰인다. 송홧가루는 다식을 만들며 껍질은 송기떡을 만들어 먹는다. 건축 및 펄프용 재료로 이용되고 송진에서 채집하는 테레핀 유는 페인트·니스용재·합성장뇌의 원료로 쓰인다. 또한 관상용·정자목·신목(神木)·당산목으로도 많이 심었다. 이렇게 우리 선조들의 생활에 많은 기여를 한 조선 소나무는 여러 가지 측면에서 다양한 역사적 의미를 가지고 있다.

조선의 소나무는 부정과 악귀를 쫓아 마을과 가정을 지키는 신(神)이자 부귀영화와 자손번창을 누리게 해준다는 복스러운 나무였다. 그래서 마을을 수호하는 동신목(洞神木) 중에는 소나무가 흔하였고, 산신당의 신목은 대개 소나무였다. 제례장소 주변에다 금줄을 칠 때 왼새끼에 솔가지를 꿰어두는데 이는 밖에서 들어오는 잡귀와 부정을 막아 제의공간을 신성하게 하려는 수단이었다. 출산 때나 장을 담을 때에 치는 금줄에 솔가지를 꿰는 것도 잡귀와 부정(不淨)을 막으려는 것이다.

또한 소나무는 사람들의 꿈과 희망을 상징하였다. 소나무를 꿈에서 보면 벼슬을 할 징조이고, 솔이 무성하게 나타나면 집안이 번창하며, 송죽을 그리면 만사가 형통한다고 해몽한다. 반대로 꿈에 소나무가 마르면 병이 난다고 한다.

권력과 지조의 상징으로

이러한 우리 특유의 소나무에 대한 호의는 국가적 대사에도 큰 영향을 미쳤다. 예를 들어 태조 이성계가 1349년 송악(松岳; 개성)에서 한양[서울]으로 천도한 것은 당시 송악의 소나무가 벌레 먹고 말라죽은 것과 관련이 있었다.

뿐만 아니라 태종은 궐내 소나무가 마르는 것을 염려하여 인근의 가옥을 철거하라는 황당한 명령을 내렸으며 승추부로 하여금 아예 송충이잡이를 전담하라는 명령을 내리기도 하였다. 세종 때 만들어진『용비어천가』에 나오는 '뿌리깊은 나무'는 바로 소나무의 정기[뿌리]를 말하는 것이다. 그만큼 소나무는 왕조의 신성함과 전도의 길복을 상징하는 나무였다.

소나무가 왕실의 번영을 상징한다면 권력의 몰락은 소나무의 수난으로 표현되기도 하였다.『조선왕조실록』태종시절의 기록을 보면 함흥에서 서울 즉 한양에 돌아온 태상왕 이성계가 후비 신덕왕후 강씨의 무덤인 정릉에서 그칠 줄 모르는 눈물을 흘렸다고 하면서 당시 신하들이 정릉 1백 걸음 밖에서 앞다투어 소나무를 베어 집을 지었다는 기사가 나온다. 정릉의 소나무가 훼손된 것은 이성계 권력의 종말을 상징하는 것이었다.

속리산의 어떤 소나무는 세조에게 앞가지를 열어주었다고 해서 정2품 벼슬을 받았다고 하는데, 이것도 잠시 음미할 만한 대목이다. 즉 어린 조카 단종을 죽이고 왕위에 오른 세조는 늘 자기 권력의 정통성 문제를 번민하였을 것이다. 따라서 세조는 권력찬탈의 부도덕성을 희화화하고 마치 정당한 계승인양 합리화할 상징조작이 필요하였다. 이에 세조는 소나무가 자신에게 고개를 숙인다는 것으로 자기 권력의 정통성을 부각하려한 것이었다. 오늘날 속리산 입구를 장식하는 정2품송은 바로 그러한 세조의 정치적 목적과 긴밀히 관련되어 있었다.

세조 이후 성리학적 세계관이 점차 강화되고 유교적 생활규범이 고착화되면서 소나무는 선비들의 지조와 절개의 상징이 되고 있었다. 사육신의 한 사람 성삼문이 "이 몸이 죽고 죽어 무엇이 될꼬 하니 봉래산 제일봉에 낙락장송 되었다가…"라고 하는 시조를 읊은 것은 유명한데, 여기서 낙락장송은 이제 소나무가 권력의 상징이 아니라 선비의 지조와 절개의 상징으로 발전하고 있음을 말해 준다. 국난을 당해, 이제 소나무는 지조와 절개의 상징에서 나라를 지키는 호국의 상징으로 발전하고 있었다.

나라를 지킨 조선 소나무

소나무는 오랜 동안 여러 방면에 쓰임새가 있었다. 먼저 건축용 자재로서 기둥·서까래·대들보나 관 혹은 배를 만드는 데 쓰였다. 특히 경북 북부와 강원의 태백산맥에서 나는 춘양목(春楊木)은 재질이 우수하여 창틀·책장·도마·다듬이·병풍틀·말·되·벼릇집 등의 가구재, 그리고 소반·주걱·목기·제상·떡판 등의 생활용품 나아가 지게·쟁기·풍구·물레통·사다리 등의 농기구를 만드는 데 이용되었다. 가구·포장용 상자·펄프·합판 등 용도가 다양하다.

연료로도 주종을 이루었다. 온돌은 소나무 장작으로 데웠고, 취사용으로 솔갈비가 가장 뛰어났으며, 조리할 때에도 송탄을 사용하였다. 『경국대전』에는 지방 장정들을 징집해서 소나무로 숯을 구워 바치도록 하였다는 기록이 있다. 또한 향탄산(香炭山)을 지정하여 주민에게 숯을 구워 상납하게 하였다. 소나무 줄기에 상처를 내어 채집한 송진은 용재·의약품·화학약품으로 이용되었고, 솔의 속껍질을 백피라고 하여 그냥 먹거나 송기떡을 만들었다. 또한 솔잎을 갈아 죽을 만들어 구황식품으로도 이용하였다.

소나무의 효용성은 군사적 측면에서도 여실히 나타났다. 조선시대 선박 특히 함선의 재료는 대체로 소나무였다. 세종 1년(1418)에 유학자 유정현은 "병선은 국가의 중한 그릇이라 배만드는 재목은 소나무가 아니면 쓰는 데 적당치 아니하고 그 가운데서도 수십 년 자란 것이 아니면 쓸 수가 없는데 근래 각 도에서 여러 해 동안 배를 만든 까닭에 쓰기에 적합한 소나무는 거의 다 없어졌다"고 상소하였다.

경기좌도 첨절제사였던 이각도 군선제작용 소나무를 비축하기 위하여 관청에서 새로 짓는 관청건물이나 백성이 거주할 집에 소나무를 쓰지 못하도록 요청하였다. 아울러 소나무가 있는 산 주변의 주민을 산지기로 삼아 역을 면제하여 오로지 소나무 보호에 전념하게 하고, 수령이 수시로 순찰하며, 관찰사는 봄과 가을 두 차례 사람을 보내 살피도록 하였다. 만일 말라죽거나 벤 흔적이 있을 때는 산지기와 수령 등을 중하게 논죄하고 해마다 근무성적을 평할 때 소나무 상태를 점검하여 평점에 참작하자고 제안하였다. 이에 당시 상왕이었던 태종은 적극 찬성하였고, 그대로 시행하였다. 태종은 이러한 조치를 바탕으로 소나무 함선을 가지고 대마도를 정벌하였다.

본래 조선수군의 주력함은 옥선(屋船)이었다. 그러나 명종시대를 전후하여 왜적이 옥선을 만들어 침범하자 이에 대처하여 종전의 평선(平船) 대신에 배 위 네 귀퉁이에 기둥을 세우고 사면을 가려서 마룻대를 얹어 지붕을 덮은 판옥선을 제작하였다. 판옥선은 1555년 을묘왜변 이후 조선의 주력함선이 되었고, 특히 임진왜란 때에는 거북선과 더불어 많은 활약을 하였다.

당시 일본과의 전투에서 조선 소나무로 만든 판옥선은 재질면에서나 강도면에서 일본을 능가하여 조선수군의 돌격작전에 큰 자신감을 불어넣었을 뿐 아니라 재해권 장악에도 큰 역할을 하였다. 니키다송으로 만든 일본의 옥선이 조선함대의 돌격으로 산산조각 난 것 역시 조선 소나무의 우수성을 말하는 것이다.

작지만 큰 벽파진(碧波津) 해전

한산대첩, 명량대첩 등 이순신장군이 쟁취한 승리는 임진왜란의 명운을 좌우하는 큰 해전이었다. 그런데 이순신의 수많은 해전 중에서도 벽파진 해전은 당시 수군의 재건을 물론이고 어려운 시절을 사는 우리에게 큰 위안과 희망을 주는 중요한 교훈의 일전이었다.

벽파진 해전은 1597년 음력 8월 30일 어란포(於蘭浦)에서 있었던 소규모 해전에 뒤이어 왜군의 소규모 함대를 진도 벽파진 근처에서 격퇴한 해전이다. 이 해전을 통하여 칠천량(漆川梁) 패전(7월 14일~17일) 이후 극도로 무기력해진 조선 수군의 전력을 회복시키는 중요한 계기가 되었고, 명량대첩의 전초전이라는 의미를 가진다.

사실 조선수군을 궤멸 사태로 몰고 간 칠천량 해전은 당시 통제사 원균의 지휘아래 168척 조선함대가 모두 동원된 대규모 부산포 진공작전의 결과였다. 같은 수군제독으로 원균은 이순신의 현실론에 대해 이해하고 있었지만, 도원수 권율의 문책을 받아 곤장을 당하는 등 떠밀리다시피 부산포 진공작전을 수행할 수밖에 없었다.

풍랑과 부산에 이르는 각지 요새에 든든한 방비를 꾸리고 있던 왜군은 대규모 조선 수군함대에 치고 빠지는 타격을 가해서 전열을 흩트리고 마침내 다대포와 거제도 북방의 칠천량에서 풍랑을 피해 정박해 있던 수군함대를 고립시켜 전멸시켰다. 우수사 이억기를 비롯해서 1만 여명의 수군이 몰살했지만 미리 전화를 우려하여 분전한 경상우수사 배설의 12척만 전라도 화령포쪽으로 후퇴 놓고 말았다. 이순신이 적선 수

천척의 발을 묶기 위해 겨우겨우 유지한 전함대가 파괴된 뼈아픈 패전이었다. 사실 12척에 관해선 배설 우수사가 줄행랑한 비겁한 12척으로 기억하고 있으나 사실은 7월 15일 죽음의 밤에서도 굳건히 전열을 유지하여 살아남은 그야말로 '불사조 12척'이라고 할 수 있다. 그 덕에 명량해전에서 이순신은 이들 12척과 함께 빛나는 전공을 이룩했다.

일단 백의종군 이후 이순신은 경상도 초계에서 다시 통제사를 제수받고 천리장정을 이룬 끝에 조선수군과 만났다. 구구히 그 내용을 말하지 않더라도 종전의 1/10도 채 되지 않는 수군의 전력으로 파죽지세로 밀고 오는 300여척의 적선을 향해 필승의 대책을 마련하는 것은 일단 기술적으로나 전력 면에서 볼 때 무리했다.

『난중일기』를 보면 이때 이순신은 심한 병을 앓았다고 하는데 어쩌면 이 험난한 상황을 어떻게 이겨낼 것인지 아득한 마음이 그것을 불렀을 것이다. 하지만 그 신병은 어쩌면 인간적인 감정의 소모와 허탈감의 결과가 아니라 수군 재건과 일본군 서진을 막기 위한 비책을 만들기 위한 고통의 축적에 의한 것으로 보인다.

배설이 빼돌린 12척의 조선함대를 화령포에서 인수하는 과정에서 느꼈던 추락한 조선 수군의 실상은 무엇이며, 어떻게 재건하고 그것을 위해 무엇을 준비하고, 우리가 선택할 길이 무엇인가 등등 인간이 할 수 있는 영역과 신이 할 수 있는 영역의 한 가운데에서 번민하면서 그토록 힘든 시간을 보낸 것이다. 그래서 그의 신병은 그저 신병(身病)이 아니라 신병(神病)이었다. 그렇다면 이제 이순신은 극도로 악화된 조선 수군의 전력을 급속히 끌어올리고 자신감을 복구할 기회를 찾아야 했다. 묘수는 어디에 있을까?

벽파진 해전은 이순신이 삼도수군통제사로 복귀한 후 어란포 해전에 이은 2번째 해전이었다. 그날은 8월 그믐이었다. 서쪽으로 이동하던 왜선 55척 중 호위 적선 13척이 진도 벽파진에 나타났다. 그믐이었기에 이순신은 적들의 야습이 있을 것으로 예상하고 조심스럽게 적의 동태를 살폈다. 실제로 일본군이 한밤에 기습해 왔으며 불화살과 신기전으로 적을 제압하면서 이내 일본군을 격퇴하였다. 물론 이 전투로 왜군은 조선 수군이 확실히 13척에 불과하다는 것을 알게 되었고, 전면적인 일본 수군의 진공을 시작하게 된 계기이기도 했다.

하지만 벽파진 해전을 전개하면서 이순신은 아군의 전력이 노출되더라도 어쩌면 주어진 현실적 조건을 인정하면서 위기를 정면으로 극복하기 위한 비책을 고민했던 것 같다. 그 길은 역시 수군 내부의 인간적인 신뢰의 회복을 통해 수군을 단합시키는 것이었다. 그래서 작은 승리를 통한 장병들의 자신감을 높이고 승리의 자신감을 세우기 위해 동이틀 무렵 유리한 조건아래서 적의 소규모 함대를 토끼몰이하며 물리침으로써 장병들에게 승리의 기쁨을 얻게 해 준 것이다. 이것이 바로 벽파진 해전의 현실적 의미이다. 칠천량의 비극을 이기고 지휘관에 대한 신뢰를 얻게 하는 것을 통하여 이후 닥칠 적의 대대적인 내습에 부하들의 최선을 독려할 수 있도록 하는 전략이었다. 이순신의 탁월한 통찰력으로 적의 내습에 대한 구체적인 대응을 위한 치밀한 준비를 이룸으로써 극단적인 시간싸움의 전투였던 명량해전의 대승을 이끈 작지만 큰 전투였다.

제 7 강

정치적 수단이 된 영웅들

양녕대군 이야기

병든 매를 바치다

어느 날 이었다. 난데없이 상왕 이방원의 처소에 매 한 마리가 진상되었다. 누구라도 탐낼 만한 조선의 자랑 해동청 보라매였다. 당시 조선의 매는 공녀 다음으로 중국에서 각광을 받은 조공품이었다. 워낙 날래고 용감한 해동청이자 보라매였기에 중국 황제는 해마다 조선에 수십 마리의 보라매를 요구하였다. 조선의 백성들은 보라매를 잡으려고 아무런 사냥도구도 없이 수천 명씩 이산 저산을 헤매야 했고, 이를 위해 농사마저도 팽개쳐야 하였다. 중국에서 하도 매 조공을 강요했기에 고려 말에는 응방(鷹房)이라는 매잡이 전문 관청을 신설할 지경이었다.

예로부터 어느 사회를 지배한 지도층들은 무언가의 잡기(雜技)를 가지고서 자신들만의 고유한 인맥을 만들려는 풍속이 있었나 보다. 고려시대는 매사냥, 조선시대는 활터, 그리고 오늘날의 골프장 등은 기득권 계급이 자신만의 폐쇄적인 인맥을 쌓기 위한 공간으로 이용된다. 양녕은 매사냥을 좋아하였다고 하는데, 자신만의 정치집단을 만들려는 당시 기득권 세력으로서는 가져야 할 자질이었다. 그토록 귀한 보라매를 아버지 태종에게 진상한 것이다.

그런데 상왕이 그 매를 자세히 살펴보니 병들어 곧 죽어가는 것이었다. 상왕은 진노하였다. 어찌 어버이에게 병든 매를 보낼 수 있단 말인가. 폐세자된 지금, 아직도 양녕은 아버지에 대한 한을 풀지 못하고 있었던가.

양녕은 1394년 태종의 장남으로 태어나 김한로의 딸과 혼인하였으며 1404년에서 1418년까지 약 14년 동안 세자의 지위에 있었다. 그는 당대의 명필로서 경회루의 현판을 썼다고 한다. 글과 사냥에 능하니 당연히 권신·외척들과 손이 잘 닿았을 것이고 이방원의 폭압정치에 반감을 가진 세력이 모여들었을 것이다. 특히 외가 및 공신 귀족세력의 후광을 입었다. 『태종실록』을 보면 양녕은 언제나 많은 부하를 대동하였으며 경상도 순행 길에는 그 지역 사람에게서 대대적인 환영을 받았다고 전해진다. 특히 경상도 지역에 상당한 지지층이 있었던 것같다. 그리고 장월하·고치우·김경·문계종 등 서울의 건달들과 손이 닿았고 처가인 김한로 세력이 정치적으로 후원하였다. 이에 피바람을 걱정한 태종이 양녕 대신 충녕을 왕위에 올려 화근을 자르려 했는데 충녕에게 왕위를 물려주고도 상왕으로 물러앉은 태종 이방원은 여전히 병권만은 자신의 수중에 놓고서 양녕 세력을 견제하였다.

양녕의 모든 행동은 일거수일투족 견제와 감시 대상이었다. 민무구·민무질의 사옥은 태종에 반감을 품은 외척과 권신들이 양녕에게 왕권을 넘기게 하려는 책동에서 비롯된 것이었다. 이 사건은 권력 형성에 정통성이 없던 태종에게 심각한 불안을 주었다. 이에 태종은 무려 4번에 걸친 양위파동을 통하여 저항세력을 숙청하였다. 숙청이 확대되면 될수록 양녕의 정치적 입지는 축소되었다. 혹자는 양녕이 충녕[세종]의 학문적 재질과 제왕적 소질에 감복하여 세자자리를 양보한 것처럼 이야기한다.

양녕의 진면모는 수양대군을 도와 세종시대의 권신들을 모조리 숙청한 계유정난(1453) 당시의 태도에서 확인된다. 바로 이 점이 양녕의 정치적 야망을 보여주는 단면이며, 충녕에게 왕위를 넘긴 것이 단순한 겸사와 양보가 아니었다는 것을 보여준다.

또한 세종이 즉위하자 국구(國舅) 즉, 중전 심씨의 친정아버지인 심온이 "하늘에 해는 하나인데 조선에는 어찌 둘인가"라고 했다고 하여 죽이고 그 일족을 관비로 삼았다. 현직 중전 소헌왕후(昭憲王后) 심씨의 친정 식구를 노비로 만든 것이다. 그러면서도 조선을 노략질하는 왜구의 본거지 쓰시마를 정벌하였는데, 대마도 정벌과 조선 조정의 분란이 정치적 연결고리가 있음을 보여준다.

양녕은 세종이 즉위한 뒤 2년 동안 거처를 강화에서 광주로, 광주에서 양근으로, 이천으로, 그리고 청주로 옮겨 다녀야 하였다. 옮길 때는 언제나 양녕 추종자들의 금족령이 따라다녔다. 또한 남의 인첩을 노략질한 양녕대군의 부도덕성이 알려지면서 나아가 장월하 · 고치우 · 김경 · 문계종 등과 처가인 김한로 세력들과 힘을 모으는 과정에서 세종 시절의 신료들은 무척 경계심이 컸다.

『세종실록』을 보면 세종 초기 양녕에 대한 탄핵상소가 연일 그치지 않고 있는데, 특히 세종 4년의 김인의 사건 일명 상전사건은 양녕이 맞았던 최대의 정치적 위기였다. 김인의라는 충복이 임금에게만 사용할 수 있는 호칭인 '상전(上典)', 혹은 '상감'이라는 말을 공공연하게 양녕에게 사용한 것이었다. 이 사건은 어마어마한 정치적 소용돌이를 몰고 왔고, 인자한 세종의 심경을 괴롭혔다. 게다가 세종 6년에는 양녕 세력이 조선의 병권(兵權)을 찬탈하려 한다는 소문이 장안에 파다하였다.

이에 대한 세종의 태도는 어떠했을까? 세종은 덕으로써 양녕을 극진히 대하고 수많은 탄핵상소를 불허함으로써 양녕의 생명을 지켜주었다. 게다가 거의 매달 양녕대군에게 농기구나 노비·곡식종자·토지 등을 보내어 형을 위무하고, 공인과 잡인의 출입을 엄금함으로써 정치적 수세에 처한 양녕을 보호하였다. 양녕 탄핵의 선봉에 선 사람이 바로 김종서와 황보인· 김사지, 그리고 유정현이었다.

은혜와 배신

김종서는 다음과 같이 양녕을 탄핵한 적이 있었다.

> 양녕대군 이제는 광패하기 짝이 없어 태종께서 온갖 방법으로 교화하였으나 마침내 뉘우쳐 깨닫지 못하였기에 대의로써 결단하시어 외방에 폐출시키고 간사한 소인들이 교묘하게 꾸며댈 것을 염려하여 엄격히 금방을 세우고 명령하시기를 "내가 죽은 뒤에는 서울에 왕래할 수 없다"고 하셨다.… 허물을 고칠 마음이 없어서 태종께서 돌아가신 지 얼마 안되어 광패함이 여러 번 나타났으므로, 탄핵하는 글이 여러 번 올라갔으나 성상의 우애는 더욱 돈독하셨다. 지금 또 간통해서는 안될 여자에게 간음하여 욕심을 다함에 거리낌이 없어, 스스로 그 몸에 재앙을 받고 스스로 국법을 자청하게 되었으니 삼가 바라옵건대, 전하께서는 한결같이 공도에 좇아 작록을 회수하며 출입을 금지하고, 또 그 아들을 밖으로 물리쳐서 태종께서 보전하여 주신 계책대로 마치게 하소서.

이렇듯 양녕의 야망을 경계하던 조정의 신료나 대간들의 심기는 불편하였고, 양녕을 탄핵하는 상소는 매일 그치지 않았다. 그 중에서도 북방의 큰 호랑이 김종서는 양녕의 정치세력화를 크게 우려해 틈이 날 때마다 세종에게 양녕을 죽이거나 그의 세력을 제거하라고 주청하였다. 하지만 세종은 그 주청을 끝까지 들어주지 않았다.

세종은 남다른 형제애와 자식애를 가진 사람이었다. 극진히 사랑하였던 12살 정소공주(貞昭公主)를 잃었을 때 친히 죽은 딸의 영혼을 달래는 제문을 썼는데, 이 글은 오늘날까지도 전해져 수많은 아버지들의 눈시울을 적시고 있다. 또한 세자[문종]빈의 동성애 사건을 알고서도 주위에 소문내지 않고 오히려 며느리가 편히 살 수 있도록 뒤에서 도와주는가 하면, 아내인 소현왕후 심씨에 대한 사랑은 죽는 날까지 변함없었다. 마찬가지로 세종은 양녕에게도 형제로서 우의를 나누고자 하였다.

온갖 추문에도 양녕에게 농기구나 노비·곡식·종자·토지 등을 보내주면서 위무하고 공인과 잡인의 출입을 엄금하여 형을 보호하였다.

그런 은혜에도 불구하고 뒷날 양녕은 수양대군을 도와 이들을 격살하는 계유정난을 일으켰다.『단종애사』는 그러한 양녕의 배신에 관한 이야기였고, 또한 자신의 아들 이혜의 첩을 빼앗는 대목은 한때 근엄한 세자의 위치에 있던 사람으로서는 도저히 할 수 없는 일이었다. 결국 세조에게조차 미움을 받아 정치적으로 완전히 실각하고 말았다. 사필귀정이었다.

요컨대, 양녕은 뛰어난 명필로서 경회루 현판을 썼고 사냥도 잘하였으며, 놀라운 정치술과 권모술수로 대단한 정치세력을 이뤄 한때 세종의 무서운 정적이 되었다. 하지만 양녕은 왕이 될 수 없었고 충신도 될 수 없었으며, 나아가 조카와 가족에게서도 버림받았다. 그것은 주위의 두터운 은혜와 사랑을 배신과 타락으로 갚은 결과였다.

혹자는 역사적으로 훌륭한 정치인은 훌륭한 인격을 가지는 것과는 상관없다는 주장을 하는데 그것은 사실이 아니라고 본다. 정몽주이야기에서도 보았듯이 나름 세력을 가진 정치인으로 성장하는데 주변을 다독일 줄 아는 인격적인 포용력과 명망이 큰 역할을 한다는 점은 불문가지이다. 누군가에게 감동을 줄 수 있는 파격과 노력이야 말로 모든 정치의 출발점이었고, 세상을 움직이는 힘이 된다는 사실. 다시한번 수신제가치국평천하(修身齊家治國平天下)라는 중용 구절을 되뇌이지 않더라도 사람을 주변에 담아낼 수 없는 인격이 만든 역사적 비극은 비단 자신만을 망하게 하는 것이 아니라 국가도 나락에 빠뜨리는 참극을 초래하는 것이다. 이는 오늘날에도 전혀 다를 것이 없다.

'방낙안전'에 나타난 '원균 밟기'

측근에게서 더 많은 욕을 먹은 원균

전쟁에 패한 장수라는 질책을 넘어 본래 악한 사람이었다는 도덕적 흠결을 지목하는 단계에 이르자 수많은 원균 옹호 세력이나 원균과 연줄이 있던 사람들의 전향이 속출하였다. 서인은 현실의 도덕률과 무능력을 주로 질타했다면 동인 계열은 도덕률과 충효의 의미, 의리와 절개 없음을 비판하였다. 이러한 동서 양당의 지속적인 자기 정당화를 위한 원균폄훼가 진행될수록 원균은 더욱 명분상으로나 현실적으로 악당 취급을 벗어나기 힘들었다.

이 경우 그러한 주군을 모셨던 부하들은 원균이라는 흙탕물에 손을 담근 '패전의 전과자' 취급을 받게 되었다. 그런 낙인이 있는 이상 자기 힘만으로 생존하기 힘들었다. 원균과 같은 사람과 더불어 살았다고 하는 경험이 얼마나 자손만대에 화를 미칠 것인지 고민한 사람들은 상심이 커졌다. 원균의 부하로서 전란을 치르고 고생하였던 부장들의 자손조차도 원균의 도덕적 흠집으로 인해 자신의 조상이 오욕을 쓰는 것은 두려웠을 것이다.

그럴 때 원균의 그림자 속에 살았던 조상을 가진 후손들은 무언가 원균으로 인해 생긴 고통에서 벗어나기 위한 노력이 필요했다. 대표적인 사례가 바로 『연경재전집(研經齋全集)』(1840년?)에 수록된 <방낙안전>이다.

방낙안은 방덕룡(方德龍, 1561~1598)인데, 자가 낙천(樂天)이고, 온양 사람으로 어려서 경사(經史)에 통달했으며, 무과 급제 후 선전관을 시작으로 군자감정으로 일했으며, 훗날 이순신 막하에서 낙안군수 재임하던 중, 노량해전에서 전사한 인물이다. 방낙안이라고 한 것은 그가 낙안군수였기에 그리 불린 것이다.

<방낙안전>에 따르면 왜란이 발생하자 방덕룡은 자신의 주변에 있던 장졸 100여 명을 모아서 이순신이 있는 전라좌수영에 가서 합류하고자 했다. 그런데 경기도 천안(天安)에 이르자 마침 그곳을 지나던 원균의 사자와 만났다고 한다. 그 인연으로 원균의 군대에 들어가게 되었다고 한다. 그러면서 이순신이 원균에게 크게 실망한 이야기가 나오는데, 여기서부터 방덕룡 이야기가 시작된다. 그는 이때 원균에게 엄중한 충고를 하기를 "원균 공은 처음 우리가 한 약속을 저버리는 구려. 사람이 신뢰가 없으면 어떻게 위기를 극복하겠습니까? 청컨대 나를 선봉에 세워 주시오"라고 하여 선봉을 자청했다는 것이다.

그러자 원균이 정신을 차리고 이순신과 노량에서 만나 왜군을 굴복시켰는데 왜군을 물리치고 나니 원균은 교만하게도 '내가 앞장서 싸웠는데, 이순신의 뒷자리에 앉았으니 수치'라고 했다는 것이다. 그러면서 방덕룡은 당시 원균의 방탕한 생활을 이렇게 증언하였다.

> 계획하고 모의할 일이 있어도 번번이 저어하면서 아랫사람을 돌보지 않고 술 마시길 좋아하고 미녀를 가까이 두니 군정이 어지러워지고 매 전투마다 규제와 계획이 사라지고 그러면서 순신을 이기고자 제장들은 수급을 얻고자 하여 번번이 다른 사람들의 공을 빼앗으니 그로인해 인심이 흉흉하고 평안하지 않았다.(『연경재전집(研經齋全集)』(17))

이런 원균을 방덕룡은 매번 경계하고 다그쳤으나 원균은 '스스로 만들어내는 것이 없고, 원균이 듣지 않으면서 오히려 이순신을 더욱 비방할 뿐'이었다고 했다. 그러자 방덕룡은 "이순신은 당세의 현명한 장수인데도 원균 공께서 가리고 있으니 무슨 허물이 있어서 그런가요?"라고 원균에게 항거하였고, 원균은 방덕룡의 지적에 분노하여 "군대 안에서 망언하는 자는 모두 참수하겠다."고 협박했다는 것이다. 결국 방덕룡은 함구하였고, 원균은 '싸울 의지는 물론 왜적을 격퇴할 의지가 없어보였다'고 하였다.

사실 이 글은 방덕룡(方德龍)이 직접 지은 글이 아니라 정조의 측근 규장각 관료였던 성해응(成海應)의 글이다. 성해응은 1788년 규장각 검서관으로 등용된 후 규장각에서 정조의 측근으로 활약하던 인물로《이충무공전서》를 간행할 때에도 깊이 간여했을 것으로 여겨지는 바, 당대의 원균이미지를 이 글을 통해 집약적으로 드러내었다고 볼 수 있다. 그렇다면 도대체 무슨 메시지를 전하려는 것일까? 성해응이 생각하는 방덕룡은 원균이 충청병사 시절이나 다시 통제사로 올 때까지 한 번도 원균의 곁을 떠나지 않은 충용한 원균의 부장이었다. 10년 가까이를 지낸 사람으로 서로 세월이 주는 많은 인간적 신뢰와 연민을 가지고 있었을 것이다. 늘 사이가 나빴을 것 같지도 않고 그렇다고 원균의 좋은 점만 본 것도 아닐 것이다. 하지만 그의 글에 나오는 원균은 항상 인격적인 문제가 많은 사람으로 묘사되고 있었다. 왜 그럴까?

<방낙안전>에서 방덕룡은 분명 자발적으로 참전하였고, 원균에게 이순신과 약속을 어기면 "신의가 없는 사람"이리고 직언하는 등 정직하고 도의적이며, 절의가 있는 인물로 묘사된다. 즉, 방덕룡은 원균과 비록 가까이 있었지만 근본은 원균과 다른 사람이라는 메시지를 전하려는 것이었다. 반면, 직속상관인 원균은 이순신을 모함하고 갖은 파렴치한 행동으로 후안무치하고 주색잡기를 일삼으며 교만방탕하여 군정

이 문란해졌다고 비판하였다. 실제로 원균이 이랬는지 알 수 없다. 하지만 <방악안전>은 사실적으로 확인되지 않는 이면의 이야기를 엮은 것으로 원균이 보다 비도덕적일수록 자신은 보다 도덕적인 인물로 확장되게 하는 이른바 이항대립적인 필법을 구사하고 있다.

그렇다면 이런 지적은 사실일까? 실제로 원균은 공이 있어도 상을 받지 못해서 불만을 가지고 이순신을 찾아가 괴롭힌 것은『난중일기』에 자주 나오는 대목이다. 많은 기록에서 원균이 그렇게 어필을 하는 모습은 사실이었다. 하지만 원균이 주색잡기, 교만방탕, 후안무치 한 인물은『난중일기』나『징비록』등 특정한 비판적 감성으로 작성된 문건을 제외하고는 당대의 공식 기록에는 그다지 나타나지 않는다. 오히려 이 부분은 일제강점기 계몽주의자 혹은 민족주의자들의 원균관이 그런 교만, 주색 등의 인격적 폄훼가 더욱 강렬해진 것이다. 이는『달천몽유록』에서 자세히 알지도 못할 원균의 약점을 사실인양 하여 조롱하는 것과 일맥상통하다.

따라서 <방낙안전>은『난중일기』나『징비록』에 나오는 원균 인식을 계승하면서 당대 필요한 충의를 진작하는 수단으로 방덕룡을 끌고 왔다. 즉, 성해응이 충직한 '방덕룡 이미지'를 주조한 것은 원균이 장군으로서 원래부터 절의가 없는 인물로서 무책임하였으며, 이에 그를 늘 새롭게 각성하도록 도운 인물이 바로 방덕룡이라는 것을 보이고자 함이었다. 다시 말해, 방덕룡은 비록 폭력적이고, 잔악한 원균이지만 자신이 한번 따르기로 한 이상 마지막까지 함께 할 것이라는 결연한 의지를 보였다는 것이며, 다들 원균을 떠나려 했지만 자신이 나서서 그것을 막아 원균의 곁을 지켰다는 그야말로 의리와 절의의 걸출한 인물이었다는 것이다. 마치 정조를 돕는 규장각 충신의 모습을 이미지화하는 것이 아닐까 하는 의심이 들 정도이다.

> 방덕룡 사촌 방응원이 먼저 이순신 수하로 가면서 말하되, 원균 절도사가 다른 사람의 공을 빼앗으려 하니 그 사사로움이 이와 같은데, 형님은 어찌 그자를 따르는 것이요? 하니, 방덕룡은 어찌 공을 다투는가? 내가 이미 원균을 따르고 있으니 그를 버리는 것은 불가하다. 제장이 모두 흩어지려 했지만 방덕룡만은 좋은 말을 하니 모두들 머물렀다.(「방낙안전(方樂安傳)」)

한편, 정조의 남인 정권이 가진 딜레마는 현실적인 집권 능력이었다. 서인들은 늘 원균의 작전 능력을 비판했듯이, 남인 집권자들은 자신들도 충의의 도덕성의 주창을 넘어 현실적 경장 능력이 있음을 보여주려는 의도에서 방덕룡의 전적을 구체적인 데이터까지 동원하여 실증하고자 하였다.

> (방덕룡)은 "1592년 6월 사천에서 30급, 1593년 2월 웅천에서 많은 적을 베었으며, 1594년 정월 고성에서 70여급, 정유년에는 안골포의 일본군을 쳐서 20급을 베었다…(중략)…우리 수군이 가덕도에 머물 때 때마침 안개가 깊고, 한 밤에 파랑새가 담 위로 날아오르는데, 마치 인기척 같기도 하여 방덕룡이 병사들을 깨워서 해안을 향해 밤새 화살을 쏘았는데, 이튿날 새벽에 보니 죽은 왜적이 수십 수백 인이었다.

이러한 신비로운 전투 경험과 더불어 "이튿날 왜놈을 습격하여 11급을 베었고 천여 명의 항복을 받았다"고도 하였다. 참으로 눈부신 전과였다. 인기척으로 적을 알아 수백 명을 죽인다는 사실에서 그의 비범한 전투능력을 과시한다는 사실을 알 수 있다.

<방낙안전>의 마지막 대목을 보면, 원균이 마치 이순신을 함정에 빠트려서 삼도수군통제사가 되었고, 이후 방덕룡은 원균이 잔악하고 폭력적인 행동을 지속하여 반드시 일본에 패할 수밖에 없었다고 예언했다. 게다가 '부산포 공격 전략'은 일찍부터 자신이 원균에게 주청한 내

용이라는 점도 부가했다. 투철한 절의와 넉넉한 인품 그리고 놀라운 예지능력까지 겸비한 방덕룡은 전투면 전투, 예측이면 예측, 작전이면 작전, 모든 것을 다 할 줄 아는 사람이었다. 그러나 하나 잘못한 것이 바로 원균을 잘못 인도한 것이고, 이는 워낙 원균의 성격이 잘못되어서 그렇다는 것이다.

> 을미년에 원균이 충청병사로 옮기자 방덕룡도 같이 옮겼다…정유년에 원균이 갑자기 이순신을 함정에 빠트려서 대신 삼도수군통제사가 되었다. 모두 이순신의 정책을 바꾸고, 잔악하고 폭력으로 여러 군졸을 다스리니 방덕룡이 이렇게 하면 반드시 패한다는 사실을 알고 있었으나 어찌할 도리를 몰랐다. 그러면서 원균에게 일찍이 말하기를 부산은 오래된 적들의 근거지이오니 청컨대 공격하여 그 소굴을 쳐부수며 가히 왜적을 제압할 수 있다고 하였다.

그렇다면 왜 방덕룡은 인륜과 절의 그리고 능력이라는 측면에서 원균과 대비되어야 했을까?

이러한 바탕 위에 방덕룡은 "본래부터 옛 선인의 충효와 본분을 다하는 일을 논하는 일에 크게 깨달았다."라고 하여 사대부로서 자신들의 용감성과 충의 그리고 지역에 대한 책임감에 대한 강력한 이미지를 고양시키려는 의도를 발견할 수 있다. 그 결과가 문중이고, 서원이고, 향약이었다. 그러니 자연스럽게 전쟁에서 비겁한 행위를 한 원균같은 사람은 필요에 근거하여 '멸시'의 대상이 되었던 것이다. 용감했던 의병장의 기억이 신화화되어 향촌에 파고들수록 패장 원균 이야기는 더욱 가혹할 만큼 폄훼만 남았을 뿐이었다.

어쩌면 이글을 통하여 한때 원균의 수하로서 적을 물리치고자 동고동락 했던 동지들이 자신의 지휘관을 망장(亡將), 겁장(怯將)으로 폄훼해야 살아남는 시대적 억압이 얼마나 가혹했는지 확인하는데 큰 도움이 된다. 아울러 <방낙안전>에서는 원균의 후손으로 살아야 하는 절절한 인간적인 고민을 느낄 수 있다.

공포가 만든 측근의 원균 폄훼

『조선왕조실록』이나 『승정원일기』『비변사등록』 등 공식적인 조정의 문건에서 오랫동안 원균은 온건하게 평가되었고, 충신의 반열에서 이해되었다. 대체로 원균이 인정될 시점은 사회적 소통이 강조되던 시점들이었고, 탕평론이 강조되던 시점이었다. 그러나 무신의 난(이인좌의 난, 1728) 이후 충무공 후손의 선행이 더욱 왕들의 가슴을 따뜻하게 채운 반면 경기도 진위(오늘날 평택)지역에 근거를 둔 원균 집안이 이인좌와 연루되면서 오히려 원균은 조정에서조차 불충불의한 인물로 폄훼되기 시작했다. 이순신은 천리를 따르고 충의에 불타는 덕장이라는 '성리학적 이상형'으로 추켜졌지만 원균은 오로지 교만방탕하고 안하무인이며 간악하고 폭압적인 심성의 장수로 대비되고, 이는 다시 순역의 논리로 양극화되었다. 이 바로 그런 의미에서 정조가 <이순신신도비명>(1794)을 찬하고 《이충무공전서》(1795)를 간행한 것은 집권 남인의 충의론이 큰 영향을 미친 것으로 볼 수 있다.

그런데 이렇게 조정의 생각이 바뀌는 훨씬 이전부터 사대부 사회에서는 패전의 원인이 원균의 작전실패나 무능력 이상 그 무엇이 있다고 생각하였다. 특히 당쟁이 심화되는 상황에서 오늘 당장 정적들과 명분을 논하는 자리에 섰던 관료들은 상대 당색의 '악한 인성', '교화되지 못한 인성'을 원균 고사를 통하여 설명하고 싶었다. 그 과정에서 특히 서인들의 논거는 현실주의적 무능이나 무책임을 강조했다면, 동인들은 불의와 무절제 그리고 불충이라는 잣대를 가지고 상대를 공격했는데, 이에 서인들은 주로 원균 자신이 가지는 무능을 비판했다.

그렇지만 동이든 서든 당색마다 명분상의 우위를 얻기 위한 사적 근거로 원균을 활용하면서 그로 인해 '패장(敗將) 원균'은 '악장(惡將) 원균'으로 더 깊은 폄훼의 늪으로 나아갔다. 언제나 정적(政敵)은 원균이었고, 차가운 이론과 논리만으로는 더 이상 탈취할 수 없는 상대방의 권력에 대한 열망에 비례해서 원균의 품성을 난도질하였다. 그 과정에서 실제와는 상관없이 원균은 동포인 조선인의 목을 베어야 하고, 가렴주구를 해야 했고, 기생과 노느라 적이 쳐들어와도 고주망태가 된 '이상한' 인격으로 묘사된 기록이 인기를 얻었다.

원균 측근이나 친척이 보인 '원균에 대한 적개심'의 출발점은 역시 선조의 비망기였다. 선조는 여기서 칠천량 패전 이후 원균 수하에 대한 제대로 된 조사가 없었다고 분노하면서 대장이 죽으면 차장을 참수한다는 《진서(晉書)》에 나오는 글귀까지 동원하면서 "원균이 이미 싸움에 패하여 죽었으니 그 휘하들을 비록 다 죽이지는 못할지라도 사실을 밝혀 군율에 의하여 처리해야 옳다"고 하였다.

이제 궁지에 몰린 '원균 측근'은 자신을 변호하기 위해서 '모든 것이 원균 때문이다'라는 논리를 전파하여야 하였다. 그만큼 칠천량 패전은 원균뿐만 아니라 그의 수하나 지인에게도 씻을 수 없는 불명예였다. 그런 조치에 대한 짙은 공포감과 면피하고 싶은 인간적인 고민이 이들 문집에서 '원균 밟고 가기' 의식과 '원균 회피 문체'가 만연하였다. 원균 회피 형태는 다양했지만 특히 그와 정치적으로 혹은 혈연적으로 엮인 사람들의 회피는 참으로 가혹하였다. 무엇보다 원균과 같은 당색의 서인들이 가지는 공포, 다른 당색의 동인이 가졌을 독기와 측근친지나 의병장 등이 느꼈을 불안 등은 '원균 밟기의 필연성'을 확장하였다.

이제 원균은 유전자 시절부터 능력이 없고 주색잡기에 빠졌고, 탐욕하고, 남의 공(이순신의 공)을 시기하는 악당(惡漢)이미지에 가두기만 하면 자신들의 정치적 목적은 달성되었다. 그 와중에 원균과 어떤 형태로든 연을 맺고 살던 사람들은 언제든 다가올 수 있는 정쟁의 칼날에 숨죽여야 했고, 어찌하던 살아남기 위해 '원균 밟기'를 시도해야 했다. 작게는 능력이 크게는 충절과 의리가 더더욱 권력 형성의 명분이 되면서 언제고 사회적 실패자로 추락할 가능성에 떨고 있던 '원균관계자'의 공포는 시대마다 곡절마다 커져만 갔다. 그런 '삶의 공포'야말로 오늘날까지 원균을 다양한 '몰인격의 악한(惡漢)' 이미지로 지속적으로 재생산하게 된 근본적인 이유가 되었다.

백성이 한양을 불태웠나?

임진왜란이 발발한 1592년 4월 30일 억수같은 비가 내리던 날 선조는 한양을 버리고 북상하였다. 파천하던 선조의 눈에 보였던 것은 한양이 불타고 있던 모습. 남은 한양의 백성들이 도성과 궁궐에 불을 질렀다는 것이다. 조선백성이 우리 손으로 우리 한양과 궁궐을 불태웠다는 사실은 과연 진실일까? 어쩌면 지금도 대부분의 한국 사람들은 당시 한양을 불태운 사람들이 노비나 난민등과 같은 조선 백성일 것이라는 생각한다. 하지만 역사에서 이보다 교활한 사기가 없다.

그렇다면 누가 한양에 큰 불을 낸 것인가? 사실 조선백성이 한양을 불태웠다는 내용은 맨처음 『선조수정실록』에 나오고, 조선 후기 각종 기록에서 그 내용이 인용된다. 당연 『선조실록』에는 그런 내용이 없다. 왜 『선조수정실록』을 찬한 택당 이식(李植)은 마치 조선백성이 불지른 것으로 기록을 남겼을까?

여기서 조심스럽게 조선백성이 한양을 불태웠다는 이야기에 담긴 정치적 기만을 엿보게 된다. 백성이 그렇게 난동을 부린 것은 어쩌면 선조와 광해군 그리고 동인 정권이 얼마나 무능했는지 보여 줄 수 있기 때문이었다. 서인인 이식은 어쩌면 병자호란 이후 무너진 인조정권의 정당성을 그런 선조 시절 동인 정권의 무능함으로 대체하려는 의지로 볼 수 있다.

또 하나 한양에서 큰 불이 난 결과 실질적인 이익을 본 것은 오히려 일본이었다. 얼마나 조선사회가 무능하고 잘못된 사회였으면 일본군이 오기 전에 저렇게 자기 백성들이 먼저 왕조를 징벌할까? 일제강점기 춘원 이광수의 이순신은 임진왜란 당시 너무나 무능하고 부패한 조선조정의 모습과 위대한 성웅 이순신의 별종과 같은 위대함으로 대비시켜서 조선왕조 멸망의 정당성을 찾고자 했다. 위대한 이순신을 백의종군시킨 조선조정은 얼마나 비겁하고 모순으로 가득한 집단이었는지 보여주려는 것이었다. 그런 마음에는 역시 한일합방 즉, 일제 침략은 조선인을 봉건적 압제에서 벗어나게 해 준 일본의 은혜였다는 것을 보여주려는 이데올로기가 숨어있었다.

백성으로부터 따돌림 당한 조선조정 그리고 성웅 이순신을 죽음으로 내몬 조선조정. 그래서 망해도 싸다는 이념적 귀결. 과연 다시 돌아보면 한양을 불태운 것이 진정 조선백성이었는지 되물어야 한다.

그동안 100년가까이 이광수식 이순신관, 조선왕조관을 가지고 우리 역사를 가르치고 배우고 있다. 고작 논쟁이 되는 것이 이순신 자살설, 타살설이다. 그런데 정작 이순신이 적의 유탄에 죽었다고 하면서도 한 번도 이순신을 저격한 가고시마의 영주 시마즈 요시히로에 대한 궁금증을 보이는 경우가 없었다. 이광수식의 이순신관이 모든 것을 지배한 것은 또다른 식민사관이었다. 고작 이순신이 자살했느니, 타살되었느니 하는 해괴망측한 죽음의 진실에 몰두하는 모습을 보면서 정말 참을 수 없는 역사에 대한 무지를 느끼게 된다.

어쩌면 이순신이 자살한 것으로 생각할수록 그만큼 우리 조선사회는 망해도 좋을 나라라는 생각이 확산될 것이다. 그리고 조선 조정이 이순신을 죽였다고 믿는 사람은 어쩌면 대부분 한양을 불지른 것도 백성일 것으로 믿는다. 하지만 한양을 불지른 자들은 카토 키요마사와 같은 일본군이었고, 이순신을 죽인 자들도 도망하던 가고시마의 영주 시마즈 요시히로 군대였다는 사실을 꼭 가슴에 새겨야 한다. 그래야 역사가 바로 보인다. 적들이 우리를 피폐하게 한 것이다.

이처럼 조선백성이 조선궁궐을 불태웠다는 왜곡은 어쩌면 일본제국주의자들의 간교함이 그리고 그것에 놀아난 친일파 문인들의 비열함이 우리의 무지함을 영양분으로 가짜를 진짜로 둔갑시킨 결과물일 것이다.

전후 책임공방의 희생양, 배설

진주 백성이 가는 길 막다.

정유재란 당시 조선수군의 큰 손실이 있었던 거제도 칠천량에서 12척의 판옥선을 데리고 겨우 살아 나온 경상우수사 배설(裵楔). 그는 과연 칠천량의 도망자였나? 아니면 사지(死地)에서도 살아남은 불사신이었나? 그동안 많은 연구가 승장 이순신에 대한 호평과 패장 원균, 배설에 대한 비판이라는 구도로 이뤄진 것을 감안할 때 패장은 늘 할말이 없었다. 그냥 도망자였다.

그렇지만 사료에 나오는 배설 관련 설명만으로 과연 제대로 당대의 모습을 확인할 수 있을까? 그동안 배설에 관한 직접적인 연구가 없었을 뿐만 아니라 이순신이나 원균관련 연구에서 주로 사료로 드러난 부분에만 관심이 집중되다보니, 왜 그런 사료가 나왔는지, 그 사료가 역사적 맥락 속에서 무엇을 말하는 지 제대로 파악하지 못한 경우가 많다.

여전히 오늘날의 임진왜란의 인물사 연구는 사료보다는 신념이 앞서는 혹은 정치적 과제와 해석이 우선되는 경우를 자주 보게 된다. 이순신이 옳다느니 원균이 옳다느니, 배설은 도망했느니 그런 이미지만 가득하다. 하지만 그런 역사는 참으로 어리숙한 '사료 장난'이다. 중요한 것은 배설의 행적에 대한 설명이 당대 역사의 맥락 속에서 수미상관하게 엮이면서 제공되고 있는가 여부이다.

배설과 관련된 중요한 고민은 두 가지이다. 하나는 사지(死地)인 칠천량에서 어떻게 판옥선 12척을 데리고 탈출할 수 있었는가? 하는 것이고, 다른 하나는 왜 그는 자신의 직분을 버리고 잠적했는가 하는 문제이다. 둘 다 비판적으로 보면 '파렴치한 행적'이다. 진실은 무엇일까?

칠천량 패전 직후 조정에서 책임을 묻는 상황이 되자 도원수 권율은 책임을 전가하기 위해 원균, 배설에 대한 거의 참소에 가까운 두 번의 장계를 올린다. 하나는 1597년 7월 21일 원균이 칠천량 패전 이후 도망했다는 장계(『선조실록』, 1597년 7월 25일)이고, 하나는 7월 25일 같은 날 올린 원균의 수하들이 임금을 배신했다는 내용을 담은 장계였다.

> 도원수 권율이 치계하기를, "통제사 원균이 알린 내용에 의하면 수사들이「반드시 패몰할 시기를 분명히 알고서는 부산과 절영도를 왕래할 수 없다. 장수가 밖에 있을 때에는 임금의 명령도 받지 않는다」고 하니,...이는 곧 제장들이 임금의 명령을 듣지 않는다는 뜻으로 이와 같은 일은 결코 용서하기 어려우니 조정에서 결단을 내리소서" (『선조실록』, 1597년 7월 25일).

특히 7월 25일 장계는 그동안 원균이 자기 부하들인 배설 등을 상부에 고자질하였다는 내용을 담았는데, 이는 그동안 원균을 주장으로 모셨던 수많은 측근으로부터 '원균이 치졸하면서 용렬한 통제사'라는 적개심을 심어주는 데 큰 영향을 주었다. 권율이 남긴 이 말은 모든 원균의 수하와 측근에게 조만간 닥칠 박해를 예감하게 하는 공포스런 것이었다. 목숨을 부지하려면 자신의 상관인 원균을 짓밟아야 하는 비정한 생존경쟁을 야기한 참으로 무서운 권율의 장계였다. 이제 원균의 수하는 언제든 임금의 명령을 거역한 반역자로 인식될 가능성이 컸다.

아니나 다를까. 1597년 8월 5일 체찰사 이원익은 도원수 권율과 의논하여 칠천량 패전의 책임은 수군들이 "처음부터 서로 힘을 겨루며 싸우다가 패멸된 것이 아니라 살아남은 자나 죽은 자나 모두 달아나기에 바빴기" 때문이었다고 정리하였다. 힘을 다한 사람은 "싸우다 바다 한가운데에서 전사한 조방장 김완뿐"이라 하면서 "모든 장수들에게 군법을 시행할 수 없다 해도 원균은 주장이었으니 군사를 상실한 군율로 처단"할 것을 주장하였다. 그러면서 먼저 "배흥립(裵興立)을 처단하고 배설은 지금 바다에 있으므로 나중에 논의하여 죽이자"고 하였다. 여기에 비변사는 패전의 책임은 본래 군율로 하면 된다고 하고 "수령이나 변장들도 거처를 찾아내어 등급대로 죄를 주되 그 중 먼저 도망할 것을 선동하여 서로 구원하지 않은 자는 그 사실을 상세히 조사하여 모두 군법"으로 다스리자고 했다. 선조도 결국은 "아뢴 대로 윤허"하였다.

결국 1598년 4월 2일 선조는 다시 칠천량 패전을 초래한 수군에 대한 논죄를 명하면서 원균 한 사람에게 패전의 책임을 돌릴 수 없으며 오히려 원균을 구원하지 못한 수군 제장에 대한 군율을 요구하였다.

> 지난 해 한산 싸움(칠천량 해전)의 패배에서 수군 제장들에게 즉시 공과 죄를 가려내어 법대로 처리해야 했는데, 지금껏 한 사람의 죄도 바로잡지 않고 한 사람의 공도 포상을 하지 않았다. 그저 그들로 하여금 죄를 진 채 공을 세워 속죄하도록 하자는 것이다...(중략)...원균 한 사람에게만 책임을 돌리지 말라. 대장을 구출하지 않은 죄는 그에 따른 법이 있는 것이다.(『선조실록』, 1598년 4월 2일)

선조가 이런 말을 한 이유는 비변사와 이덕형, 권율 등의 실질 책임자들이 함구하고 있는 상황에서 '원균책임론'이 불거진데 대한 불만 때문이었다. 지난해 사헌부가 권율을 탄핵해도 권율을 지켜주던 선조가 이제는 원균이나 이억기를 구하지 않고 도망간 부하들의 논죄를 적극 독촉한 것이다. 그러자 비변사는 정면으로 선조의 논의에 반대하였다.

> 원균이 대장으로 지휘통제[節制]를 못하여 왜적들이 불의에 기습하여 전군이 붕괴되었으니 죄는 모두 원균에 있다"

선조(=원균을 지지)와 비변사(=원균부하를 지지)간의 대립 정국이 형성된 것이다. 여기서 선조는 더더욱 원균 수하들에 게 분노하였고, 반대로 비변사는 부하들을 구출하는 것으로 자신의 정국 주도권을 유지하려고 했다. 이러한 첨예한 왕과 신하(비변사)간의 정치적 대립에 엮인 치죄(治罪)논쟁에서 무언가 돌파구가 필요했다. 그 돌파구가 바로 배설(裵楔)의 처단이었다.

비변사의 주장에서도 그런 모습이 나타난다.

> 비변사가 아뢰기를, "수사 배설은 주사(舟師)의 차장(次將)으로 주장(主將)을 구원하지 않고 도망쳤으며 주장의 명령을 어기고 어둠을 틈타 도망쳤으니, 정상이 지극히 미워할 만하여 율에 처치하지 않을 수 없습니다. (『선조실록』, 1597년 10월 11일)

배설을 도망자로 만들고 그 이유로 처단하는 것으로 선조와 모종의 타협을 하자는 것이었다. 당연히 이후는 서로의 합의가 이어진다.

> 소문에 의하면 '배설이 지난 가을에 나주에서 도망하여 지금은 충청도에 와 있는데, 현몽(玄夢)과 합세하여 무뢰배들을 많이 모으고 있다. 그의 행적이 이미 드러났지만 사람들이 화를 당할까 두려워하여 감히 지적하여 말하지 못하고 있다.' 합니다....본도의 감사와 병사에게 은밀히 하유하여 비밀리에 추격해 기필코 체포하도록 하소서 (『선조실록』,1598년 12월 23일)

이리하여 배설은 1599년 3월 초 권율에게 추포되어 그달 6일 처형당하게 된다. 잡은 지 며칠도 되지 않아 변변한 재판도 받지 않고 죽인 것이다.

> 전 수사(水使) 배설이 복주(伏誅)되었는데, 그 아비 배덕룡(裵德龍)과 아들 배상충(裵尙忠) 등은 모두 풀어주었다. 배설은 지난 정유년 7월 한산(閑山)의 전투에서 패전한 수범(首犯)이었으나 외지에 망명해 있었으므로 조정이 찾아내지 못했었는데, 이번에 도원수 권율이 선산(善山)에서 잡아 차꼬를 채워 서울로 보냈으므로 참수하였다. (『선조실록』, 1599년 3월 6일)

배설은 과연 죽을 만한 이유가 있었나? 일단 배설이 어떻게 전쟁에 임하였는지 세가지로 정리해보자. 먼저, 부산포를 치는 일을 원균과 합세하여 반대했던 행동이다. 『선조실록』(1597년 7월 22일)을 보면, "원균은 처음부터 가려고 하지 않았으며 남이공의 말을 들으면 배설도 '비록 군법에 의하여 나 홀로 죽음을 당할지언정 군졸들을 어떻게 사지에 들여보내겠는가."라고 했다는 것이다. 앞서 말한 권율의 7월 25일 장계에서도 '원균의 수하 중에는 임금의 말을 듣지 않겠다고 한 사람이 있다'고 했는데, 그 사람이 바로 배설이었다.

> 배설이 말하기를, 용맹을 낼 때는 내고, 겁낼 때는 겁낼 줄 아는 것은 병가의 긴요한 계책입니다. 우리가 부산바다에서 기선을 잡지 못하여 군사들이 의기소침하게 되었고 영등포에서 패하여 왜적의 기세를 돋우어 적의 칼날이 박두하였는데, 우리의 세력은 외롭고 약하며 용맹을 쓸 수 없으니 오늘은 겁내어 싸움을 회피하는 전략이 지당합니다.(『선조실록』, 1597년 7월 15일)

바로 여기서 권율이 왜 그토록 배설을 죽이고 싶었는지 이유를 발견하게 된다. 배설을 죽이지 않으면 자신의 말을 뒤집어야 할 상황 때문이었다. 하지만 배설의 주장은 우리 수군만으로 당시 부산포를 치는 것은 무리라는 충언이었다.

둘째, 가덕도에서 패하고 돌아올 때 한산도로 가서 전열을 정비하자고 했던 것도 배설이었고, 마지막으로 칠천량 해전에서 유일하게 전열을 유지하여 안정적으로 한산도로 후퇴할 선단을 지휘한 것도 배설이었다. 권율도 배설을 간신(奸臣)처럼 묘사했던 것처럼 『해소실기』를 쓴 김완도 본래 배설이 '자격 미달의 장수'라고 했다. 권율이나 김완 모두 진짜 칠천량 패전을 초래한 진범으로 보이지만 그들은 배설을 희생양으로 해서 자신들이 원균과 다른 노력을 했다는 점을 일깨우려고 했다.

사실 권율과 김완은 자신의 실책 때문이라도 배설과 원균에게 패전의 모든 책임을 넘길 필요가 있었다.

그렇다면 실제의 목민관으로서 배설은 어떤 사람인가? 사료에 나온 배설은 진주목사 시절 나름 지역사회에서 지지층이 무척 두터운 사람처럼 나타난다. 『선조실록』, (1595년 3년) 2월 4일 기사를 보자.

> 비변사에서 회계하기를, "선전관 조광익(趙光翼)이 새로 남쪽 지방에서 와서 비변사에 말하기를 '진주(晉州)의 백성들이 배설이 떠나는 것을 막아 그대로 머물러 있게 하여 온 경내의 노인과 어린애들이 떼를 지어 에워싸고 지키며 나가지 못하게 하고 있기 때문에 배설이 아직도 부임하지 못했다.'합니다. 배설이 아직까지 부임하지 못했다면 원균(元均)과 선거이도 다 교대하지 못하였을 것이니, 일이 매우 난처합니다.

진주민들이 배설이 떠나지 못하도록 막았다는 것은 진주백성들이 대단히 배설을 믿고 있었다는 사실이다. 그것도 그럴 것이 배설은 대부분의 벼슬살이를 경상도에서 수행했다. 진주는 임진왜란때 두 번이나 일본군의 침공을 받아, 1차 전투에서는 김시민의 분투로 적들을 물리쳤으나, 2차 전투에서는 함락당하여 6만 여명이나 참혹한 학살을 당하던 곳이었다.

진주백성들은 제2차 전투에서 왜 조선이 패배했는지 보았다. 김시민처럼 판관시절부터 진주에 있던 장수는 아무리 의병이 와도 성문을 열지 않고 일치단결되고 훈련된 3800명의 군사로 일본군과 전투하여 승리하였다.

하지만 2차 전투는 동인계열의 서예원과 서인계열의 의병장 출신 김천일, 최경희 게다가 전라도 의병까지 다양한 군사력이 몰려서 지휘권에 혼선을 주었던 것이다. 마침내 성이 함락되어 6만에 달하는 진주백성이 일본군의 어육이 되고말았다. 이런 진주에서 경상도 지리에 능하고 지휘력이 뛰어난 배설과 같은 장수는 지난날 진주성 함락의 아픔을 달래주고 백성들을 안심시키는데 큰 역할을 할 수 있었던 것이다. 바로 이 점에서 진주 백성들이 떠나는 배설을 그렇게 막아선 것으로 보인다.

믿음직한 장수였기에 조정에서도 경상우수사를 제수한 것이라고 볼 때 칠천량에서 그는 그나마 다른 장수와 달리 자신의 수군 전략을 유사시에도 유지할 수 있었던 것이 제대로 된 해석일 것이다. 칠천량에서 배신하고 도망할 정도로 무책임한 사람이었고 싸우지않고 도망한 판옥선 12척이었다며 명량에서 어떻게 이순신이 오합지졸을 이끌고 일본군을 격파할 수 있었을지도 생각해보아야 한다. 경상우수군은 경상도를 잘 아는 경상도의 수군이었다. 그래서 그들은 사지에서 살아온 것이고, 이순신을 도와서 명량에서 적을 궤멸시킨 것이다.

사료를 자세히 보면, 배설은 칠천량 해전 국면에서 ①부산포 공격 불가, ②칠천량 주둔 반대, ③경상우수군 12척의 안정적 후퇴 ④한산의 정리 등을 주장하였다. 하나같이 현실감있고 정확한 판단력을 준다. 물론 간신이라는 신념으로 가득한 사람의 입장에서 보면 하나같이 간신들이 할 수 있는 일로 해석되지만 정상적인 눈으로 봐도 그의 논리에는 오류가 보이지 않는다.

또한 항간에 이야기되듯이 원균의 말을 듣지 않고 몰래 도망쳤다고 주장하는 것도 근거가 없다. 원균이 추원포로, 이억기(李億祺)와 최호(崔浩)가 고성으로 가면서 수많은 적들이 대장선들에 달려들 때, 그나마 이들 장군들이 방향을 한산도와 다른 방향을 틀면서 후퇴하여 배설에게 퇴로가 일부 열렸을 것이다. 그 틈에 배설이 전열을 정비하면서 후퇴를 할 수 있었던 것이라고 보는 것이 옳다.

따라서 근거도 없이 배설이 혼자 미리 몰래 칠천량에서 도망쳤다는 것도 왜곡된 인식이다. 아마도 7월 16일 새벽 배설의 경상우수군은 일본군과 교전을 벌였을 것이다. 휘하에 적어도 경상수군 주둔지가 임란 직전 8관 20포라고 하였을 때 어림잡아 70~80척 정도의 판옥선이 있었을 것이지만 밤새도록 싸우고 남은 판옥선은 겨우 12척이었다. 한산 본영에 돌아온 배설은 군량, 병기, 막사 등을 불사르고 성안에 남아 있는 백성들을 안전한 곳으로 옮기는 한편, 급히 노량으로 후퇴하였다.

7월 22일『난중일기』에는 이순신과 만나서 자세한 전황을 이야기 했다는 기록이 있다. 그리고 왜군이 수백 척의 전선과 함께 한산도로 공격해 오자, 8월 30일 이순신에게 병이 있어 뭍에 내린다고 하고 사라졌다는 것이다. 배설의 마지막은 무척 겁쟁이 장수, 도망자 장수 모습인 듯 보인다. 하지만 과연 그럴까?

1597년 8월 5일 배흥립, 배설 등을 처단해야 한다는 이원익의 주장이 그 때쯤 알려졌을 것이고, 그 소식을 들은 배설은 속된 말로 멘붕 즉, 정신적인 착란 상태에 이르게 된 것이라 보인다. 언제 지은 지는 모르지만 월파정(月波亭)이라는 시를 보면 그가 얼마나 감성적인 사람인지 알 수 있다.

> 靑山(청산)아, 됴히 있었더냐 녹수(綠水)야 다 반갑다
> 無情(무정)한 山水(산수)도 이다지 반갑거든
> 하물며 有情(유정)한 님이야 닐러 무엇하리오.

엇그제 언제런가 이리로 저리로 갈 제
月波亭(월파정) 밝은 달아래 뉘 술을 먹던 겐고
鎭江(진강)의 휘든 버들이 어제런가 하여라.

전쟁에 패배한 공포감 그리고 조정이 보내고 있는 죽음의 신호 그 어느 것도 배설의 고통을 대신할 수 없었다. 권율은 이런 문학적 소양이 다분한 배설을 마치 불한당인듯 묘사하면서 제대로 된 심문도 없이 처형하고 말았다.

어쩌면 배설은 도망해서 처형을 당한 것이 아니라 전쟁책임 때문에 그리된 것이었다. 선조의 원균지지론과 비변사의 부하지지론 사이의 갈등 다시 말해, 전후책임을 둘러싼 왕과 신하의 힘겨루기 과정에서 타협된 하나의 돌파구(혹은 '희생양')로 처형을 당한 것이다.

배설이 8월 30일 이후 우수영을 이탈하여 은둔한 죄는 '희생양'을 만드는데 중요한 빌미가 되었지만 실제로 배설이 8월 말 은둔한 것인지는 재고될 필요가 있는데, 여러 가지 이유로 뭍으로 가겠다는 내용을 이순신에게 전한 것도 사실이다. 그러므로 도망했다는 표현보다는 칭병하여 현직을 벗어났다라고 수정되어야 한다. 또 하나 고려해야 할 것은 패전 이후 자신이 이끌던 12척을 이순신에게 내줘야 하는 자존심 문제도 고려해야 한다.

다시 되새겨보는 칠천량

그렇다면 이러한 인식에 입각하여 원균과 배설이 보인 칠천량 해전의 진실을 당시 모습으로 다시 구성해본다.

칠천량 해전의 진실

(1단계) 1597년 7월 14일 판옥선마다 노꾼이 모자라고 왜적들이 해안에 요새를 즐비하게 만든 상황에서 배설은 원균통제사에게 부산포 공격은 무리라고 하면서 적극 만류했다. 하지만 권율의 강권에 어쩔 수 없었던 원균은 자포자기의 심정으로 부산포 공격에 나섰다. 거제도에서 하루를 지내고 15일 부산포로 나아갔다. 이윽고 무서운 현해탄의 파도가 일었고, 노꾼이 부족한 위에 급기야 풍랑까지 만난 조선수군은 기동력이 현저히 약화되었다. 그나마 경상우수사 배설만이 경상도 수군이라는 지역적 이점을 이용하여 비교적 안정적인 전열을 유지하였다.

(2단계) 후퇴한 조선수군들이 가덕도에서 참패를 하고, 수백명의 주검을 뒤로 하고 칠천량에 정박하였다. 물 보급이 없어서 극히 피로에 쌓인 수군들이 기동력이 둔화된 채 좁은 칠천량에 엉켰다. 이때 원균의 지휘통제력이 순간 와해되는 상황에서 전투력은 극히 하락하였다. 그런데 그날 밤 배신한 조선 사람들이 향도가 된 왜적의 잠입선이 조방장 김완이 척후하고 있던 정찰라인을 뚫고 들어왔다. 일시에 우리 수군은 허둥거렸다. 우리 수군이 우왕좌왕하는 중에 세키부네 등 수많은 일본 배들이 칠천량을 애워싸고 우리 판옥선에 들러붙었다. 원균은 조직적인 진(陣)을 형성할 수 없었고, 척후를 맡은 김완은 척후망이 뚫린 자책감 때문에 도망한 듯 보였다. 조직력이 상실된 조선 수군이 위험해졌다.

(3단계) 16일 새벽 각 수사가 탄 대장선들은 왜적들을 분산하기 위하여 고성 방향으로 산개하였다. 수많은 적선이 수사들이 탄 배를 추격하였다. 왜적들을 견제할 수 있었던 유일한 함대는 배설의 함대였고, 악전고투 끝에 70여 척(추정)에서 12척만 살아남았다. 이때 원균이 후퇴하면서 왜적의 예봉을 고성 추원포 쪽으로 몰고 갔고, 그 덕분으로 배설의 경상우수군이 잠시 열린 대문도를 빠져나와서 한산도 방향으로 나아갈 수 있었다. 배설이 원균과 헤어지기 전 마지막 회의에서 원균은 일심으로 순국하자고 했고, 배설은 중과부적이니 후퇴하자고 했다.

이상의 내용이 필자가 보는 칠천량 해전의 대체적인 진실이다. 원균이 대장선을 이끌면서 수많은 일본군을 몰고 추원포로 배를 돌리면서 12척이 생존할 수 있는 대문도가 열렸다는 사실을 생각해보자. 그러한 '시간벌기'가 없었다면 배설의 12척은 과연 살아남을 수 있었을까?

이렇듯 칠천량 해전에서 통제사 원균은 물론이고 배설, 최호, 이억기 등 모든 장수들은 전란을 극복하고자 충성을 다한 조선 수군의 위대한 지휘관들이었다. 이순신이 이어받아서 민족을 지켜낸 12척의 판옥선이 생존할 수 있었던 힘에는 배설의 뛰어난 지략과 고민 그리고 원균, 이억기, 최호의 깊은 배려가 있었다. 거기에 패전이니 승전이니 하는 수식어는 다음의 문제일 뿐이다. 그럼에도 배설은 왕과 신하의 전후책임공방전 아래서 절충된 돌파구로서 희생되었다는 사실은 임란이 남긴 또 다른 어두운 그림자이다.

제 8 강

북학과 북벌의 기로에서

북벌의 추억

북벌론(北伐論)은 알다시피 병자호란 당시 인조가 당했던 삼전도(三田渡)의 치욕를 씻고자 그 아들 효종을 비롯한 반청주전(反淸主戰) 세력들이 청나라를 직접 정벌하자는 주장한 논의를 말한다. 어영대장 이완(李浣))을 비롯한 주전파들은 실제로 군사를 양성했고, 북벌계획을 착착 진행하기도 했다.

하지만 북벌론은 압도적인 청의 외압아래 사실상 성공할 수 없었다. 그런데 이러한 북벌로 들끓는 여론 속에서도 역사의 앞길을 준비하는 세력이 있었다. 그가 곧 인조의 아들로서 호란의 결과로 후금(훗날 청나라)의 수도 심양에 인질로 끌려갔던 소현세자 세력이었다. 그는 봉림대군 즉 나중에 왕이 된 효종의 형이었고 인조의 후계자였다.

소현세자의 생각은 모든 사람이 북벌을 말할 때 조용히 새로운 조선, 개화된 조선을 설계하는데 있었다. 동생인 봉림대군이 몇 충의지사와 작당하여 관념적인 북벌을 설파하고 추진할 때 소현세자(昭顯世子)는 정두원(鄭斗源), 김육(金堉) 등 실리파 관료를 불러모아 서구의 천주교의 평등사상을 담은『천주실의(天主實義)』를 습득하고, 망원경, 자명종 등 서구의 높은 수준의 근대문물의 수용에 최선을 다했다.

효종과 소현세자는 한 어머니의 자식이면서도 이렇게 생각이 달랐다. 역사가 바라는 것은 당시 여론(公論)이었던 북벌론도 아니었으며, 그렇다고 일방적으로 청나라에 복속하자는 사대론도 아니었다. 역사의 파도는 북벌도 아니고 사대도 아닌 북학론(北學論)으로 넘치고 있었다. 그래서인지 여론을 장악한 북벌파가 우세한 상황에서 소현세자는 왕이 될 수 없었고 비참한 최후를 맞았다.

많은 사람들은 대국인 청나라를 치려한 것만으로도 위대한 조선의 의분이며 민족정기로 파악하고 그 뜻을 높이 받들려고 한다. 과연 그럴까? 사실 북벌론은 명분이 빈약한 인조반정(仁祖反正)으로 서인정권의 권력적 정통성이 박약하면서 상대적으로 명나라에 기대어 자신의 권력의 안정성을 높이고자 한 결과로 제기된 당리당략적 정책이었다. 북벌파 스스로도 역사의 길은 광해군의 실용 노선이었다는 사실도 알았으며, 후금을 적대하는 정책이 전쟁으로 몰아갈 것을 누구보다 잘 알았다. 따라서 서인은 무조건 존명반청의 논리나 북벌론으로 무장했다는 이야기는 잘못이다. 실제로 후금의 세력이 강화되자 중국의 변화에 관심을 기울이며 생존로를 찾아서 치열한 첩보전을 벌이기도 한 것이 서인들이었다.

하지만 그들에게 명나라나 후금보다도 더욱 무서운 것은 민중들의 저항이었다. 『인조실록』을 보면 인조 초년 광해군 실각에 반대하는 민중 반란이 해마다 일어나고 있다. 그들은 이전에 왕의 덕성을 상징하는 소나무가 세조를 위해 가지를 들었다고 해서 세조가 그 나무에 정이품의 벼슬을 하사한 것처럼 인조정변 후 권력 탈취의 정당성을 부여하기 위하여 북벌론을 정치적으로 활용한 것이었다.

그래서 북벌론은 중대한 결함을 가지고 있었다. 그것은 당시 아는 사람이면 북벌의 실현가능성이 1%도 안 된다는 사실이었는데, 인조정권은 지속적으로 명나라의 책봉을 받기 위한 바꿔 말해 정권의 정통성을 확보하기 위한 배금 정책을 지속했다. 명나라는 이러한 조선의 태도에 기뻐하며 즐거이 청나라와 적대하게 했고, 결국 두 번의 호란을 야기한 것이다. 이제 청(후금)이 사실상 중원의 패자가 되자 북벌론은 인조반정의 정당성을 상징화하는 논리를 넘어 민중의 반란을 저지하는 수단으로 이용되었다. 그들은 거세게 몰아붙이는 백성들의 원성을 또 다른 수단으로 저지하고자 했다.

그래서인지 북벌 계획은 고식적이었다. 이 계획으로 설치된 신흥 군사력은 대부분 수도방어를 위한 5군영(軍營) 군대였고, 실제 국경지대에 북진을 위해 설치되어야 하는 야전부대는 거의 존재하지 않았다. 다만 왕궁 수비대인 금군(禁軍)을 확대 개편하여 자신들이 자행한 쿠데타가 재발하지 않도록 정권 유지에 만전을 기했다. 야전부대 확대가 아닌 금군의 확대로 표현되는, 말뿐인 북벌계획은 사실상 북벌의 의미를 가진 것일 수 없었다. 게다가 일부 양성된 군대조차도 어처구니없게 청나라를 돕는 군대로 탈바꿈했다.

당시 러시아는 극동으로 남하하기 위해 시베리아를 횡단하고 있었고, 청나라와는 불가피한 무력 충돌을 예고하고 있었다. 청나라는 수많은 밀정을 통하여 조선이 북벌을 준비하고 군사력을 증강한다는 사실을 확인하고도 조선의 위정자들이 청나라를 침범할 수 없다는 사실을 알았다. 청나라는 조선의 그러한 약점을 역이용하여 북벌군대를 교묘히 러시아 남하 저지용으로 삼고자 했고, 조선에 파병을 요청한 것이다. 이에 조선은 파병에 응할 수 밖에 없었다. 북벌을 위해 만든 조선 군대는 이른바 나선정벌(羅禪征伐)이라고 하여 청나라를 위해 피 흘리는 군대 즉 용병이 되고 만 것이다.

나선정벌의 결과 조선의 북벌 계획은 그 자체로 국민적 신뢰를 상실했고, 지지부진한 관념적 북벌론으로 전락하여 조선후기 양반체제 붕괴를 저지하기 위한 이데올로기 혹은 민중동요를 저지하기 위한 안보논리로 기능할 뿐이었다.

고려시대의 부정부패 방지법

고려의 상피와 조선의 상피

전통사회에서 관료나 아전들의 부정부패를 막기 위해 상피(相避)라는 규례가 있었다. 상피는 관료체계의 원활한 운영과 권력의 집중·전횡을 막기 위해 일정범위 내의 친족 간에는 같은 관청 또는 통속관계에 있는 관청에서 근무할 수 없게 하거나, 연고가 있는 관직에 제수할 수 없게 한 제도였다.

이 제도는 이미 골품사회에서 관료제가 정착하기 시작한 이래, 고려시대에 들어서면서 성문화되었다. 이미 1092년(선종 9년)에 고려의 예법인 오복제(五服制)를 기초로 하고, 여기에 송나라의 제도를 참작해 처음 실시했다. 고려시대에는 대체로 친족(親族)·처족(妻族)·모족(母族)의 4촌 이내와 그 배우자는 같은 관청에서 근무할 수 없었고, 특별히 권력의 핵심인 정조(政曹)와 대성(臺省)에서는 사돈 간에도 상피(相避)가 적용되었다.

본족 혹은 친족의 경우 상피의 범위는 부, 자, 손자, 형제, 4촌, 매부, 종매제, 백부 숙부 고모부, 조카사위, 사위, 손주 사위 등이 적용되었고, 외족(外族)에서는 외조부, 외조모, 어머니의 삼촌, 외삼촌, 어머니의 조카 등이 그리고 처족(妻族)에서는 처조부(祖父), 처제, 처남, 동서, 처백부, 처숙부, 처조카, 처조카의 남편 등이 해당되었다.

조선에서는 주로 친족만을 상피하던 것과 달리 부계와 모계가 똑같이 중시된 고려의 양측적 친족제도를 반영해 모족과 처족이 친족과 같이 취급된 것이 특징이다. 그러나 실제로 귀족 중심 체제 아래서 관료제도는 형식적인 것에 불구하고, 철저하게 외척 중심의 문벌귀족제가 진행되는 상황에서 상피는 법적으로 이름뿐인 법제였다.

그러다가 조선시대 때 본격적으로 실시되었다. 조선 초 개국에 앞장선 양반 사대부들은 양반을 중심으로 한 유교적 이상국가 실현에 창업의 목표를 두었고, 과거제의 전면적 시행과 같은 관료제도 발달에 따라 권력의 집중·전횡을 막으려는 정치논리가 가미되면서 상피제도의 시행이 특별히 강조되었다. 다만 유교 사상에 토대를 둔 부계친족사회의 성격상 그 적용범위가 4촌까지로 규정되지만, 고려시대와는 달리 모족과 처족에의 제한이 완화되었다.

『경국대전』에서는 중앙 관리나 지방 관리는 본족에서는 아홉 달 이상의 상복을 입을 집안 사람이나 사위, 손자 사위, 손위 손아래 매부, 외가 측에서 석달 이상 상복을 입을 친척에 대해 그리고 처가 측에서는 장인, 가시할아버지, 동서, 손위 손아래 처남은 모두 상피하도록 했다. 즉 상피는 피혐(避嫌)이라고도 했는데 서로 이해 관계를 같이 할 수 있는 친한 친척 사이의 상피에 중심을 두고 있었다.

그런데 상피제도는 단순한 관리들의 부정부패를 방지하기 위한 것일 뿐만 아니라 한 가문에 의해 권력이 독점되는 폐를 막기 위한 의도도 내포되어 있다. 세월이 흐를수록 나타날 가능성이 있는 조선왕조의 신선도를 높여주는 중요한 제도적 장치가 되었다.

한편 이 벼슬자리가 저 벼슬자리의 지휘를 받거나 저 벼슬자리가 이 벼슬자리에 의해 규제되는 경우에 상피를 하게 되었다. 예를 들어 승정원의 육방 승지와 육조간에는 상피가 원칙이었다. 아울러 병조와 도총부, 겸사복장, 내금위장, 오위장은 같은 관청이 아니라도 서로 상피하도록 했다. 이는 인사권과 병권의 집중을 막기 위한 수단이기도 했다.

조선 후기에는 규정이 더욱 강화되어 출계자(出系者; 양자나 양녀 등)의 경우 본가와 생가에 똑같이 적용되고, 인척 간에도 적용되었다. 적용 관청도 확대되어 선혜청 제조와 낭청 간, 그리고 옥당·춘방·강서원과 이조당상·낭청 간, 한림원과 춘추관 간, 한림과 승정원 주서 간 상피가 적용되었고, 그 밖에도 과거 응시자와 시관(시험관), 사신과 서장관 사이에도 적용되었다. 지방관의 경우에도 상하의 통속 관계에 따라 구체적으로 상피관계가 규정되고, 특별한 연고가 있는 지역에의 지방관 제수도 금지되었다. 규정 외에도 업무의 연관성이 있거나 권력의 집중이 우려되는 관청의 경우에도 상피가 적용되었다.

고급관료에 청탁하지 못하도록 한 분경

상피와 더불어 분경(奔競)은 전통사회에서 관리의 부정부패를 막는 또하나의 제도적 장치였다. 즉 분경이란 하급관리가 상급관리의 집을 방문해 엽관(獵官) 행위나 청탁을 하지 못하도록 규정한 법이다. 이미 고려 명종 5년(1174년) 4월 때 왕의 교서에서 "요사이 분경이 극심하여 권력이 사사로운 집안에서 만들어지고 있다는 개탄을 하기도 했는데" 이미 고려시대 중기에 들면 관료=귀족화하는 추세에서 분경은 국가 안정에 큰 장애가 되었다.

특히 고려시대에는 왕마저도 청탁이 들어오면 뇌물을 받고 엽관 하는 등 분경금지 조항은 철저히 사문화되고 말았다. 그러한 기록은『고려사』명종 14년(1183년)의 기록에서 잘 드러난다.

> 분경(奔競)이 풍조가 되어 뇌물이 공공연히 횡행하고 현자와 그렇지 못한 자들이 뒤섞여 누가 누군지 모르게 되었다. 간신들이 청탁하면 왕은 뇌물을 얼마나 받았는지 물어보고 많이 받았다고 하면 기뻐하며 그 청탁을 들었고, 그렇지 않으면 날짜를 질질 끌며 뇌물이 많아지기를 바랬다. 또 왕이 즉위한 뒤 첩들과 서얼들이 권세를 농단하고 뇌물을 거둬들여 사적으로 먹어치우니 조야가 왕에게 실망했다.

고려시대는 분경금지법이 있음에도 제도를 시행하고 수호해야할 왕마저 분경을 통해서 뇌물을 긁어모으는 참담한 현실이었다. 공민왕은 이러한 분경의 폐단을 없애기 위해 노력한 최초의 왕이었다. 공민왕 19년(1370년)의 조서에서 왕은 "짐(朕)이 듣건대 권력 있는 관료는 매양 분경 하는 사람을 들여, 뇌물을 받아치우니 과거응시자보다 더 높은 벼슬에 있는 경우가 많다" 그러니 "이러한 폐단을 극복하지 않고는 진정 도를 아는 어진 이를 구하기 힘들다"고 하면서 과거제의 부활을 강력히 추진했다. 하지만 전통적인 권문세족, 친원파 집단이 정권을 좌지우지하는 상황에서 분경금지법은 왕의 힘만으로 실시가 어려웠다. 신돈을 등용하여 그 부정의 폐단을 극복하려 했지만 오히려 그마저도 귀족들의 반대를 얻어 제거된 것은 잘 알려진 사실이다.

분경 금지법이 강력히 실시된 것은 조선시대에 들어와서 였다. 그것은 왕권 강화라는 조선초 국왕의 정치철학과 관계 있는데 특히 태종의 노력이 컸다. 최초로 분경을 금지한 왕은 정종이었다. 즉 1399년 정종(定宗)은 하급관리가 상급관리를 방문하지 못하도록 명령했는데 사실상 태종에 의해 실행되었다. 다만 참소나 모함의 우려를 걱정해 이들에 대한 엄벌을 강조한 것이 특징이었다.

1401년(태종 1년) 태종도 삼군부(三軍府)에 명하여 무신(武臣)의 집에 분경하는 것을 금했다. 사헌부에서는 집정가(執政家)의 분경을 금했고,

삼군부와 사헌부에서는 관리로 하여금 그 집을 파수하게 해, 방문자는 귀천을 막론하고 이유도 묻지 않고 가두었다.

그러나 성종(成宗) 때에는 이 규정을 완화해 "지금 재상의 집에는 비록 친척과 친구 사이에도 왕래를 못하고 경조(慶弔) 등의 예(禮)도 행하지 못하니 이는 본래의 입법 취지에 어긋나는 것이므로 앞으로 이조 · 병조의 당상(堂上), 이방(吏房) · 병방(兵房)의 승지인 도승지와 좌부승지(左副承旨), 도총부(都摠府)의 당상과 오위(五衛)의 위장(衛將), 장례원(掌隷院), 판결사(判決事) 등을 제외한 자는 금하지 말도록 하라. 그리고 권문(權門)에 아부해서 청탁하는 자는 법에 의해서 처단하도록 하라"고 했다. 성종 때 반포된『경국대전』에는 상급관리의 집을 방문해 엽관운동을 하는 자는 곤장 100대의 형을 가해 3,000리 밖으로 유배했다고 한다.

장 100대면 사실상 사형에 가까운 징계이고 유형 삼천리 라고 한다면 사실상 조선에 거할 수 없는 추방령에 해당되는 셈이었다. 뇌물 금지가 아니라 분경을 금지한 것은 돈이나 뇌물을 받아야만 성립되는 그런 낮은 차원의 부패방지법이 아니라 권력수수와 매관매직을 성립케 하는 고위층 방문 그 자체부터 적용되는 아주 엄격한 법체계였다.

분경 금지는 처음 왕족이나 집정관에 대해서 강하게 추진되었지만『경국대전』단계에는 그 금지범위가 삼사의 관리들까지 적용되고 있다. 이는 왕권의 안정을 바탕으로 종친부의 발호를 막고, 신권의 확대를 견제하기 위한 수단이었다. 이에 분경금지대상은 이조와 병조의 관리, 사헌부나 사간원의 관리들 판결사와 같은 관리의 집에 같은 성씨의 8촌간이나 다른 성씨의 6촌 간이나 아내쪽 6촌 간, 사돈간이나 이웃간이 아니면서 드나드는 자로 규정하고 있다.

당시가 대가족체계로 이뤄지고 있다는 점을 염두에 둔다면, 한 집안에도 8촌, 10촌, 일가하여 몸을 의탁하거나 도우면서 사는 가족체계 아래서 분경금지가 친족 8촌 이외로 규정한 것은 무척 엄격한 법제라고 평가할 수 있다. 그러나 분경금지 대상을 주로 왕족이나 삼사의 관료들에 해당되었지만, 정작 왕비족 즉 외척에 대한 분경금지는 달성하지 못했다. 특히 외척이 왕권보다는 주로 귀족권을 대변하는 기구로 역할이 컸다는 점을 상고해볼 때 사실상 분경금지법의 일차적 대상인 왕비족에 대한 철저한 견제가 실패했음이다. 이것은 두고두고 조선왕조가 외척정치, 세도정치로 가게 되는 결정적인 원인이 되었다.

왕비족에 대한 견제가 어려웠던 것은 왕비족이 가지는 두 가지 측면, 왕권 수호의 면과 귀족권과의 마찰 완충이라는 역할에 역대 왕들이 비중을 두고 보았기 때문으로 보인다. 비록 왕비족이 귀족권을 대표하는 위치에서 권력의 세도화를 진행시켜가는 속성을 지녔다고 해도, 중국처럼 전제성을 형성하지 못한 우리 나라 왕권의 취약성은 언제든지 강력한 귀족권에 의해서 제지받는 운명이었다. 그러한 상황에서 혈연으로 엮어진 외척은 오히려 귀족권의 조정자에 불과한 왕권의 실질적인 안정성을 보장해주는 역할을 한 것이다. 분경은 그래서 왕비족에게 미치지 못한 것이었다. 이처럼 조선시대 부정방지법은 아주 세련된, 법적인 측면에서 보면, 완벽에 가까울 정도로 정치하게 구성되어 있었다.

탐오죄에도 법정 증거주의가 채택

상피와 분경금지법을 위반했을 경우 그 형벌은 상상을 초월했다. 요즘의 뇌물수수죄는 잠시 교도소 생활만 하면 되지만 조선시대에는 이 경우 자손대대로 공직에 취임할 수 없었다. 5대 이내로 관직을 갖지 못하면 자연스럽게 양민으로 전락하던 조선시대였던 만큼, 가문의 양반 신분을 수호하기 위해서라도 분경금지법을 어기는 일은 무척 위험한 행위였다.

이런 조치는 관직의 독점 금지와 관직의 공공성을 높이려는 조선 초기 제왕들의 정치철학이 반영된 것이었다. 관직의 공공성을 높이기 위해선 분경이나 상피 뿐만 아니라 아주 세세한 곳까지 제도가 마련되어 있었다. 예를 들어 관청에 사적으로 개인 용무로 드나드는 경우 장형(杖刑) 80대를 내렸고, 백성을 분탕질하는 탐관오리는 아예 대장(臺帳)을 만들어 자자손손 관직에 등용할 수 없도록 했다. 사실상 자손대대 양반 신분을 박탈하는 조치였다.

전통 사회에서는 과학적인 수사가 불가능해 자칫 부정부패의 누명을 쓰는 경우를 대비하는 배려를 아끼지 않고 있다. 즉 탐오죄나 분경금지법을 위반한 경우라도 확실한 증거주의가 채택되었다는 점이다. 『경국대전』은 소문만 가지고 절대로 관리의 탐학 사실에 죄를 더하지 못하게 하는 증거법정주의를 채택하고 있었다.

관직의 공공성을 높이기 위해 지방 수령이 다른 지역에 사사로이 출장가는 일을 엄격히 금하고 있었다. 이는 어명을 어긴 죄로 처벌했다. 즉 조선 정부는 지방관리가 다른 지역으로 출행할 때 발생할 민폐와 백성에 대한 탐학질에 대한 고민을 그렇게 해결하고자 했다.

관직의 공공성을 확보하기 위해 직무고과도 엄격하게 적용되었다. 관리에게는 고과(考課)라고 해서 매달 관료의 근무실태조사가 실시되었고, 관청의 관리들은 반드시 묘시 즉 아침 5시~7시에 출근해 유시 즉 오후 5시~7시에 퇴근했는데, 특히 종친이나 높고 낮은 관리로서 일회 즉 전체 모임에 여러 가지 핑계로 참가하지 않는다면 요즘의 검찰에 해당하는 사헌부에 출두할 정도였다.

하급 관리의 부정부패를 막아라

『경국대전』 권5 형전 원오향리(元惡鄕吏) 항목에는 오늘날의 지방 하급관리에 해당하는 아전들의 부정부패에 대한 처벌 조항이 규정되어 있다. 그 내용을 보면, 고을 수령을 조종해 마음대로 권세를 부린 자. 몰래 뇌물을 먹고 부역을 면해준 자. 세금을 받을 때 수고비 등을 받은 자. 불법으로 양민을 부역시킨 자. 농장을 만들어 백성을 부리는 자. 마을에서 분탕질한 아전. 권세가에 붙어 아전 신역을 하지 않은 자. 아전 신역을 모면하려고 촌락에 도망한 자. 관청의 권위를 빙자해 백성들을 못살게 구는 자. 양인의 딸이나 관청 여종을 첩으로 삼은 자 등등을 원오향리 즉 사악한 시골향리라고 부르고, 엄한 형벌을 강조하고 있다.

아전들의 부정이 발각될 경우, 누구든 서울에 있던 경재소(각 출신 지방을 돕거나 감시하기 위해 서울에 설치한 지방 감독관청 - 주)나 사헌부에 신고할 수 있도록 했다. 이에 도형죄를 범한 경우는 아전의 출신 지방에 있는 군소 역참 소속 아전으로 영원히 붙잡아 두게 했다. 그리고 죄질이 높아 유형(귀양)에 해당하는 범죄를 범한 자는 다른 도(道)의 군소 역참에 평생 박혀있게 했다.

역참은 주로 천인들이 거주하는 곳으로 오늘날로 말하면 공무원이 가장 가기 싫어하는 백령도나 벽오지역에서 일평생 고된 향직을 수행해야만 했다. 일반 양인보다 훨씬 가혹한 생활을 감당해야만 하는 것이었다.

이처럼 부정부패는 고리를 달고 다녔다. 고려시대 그 엄격했던 분경금지법이 유명무실화한 것은 다름 아닌 왕 그 자신의 엽관, 매관행위에 의한 것이었다. 법을 만드는 사람이 법을 무너뜨렸던 것에서 그토록 훌륭한 전통사회의 반부패법이 귀족 양반들의 부정부패를 막는 데 아무런 효과도 볼 수 없었던 것이다.

제 9 강

우리가 몰랐던 우리문화

놋그릇 이야기

놋그릇은 산천의 순응을 가져온다

『고려사』를 보면 당시 쓰던 놋쇠는 자연산을 그대로 가공한 것이 없었다고 한다. 귀족이나 왕실에서 사용하던 놋쇠는 대체로 중국의 것을 수입한 것으로 볼 수 있다. 하지만 고고학적으로 삼국시대 이래 각종 불상의 제조나 사찰의 제사도구 그리고 각종 생활용품이 황동이나 청동을 사용한 것이 많다는 점에서 고려시대까지 자가 제조가 되지 못했다는 기록은 의심스럽다.

그것은 공민왕 6년(1357년) 윤(閏) 9월의 기록에서 당시 사천 소감(司天少監)이었던 우필흥(于必興)이 다음과 같이 글을 올렸다.

> 『옥룡기(玉龍記)』 즉 『도선기(道詵記)』에 보면'우리 나라가 백두에서 시작하여 지리(智異)에 마쳤으니 그 형세가 수(水)를 근(根)으로 목(木)을 간(幹)으로 한 땅인지라 흑(黑)으로 부모를 삼고 청(靑)으로 신(身)을 삼았으니 만약 풍속이 토(土)에 순응하면 창성하고 토(土)를 반역하면 재변이 일어날 것이다'(중략) 풍속이란 군신의 의복, 관개(冠盖) 악조(樂調) 예기(禮器)인 바 또 모든 산에 솔을 심어 빽빽하도록 하고 무릇 그릇은 유동(鍮銅) 와기(瓦器)로 하여 풍토에 순응케 하소서.

여기서 중요한 지적으로 『도선기』에 놋그릇이 산천의 풍토를 순응하게 만드는 효험이 있다는 사실을 전해준다. 따라서 고려 초기 놋그릇은 풍수지리사상과 연결되어 전국적으로 사용될 가능성이 있었다는 점을 반증해준다.

한편 의종 18년(1164) 3월에 차내전숭반(借內殿崇班) 조동희(趙冬曦)와 차우시금(借右侍禁) 박광통(朴光通)을 송나라에 보내어 유동기(鍮銅器)를 바쳤다는 기록이 있는데 그것은 중국에 보낼 정도로 고려의 놋그릇이 나름대로 이름을 떨쳤음이다.

또 놋쇠는 금은과 더불어 중요한 부의 축적 수단이었다.

> 내시 유방의(劉邦義)·진득문(秦得文)·이송(李䃞)·김응화(金應和)·김존위(金存偉)·정중호(鄭仲壺)·희윤(希胤)·위작연(魏綽然) 등이 별공(別貢)을 제정(制定)하여 금(金)·은(銀)·유동(鍮銅)·기명(器皿)이 산과 같이 쌓이니, 이로 말미암아 총애를 받아 불차(不次)로 관직이 내려도 언책을 맡은 자는 모두 임금 뜻에 아부하여 한 사람도 직간(直諫)하는 자가 없었다(『고려사』1169년 2월).

고려 전기에도 놋쇠가 중요한 별공에 쓰이는 물자로써 재화의 축적 수단으로 이용했다는 점을 분명히 하고 있다.

놋쇠와 사대모화

고려 놋쇠에 대한 기록은 몽골침략 시기에 자주 나오고 있다.

> 1262년(원종 3년) 몽골이 안탈릉철아와 예부시랑 유헌(劉憲)과 접반사 강화상(康和尙) 등을 보내와 매와 좋은 구리[好銅]를 찾았는데 나라에서는 호동(好銅)이란 적동(赤銅)인가 의심해 유헌(劉憲)에게 물으니 사헌부가 답하기를 호동은 놋쇠라 하므로 이에 재추(宰樞)로부터 6품(品)에 이르기까지 놋쇠를 거두되 차등 있게 했다.(『고려사』).

이때 왕은 몽골이 놋쇠를 요구한 데 대하여 다음과 같이 말하고 있다.

> 성지(聖旨)에 매 봉헌이 늦은 데 대해 말씀하시고 놋쇠 2만근을 진헌하라고 칙명했는데 매는 일찍이 때를 맞추어 잡아서 장차 바치려고 잘 길렀고 놋쇠(好銅)는 처음 조지(詔旨)를 보고 적동(赤銅)인가 의심했다가 내사(來使)에게 물은즉 놋쇠라 하옵기에 이 물건은 소국의 압록강(鴨綠江) 안에서는 본래 생산되는 것이 아니오. 오직 상조(上朝)의 한토(漢土) 안에서 사들여온 것이오니 말을 어찌 망령되게 꾸미리까. 세상이 다 아는 바입니다. 그러나 성칙(聖勅)에 어김이 있을까 하여 이 때 있는 바를 다 털어 수집(收集)하여 바치는 것입니다.

이에 왕은 고예(高汭)를 보내 매 20수(首)와 호동(好銅) 612근과 황지(黃紙)·백지(白紙) 각 1백 장을 바쳤다. 하지만 원래 몽골은 놋쇠 2만 근을 요구했는데 고려는 귀족 관료가 소유한 612근의 놋쇠만 공출해 올리게 되었다. 그러면서 놋쇠는 고려에 나지 않고 중국에서 사들여온 것이라는 이유를 들어 많이 보내지 못함을 변명했다.

그리고 공양왕 2년의 기록에서도 이런 내용이 있다.

> 놋쇠와 구리는 우리나라에서 생산되는 물건이 아닙니다. 원컨대 이제부터 구리와 쇠[銅鐵]로 만든 그릇을 금하고 오로지 자기(瓷器)와 목기(木器)를 써서 습속을 고치도록 하소서(『고려사』).

이처럼 고려는 몽골의 과도한 놋쇠 요구에 대해 본방에는 전혀 나지 않는 것이라고 하면서 과도한 공출을 피하려 했던 것이다.

국제적으로 알아주던 고려의 놋쇠

우리나라에서 놋쇠를 일반인들이 사용하지 않았다는 것은 사실이 아니었다. 즉, 조선초기 국조 단군을 모신 국사당의 제기(祭器)를 귀한 금은 보다는 놋쇠로 하라고 한 기록이나 성종 때 흥덕현감 임은은 옛 고분을 발굴해 많은 은·놋그릇을 발굴해 착복했다는 기록 등에서도 확인된다. 그런데도 고려가 놋쇠가 나지 않았다고 하는 것은, 자연석으로서 황동의 채취가 어려웠던 면 외에도 몽골의 과도한 공출 요구에 대한 정치적 대응의 결과로서 해석할 수 있다.

고려시대의 기록에서는 자세히 나오지 않지만 조선 초기의 실상을 보면 고려시대 놋쇠 제조기술이 얼마나 뛰어났는지 증명해준다. 세종 12년(1430년) 박연이 조선의 악기를 정리하는 과정에서 유기 기술자들의 도움을 얻었는데, 그 이유는 예악에 필요한 편종(編鐘)이 바른소리[正音]를 내도록 한 조치였다. 이는 조선 초 유기공의 유수한 실력을 능히 짐작하게 해준다. 또『고려사』에서도 고려시대에 편종이나 편경의 재료로 어김없이 놋쇠가 사용되었다는 기록이 자주 나타난다. 뿐만 아니라 조선의 유기공들은 사물의 고유한 음소를 제압할 만큼 세련되고 정밀한 금속 세공력을 가지고 있었다.

이렇게 뛰어난 우리 나라의 유기 제조 기술은 일본에도 알려져, 세종 이후 조선산 유기를 여러 차례 요구하기도 했다. 중국과의 밀무역 품목에서도 조선산 유기는 각광을 받았다. 중종 대(1522년) 당시 평안감사는 서울 장사치와 황해도 사람 등 13명이 유기와 인삼을 몰래 가지고 나가 요동지방에서 팔고 돌아오다가 선천에서 붙잡혔다는 장계를 올렸다. 당시 국법으로 금하던 무역을 그것도 역관이나 사신이 아니라 일반 장사꾼이 손대었던 것이다. 그만큼 유기 장사는 경제적 부가가치 면에서도 인기가 있었다.

우리 생활 속의 몽골 문화

상투도 알고 보면 몽골식 변발

몽골 하면 고려시대 때 30년간 우리나라를 침략해 우리에게 갖은 고초를 안겨준 민족이고, 칭기스칸의 세계 정복을 통해 알 수 있듯이 민족성이 강하면서도 무지막지하다는 뉘앙스를 떨칠 수 없는 민족이다. 그러면서도 우리와 얼굴색이나 생활습관이 비슷하다는 점에서 친밀감을 주기도 한다. 한국사에서 몽고 침략기는 고려 고종 때(13세기 초)부터 공민왕 때(14세기 중엽)까지 약 150년을 말한다. 당시의 침략으로 우리 문화재가 많이 소실되었는데, 이것은 우리가 당한 상처의 일부에 불과하다. 우리가 잘 아는 속어인 '여인이 한을 품으면 오뉴월에 서리가 내린다'는 말도 이때 몽골에 차출됐던 고려 공녀의 한을 일컫는다.

몽골 침략군의 잔혹성이 어디까지 미쳤을까? 몽골 침략 당시, 항복하지 않았던 춘천의 경우 몽골병에 의해서 모든 인마(人馬)가 하나 남김없이 몰살되었다고 한 것처럼 크고 작은 집단 학살이 적지 않게 일어났다. 설사 죽이지는 않는다 해도 항몽 기간 동안 몽골군은 한해 평균 20여 만의 고려인을 잡아가, 만리타향에서 노비로 만드는 등 온갖 악행을 일삼았다. 원나라에서 20년 동안 종살이를 하던 어머니와 자식인 어느 고려 양반이 만났지만, 서로 누군지 몰라 애태웠다는 이야기가 전해질 만큼 당시의 피눈물 나는 실상도 짐작하게 해준다.

민중의 힘겨운 몽골과의 투쟁에도 불구하고, 세계화된 몽골문화에 매료된 일부 매국적 세력과 권문세족들은 다투어서 몽골 문화를 고려에 수입하고, 전통적인 우리 문화를 왜곡하는 데 기여했다. 그럼으로써 우리나라 곳곳에 몽골의 풍속이 침투했고, 오늘에도 생활 곳곳에 그 자취가 남아 있다. 몽골의 습속이 남게 된 것은 침략과 약탈로써만이 아니라 혼인관계와 문화교류도 큰 계기가 되었다. 특히 왕이 원의 공주와 결혼해 왕실 자체가 몽골에 동화되면서 그 왕 밑의 고려 귀족도 다투어 몽골식 언어 습속 학문 물산 등을 수용했고, 각 분야의 몽골 풍속이 널리 유행하게 되었다.

칭기즈칸의 고사를 다룬『몽골비사』에는 허엘룬이라는 여성이 적에게 쫓겨 도망가는 신랑에게 사랑의 징표로 자신의 참츠(chamcha)를 벗어주었다는 기록이 있는데, 이와 비슷하게 한국에도 여인들이 자신의 속옷을 벗어 사랑의 징표로 준 기록이 여러 사서에 나온다. 이 속옷을 주는 풍습은 우리가 몽골과 같은 북방계통이라는 증거일 것이다. 몽골의 참츠는 남성용 옷으로 우리 나라의 두루마기와 비슷하다. 그 중에서 가도르 참츠는 저고리, 도토르 참츠는 바지이다. 원래 기마 민족들은 기마를 위해 바지와 저고리를 구분해 입는 습관이 있는데,『고려사』에도 자주 나오는 호복(胡服)이 바로 그러한 몽골 의상이다. 한국 여인의 치마가 중국과는 달리 주름이 지어 있고 또 둘러 입는 것은 기마를 위한 효율적 방편이었다.

몽골 풍속 중, 조선조 우리 여인네들에게 정절수호의 상징으로 소중히 간직되었던 장도(粧刀)가 있었다. 장도칼로 불리었고 주머니 속에 넣거나 옷고름에 늘 차고 다녔다. 노리개용은 패도(佩刀), 주머니 속에 든 것은 낭도(囊刀)라 했다. 칼자루와 칼집의 재료는 물소 뿔이나 소뼈 혹은 침향이나 호박, 비취, 옥, 금강석 등이었는데 주로 노리개용 장도에 장식이 많았다. 은젓가락을 단 장도가 있는데 이것은 밖에서 식사할 때 사용하거나 음식의 독의 유무를 판별하는 데 사용했다.

여성의 귀고리 풍속도 몽골 침략기에 상륙한 것이다. 본래 귀고리는 남성 전용이었다. 당시 많은 남성이 자신의 멋과 지체를 표현하기 위해 이용했지만 몽골 침략 이후에는 여성이 귀를 뚫고 고리를 단 채 거리를 활보하게 되었다. 신부가 결혼할 때 하는 연지나 족두리가 몽골 풍속이라는 것은 잘 알려진 것이다. 족두리는 결혼식이나 의식 때 부인들이 쓰던 관인데 족아(簇兒) 족관(簇冠)이라고도 한다. 검은 비단으로 만들어 아래는 둥근 원통형이고 위는 분명하지 않게 6모가 졌으며, 솜이 들어 있고 가운데를 비워서 머리 위에 얹었다.

육당 최남선은『고사통』에서 '여자의 예장에 쓰는 족두리는 몽골에서 사대부가의 부녀가 외출할 때 쓰는 모자'라 해 족두리가 몽골 풍속임을 알려주었다. 실제로 몽골에는 기혼 여성들이 복타(bogta)라는 모자를 썼는데, 이것은 한국의 족두리 모자와 연관이 깊다. 예로부터 몽골 부인들은 모자 위에 새 깃털이나 낙타의 목 부분에 있는 긴 털 즉 족도르(jugdur)를 붙여 장식하는 관습이 있었다.『몽골비사』에 나오는 촉타이 에메(chogtai eme) 즉 "족도르를 붙인 복타 모자를 쓴 부인"이라는 뜻이다.

『고려사』 열전 후비편, 충렬왕 항목에 "숙창 원비 김씨는 김양감의 딸로 자태가 아름다웠다. 몽골의 황태후가 사신을 보내어 원비에게 고고(姑姑)를 내렸는데, 고고란 것은 몽고 부인이 쓰는 모자였다. 비가 고고를 쓰고 원의 사신에게 향연을 베풀었다"는 복타 모자에 관한 기록이 있다. 여기서 고고는 복타의 중국식 표현인데 복타에 달린 족타이(chogtai; 털)를 특화해 족도리, 족두리하면서 부르다가 결국 이것이 복타 전체를 지칭하는 것으로 굳은 것으로 보인다.

그런데 족두리 풍속이 우리나라에 널리 퍼진 것은 조선 영·정조 시대였다. 이들 왕이 화관과 같은 과도한 장식을 금지하는 한편 검소한 생활을 위해 족두리 사용을 장려한 결과였다. 이렇게 검소한 생활을 위해 장려한 족두리에도 화관과 같이 지나치게 많은 패물을 장식해 문제가 되기도 했다. 족두리에 아무 장식이 없이 검은 비단으로만 된 것을 '민족두리'라 했고, 옥판(玉板)을 밑에 받치고 산호와 구슬·진주를 꿰어 만든 것을 '꾸민 족두리'라 했다. 어염머리의 밑받침으로 쓰는 것으로 솜을 채워 부피를 크게 만든 '어염족두리'라는 것도 있었다.

조선시대나 요즈음 어린 여자아이의 머리를 갈래를 지어 땋는 방식도 몽골 풍속이 전해진 것이다. 또한 신부 복식으로 '도투락댕기'는 몽골 기혼녀의 머리장식으로 쓰는 도톨이에서 온 것이다. 또한 남성들이 상투를 틀 때 정수리 부분의 머리카락을 잘라내어 가려움을 예방했는데 이는 몽고식 변발에서 기원한 것이다. 몽골식 변발을 최초로 한 사람은 고려 원종의 태자인 충렬왕인데, 1274년 원나라에서 몽골 호복과 변발을 하고 돌아온 이후 고려 상류층에 몽골 문화가 널리 퍼졌다. 몽골 문화의 영향은 여기서 끝나지 않았다.

토착화된 몽골문화는 우리 문화

풍산개도 몽골과 관계가 있다. 당시 몽골 기마부대는 카라불루간닥쿠(khara bulugan dakhu)라는 검은 담비털로 만든 외투를 입었는데, 검은 담비털 외투는 수달피와 같이 매우 귀한 의복이었다. 『고려사』에는 몽골군이 산천으로 들어가 담비나 수달을 잡는 기사가 많이 나오는데 이때 북한의 명견인 풍산개가 몽골군의 담비나 수달사냥에 이용되어 유명해졌다고 한다. 뿐만 아니다. 옛적의 공복인 단령(團領)이나 비올 때

신는 무인들의 장화인 수화자(水靴子), 그리고 남자가 입었던 소매가 좁은 옷인 착수의(窄袖衣)와 홀태바지는 모두 몽골식 의복이나 신발류였다. 북방 민족들은 전통적으로 중국과는 반대로 옷깃을 왼쪽으로 여미는 습관을 가지고 있었다. 그러나 몽골족은 북방 유목민족 중 특이하게 옷깃을 오른쪽으로 여미는 습속을 지녔는데 우리나라도 오른쪽으로 옷깃을 여미고 있다.

동몽골의 다리강가 지방은 고대 코리(貊)족의 이동로와 관계가 있다. 또, 그들이 한국을 색동저고리와 유관한 솔롱고스(무지개)라 일컫는 바, 이 지역 종족과 코리족은 어떤 연관이 있을 것 같지만 정설은 없다. 신라의 유물 가운데 기마인물상을 묘사한 토기가 있는데, 이 토기의 신발 끝이 위로 치켜 올라가 있는 것을 알 수 있다. 이는 기마 민족들이 말을 타고 회전할 때 사용하는 것이다. 몽골의 전통적인 신발도 모두 신발 끝이 위로 올라가 있다. 우리나라 전통 신인 미투리의 끝이 올라가 있는 것도 그 영향이었다. 또한 몽골인들은 말을 타고 질주할 때 발걸이에 ⅓만 걸치는데, 이는 말에서 빨리 오르내리게 하려는 것이다. 가야 고분에 나온 신발 보호개가 모두 신발의 ⅓ 크기에 불과한 것도 이와 연관이 있다.

몽고어로 당신이라는 뜻인 '치'가 몽골침략기에 우리나라에 퍼져 '장사치' '시정아치' 등 말끝에 치[赤]를 붙이는 언어습관이 생겼다. 그리고 왕의 진지상을 수라[水剌]라고 하는 말, 여자들이 다리를 넣어 머리를 땋는 일, 절다말[赤馬] 가라말[黑馬] 등이 몽골식 이름이다. 역사적으로 몽골과 한국은 음식을 조리할 때 탕을 위주로 한다. 기름에 튀기는 것을 위주로 한 중국이나, 바베큐를 위주로 한 돌궐이나 유럽과는 큰 차이를 가지고 있다.

이러한 음식문화의 유사성으로 인해 원대에는 고려 음식인 생선탕이나 송편, 인삼주 등이 몽골에서 유행했다고 한다. 또한 갈비를 먹을 때 끝까지 벗겨 먹는 것도 두 민족만의 특징이다. 한국인들이 아침이나 점심식사로 즐기는 설렁탕은 본래 몽고식이다. 아니, 설렁탕이라는 용어 자체가 원대에서 사용했던 말이었다. 설렁탕을 먹을 때 몽골인들은 모두 소금으로만 간을 하고 있는데 한국의 설렁탕도 그렇다. 개고기를 먹는 풍속도 몽골과 관계가 있다. 오늘날의 몽골인들은 폐병환자들을 제외하고는 개고기를 먹지 않지만 마르코폴로의 여행기에는 고대 몽골인들이 개고기를 즐겼다는 기록이 나온다. 폐병환자들이 개고기를 먹는 방법은 수육 혹은 한국의 개소주처럼 즙을 내어 먹는다고 한다.

유목민들이 즐겨 마시는 술은 말젖에 담근 술이나 아이라크를 발효한 쉬밍아리흐이다. 그러나 특별한 경우에는 40도 가까이 되는 '아리흐'(독주)를 마신다. 이 독주는 칭기스칸 때 위구르에서 전래된 것으로 기원지는 아라비아이다. 맨 처음 '알콜'이라는 이름으로 시작된 이 독주는 고려 때 전파되었는데, 바로 그것이 유명한 안동지방의 안동아랭(안동소주)이다. 격구(polo)도 본래 몽골의 놀이로, 고려에 전파되어 고려인들이 매우 즐겼다는 기록이 있다. 그러나 지금은 몽골에서 자취를 감추었다.

몽골에서 가장 보편적이던 놀이는 씨름이었다. 일본의 스모도 한국의 씨름이 일본식으로 변화되었다는 설이 있는데, 몽골어에서 한국어나 일본어의 '씨름 혹은 스모'에 대응하는 말은 "격한, 포악한"이란 뜻을 지닌 '쉬룬(sirugun)'이란 단어를 사용하고 있는 점에서 문화적 연관성을 알 수 있다. 몽골에서 가장 귀하게 치는 것이 담비털이다. 우리나라 전통무예지인『해동도지』에도 씨름의 승자에게 담비털 모자를 씌워준다는 기록이 있는데 이 또한 몽골 풍속에서 온 것으로 보인다. 몽골 부리야트에서는 한국의 씨름과 마찬가지로 샅바를 매고 씨름을 한다.

요즘 불고기는 일본 음식인, 회덮밥은 한국 음식이란 말이 있다. 그것은 가장 우리의 전통음식인 불고기가 일본식 야키니쿠화하는 현상, 또 그 반대로 가장 일본적인 초밥이나 회덥밥이 완전히 일본식과 다른 한국음식으로 정착하게 된 현상이다. 이와 같이 몽골에서 온 족두리나 연지, 그리고 댕기머리를 더 이상 몽골풍속으로 이해할 수는 없을 것이다. 오히려 몽골 입장에서조차 그것은 생소한 것이라 할 수 있다.

이처럼 몽골문화는 처음 들어왔던 때의 모습과는 전혀 다르게 한국인의 필요에 의해서 변형되었고 토착화됐다. 이미 장사치라는 말은 순수한 한국어가 되었고, 댕기 풀어 맹세하는 사랑 약속은 한국인의 전통적인 사랑법이 되었다. 그만큼 몽골 문화는 우리 생활 곳곳에 배여 있으며, 이는 몽골치하에서도 적극적으로 외국 문화를 수용하여 우리 문화화한 결과이다. 일부에서 이것이 마치 몽골의 강요로 몽골에 아부하기 위한 비열한 행적의 결과라는 비아냥도 하지만 그래도 현존하는 몽골문화 상당부분은 우리 전통문화를 더욱 풍성하게 하는 역할을 한 것은 분명하다.

왕과 재혼한 고려 여성

화랑 사다함의 어머니

'측간과 처가는 멀수록 좋다' '보리쌀 서말이면 처가살이를 하지 않는다' 등의 속어는 아마도 가부장적인 사회체제 안에 갇힌 한국 여성의 비애를 종합적으로 대변한 말이다. 이러한 가치관은 오늘날까지 전해져 가정의 평화와 부부의 신뢰를 깨는 중요한 단서가 되고 있다. 보수적인 남성 사이에서 술안주 삼아 이야기하기도 하고, 마치 이 말이 우리 민족 수천 년의 전통에서 비롯된 양하지만 실제로 그런 관념은 그다지 오래되지 않았다.

역사를 돌이켜보면, 주체적인 한국 여성의 삶이 제약된 것은 조선 후기 이후에 나타난 현상임을 알 수 있다. 그 이전의 여성은 자신의 이름을 당당히 드러내고 재산과 권력 그리고 제사에서 균등한 상속을 당당히 주장할 수 있었던 강한 여성이었다. 신라시대 때 중국에는 없는 여왕이 실재했다는 점에서도 그렇고, 조선 초기에는 인수대비와 같은 걸출한 인물이 등장해 자신의 학문과 정치력으로 권력과 역사를 주무르기도 했다.

조선 후기 때처럼 이름을 잃어버린 채 광주 노씨, 안동 권씨로 불렸거나, 오늘날처럼 아무거시 엄마, 뚱땡이 아줌마와 같은 불특정의 이름으로 불린 것은 아니였다. 그때는 유화, 지소, 관나, 수로, 덕만, 요석, 선화, 남모, 준정처럼 자기의 이름을 당당히 주장할 수 있었던 여성이었다.

뿐만 아니라 김대문의 『화랑세기』에 나타난 신라 초기 권력은 제사를 모시는 대원신통(代元神統 : 왕 또는 왕족에게 처첩 또는 색공을 바치는 여자를 공급하는 집단의 계통) 계열이 장악하고 있었는데 이는 모계 혈통으로 추정된다. 당시 이들 세력은 군사, 정치 부문을 담당하던 부계 중심의 진골정통(眞骨正統) 계를 압도하고 있었다. 뒤에 진골 정통이 권력을 장악하게 된 신라 진흥왕 시대에 와서도 낭도들을 이끈 이는 여성인 남모와 준정이었고, 이들이 화랑의 효시가 되었다.

한편『화랑세기』에는 신라 화랑 사다함이 법흥왕비의 아들이었다는 사실을 밝히고 있다. 즉 법흥왕비가 남편 몰래 외간 남자인 구리지와 측간에서 만나 정을 통해 결국 화랑 사다함을 낳았다는 이야기이다. 어떻게 한 나라의 왕비가 외간 남자와 정을 통하고 게다가 자식까지 낳았으며, 자식이 화랑까지 될 수 있었을까 놀랄 일이다. 우리가 똥〔人糞〕을 보고 구린내 난다고 표현하는데 혹시 사다함의 아버지인 구리지가 측간에서 왕비와 정을 통한 것에서 유래한 것은 아닐까 상상해본다.『화랑세기』가 고서이고 위작일 가능성도 많은 자료라지만 적어도 신라의 여성들은 남성 이상 가는 성적인 자유와 정치 권력을 쥐고 있었다는 사실만큼은 확인할 수 있다.

진성여왕(眞聖女王)과 각간 위홍(魏弘)의 사랑 이야기는 근친혼을 통한 왕실의 안정이라는 정치적인 의도와 더불어 신라 여성들의 자유연애 사조를 잘 반영하고 있다. 이처럼 한국의 고대 왕국에서 보였던 여성의 막강한 파워는 고려시대까지 그대로 이어지고 있었다.

일부일처제

전통적으로 우리나라의 혼인제도는 일부일처가 원칙이었고, 고려 태조 왕건처럼 정치적인 목적을 가지고 29명의 비를 둔 경우는 특별한 경우일 것이다. 몽골의 침략과 지배 아래서 그들의 전통인 일부다처제가 수용되었으나 고려에 권문세가(고려말기 세력가문) 일부에서 그 관습을 받아들였을 뿐 일반인들은 도저히 꿈도 못 꾸었다.

일부다첩제가 고려 말에 국가적으로 장려되었다고 하지만 그것은 다른 의미를 가지고 있다. 즉 조선시대의 축첩 풍속과는 달리 몽골, 홍건적, 왜구 등 잇따른 대규모 전쟁 가운데 생산력을 주로 담당하는 남성의 수가 크게 준 것에서도 원인이 있겠다. 이 초창기 축첩의 논리는 전쟁과 시대적 요구에 기초한 것이지 여성 권위의 하락과는 관련이 없다.

한때 박유라는 재상이 전쟁으로 남성이 부족하니 축첩을 허락하자는 상소를 했다가 '거렁뱅이 늙은이'라는 백성의 야유를 받았다. 이윽고 자신의 아내에게도 혼이 난 그는 상소를 되돌릴 수밖에 없었다는 이야기가 전해지는데 당시 막강했던 고려 여성의 파워를 대변하는 것이다.

그러다 보니 고려시대에는 사위를 데리고 사는 것 즉 서류부가혼(壻留婦家婚) 제도가 널리 관행화되었다. 사위가 처가에서 손자까지 보는 경우도 있었는가 하면 시집을 가더라도 남편이 죽어 과부가 되어도 고려시대의 과부는 친정에 돌아와 생활하고 있다. 자유롭게 친정 나들이를 할 수 있고 친정 부모를 모실 수 있었던 고려 여성의 힘을 뒷받침하는 것은 역시 재산이었다.

재산의 상속도 철저한 균분상속이 일반적이었고, 호적 작성도 아들 딸 순서가 아니라 출생 일에 따르고 있다. 딸 아들 구분 없이 공평한 재산 상속의 사례는『고려사』여기저기에 나타난다.『고려사』권 95 열전 이자연 전을 보면, "이자연이라는 사람은 부모가 세상을 떠나자 자신의 동생이나 누이에게 재산을 나눠주지 않아 당시 사람들의 비난을 받았다"고 기록하고 있고, 윤선좌 전에서도 "윤선좌(尹宣佐)가 문끼를 만들어 죽기 전에 아들 딸에게 공평하게 가업과 재산을 균분했다"라고 쓰여 있다. 또한 "손변이라는 관리는 형제자매간의 재산다툼을 잘 조정해 공평하게 상속시켜 백성으로부터 칭송을 받았다"는 기록도 나타난다.

재산이 똑같이 상속되다 보니 부모의 생전 사후를 책임지는 것도 공평했다. 딸 아들이 교대로 부모를 봉양하고 제사를 모시는 이른바 윤행(輪行)이란 것이 있어서 모든 것을 돌아가며 맡았다.

여성에 대한 배려는 사회적인 것으로만 그치지 않았다. 『고려사』에 의하면, 문종(文宗) 23년(1069)에는 외관의 아내가 서울에 있어 신병이 있는 자는 30일간의 휴가를 주라는 법을 제정할 정도로 여성에 대한 국가적인 배려가 있었다. 여기서 말하는 신병은 사망과는 다른 것이고, 여성에게 일반적으로 일어날 수 있는 임신, 출산, 질병 등을 포함하고 있다. 바꿔 말해 이미 고려시대 조정의 관리는 30일간의 출산휴가를 받을 수 있었다는 말이다.

왕과 재혼한 여성

과부가 수절해야 하는 조선시대와는 달리 고려시대에는 재혼이 비교적 자유로웠다. 놀라운 것은 왕의 부인 가운데서도 재혼녀가 있었다는 점이다. 고려 충렬왕의 비였던 숙창원비 김씨라든가 고려 충숙왕비인 수비 권씨의 경우도 전남편이 한미한 사람이라고 해서 이혼한 뒤, 왕과 재혼했으며, 순비 허씨도 원래 평양후 현에게 시집가서 3남 4녀를 낳았는데 다시 재혼해 충선왕의 비가 되었다.

숙창원비는 워낙 세도가 당당해서 원 황실의 황태후로부터 고고라는 관을 하사받고 스스로 그것을 쓰고 사신 환영연에 참석해 귀족들로부터 많은 폐백을 받았다. 이때 원비가 하사 받았던 고고가 우리가 잘 아는 족두리로 발전했다는 것도 이미 알려진 사실이다.

조선시대에는 기혼녀가 아들을 낳지 못하면 소박을 맞았다고 한다. 실제로 삼불거(三不去)라고 해서 마음대로 소박당하지는 않았다고 보이나 혼인을 계속 유지하는 것도 대단히 힘겨운 시집살이를 감내해야 했을 것이다. 그러나 고려시대는 아들을 못 낳는다고 이혼당하지 않았고, 남아 선호사상은 아예 존재하지도 않았다. 어느 대가의 묘비명에도 '무자(無子, 자식이 없다)'라는 내용이 있었던 것은 아들에 연연하지 않는 고려시대의 자녀관을 잘 보여준다.

고려가 아들 혹은 장자 중심의 가부장 사회가 아니었다는 것 고려의 친족 범위를 보면 분명하다. 조선시대 친족의 범위는 부계 8촌 모계 4촌이었다. 그나마 모계에 대한 예우는 그다지 극진하지 않았다. 그러나 고려시대는 공히 친족 범위를 부계 모계 모두 8촌으로 지적하고, 친족 내 모계 여성도 음서(과거가 아닌 혈연에 기초한 관료 등용방식)의 혜택을 받을 수 있었다. 외조부의 상에도 5복제에 입각해 1년간 상복 착용이 원칙이었다. 그러다 보니 친족내 부계와 모계의 차이가 거의 없고 호적에도 여성 쪽 계통도 상세하게 기록했다. 혹자는 아예 고려 때는 부계 혈연집단 즉 성씨 집단은 없었으며 심지어는 가문이라는 존재도 없었다는 견해가 있다.

이처럼 신라 고려시대 그리고 조선 초까지 한국의 여성은 친족공동체 내에서 막강한 권한을 가지고 있었고, 그러한 자유분방함이 다방면의 여성 인재를 양산하고 있었다. 예를 들어 친정부모로부터 학문을 익혔던 인수대비 한씨는 조선 초 정권쟁탈전의 최종 승리자였다. 또한 우리에게 현모양처의 표상이라 알려진 신사임당마저도 친정에서 율곡을 가르쳤으며, 임란을 이겨낸 명재상 유성룡도 처가살이를 했다. 성리학의 대가 김장생도 처갓집에서 문명을 날렸다.

어떤 면에서 조선후기는 우리 역사상 가장 정체한 시기로 볼 수 있다. 역사가 이처럼 뒤쳐졌던 것은 명분론과 사대 모화에서 비롯된 것이 적지 않지만 여성의 힘을 사회발전에 이용하지 않고 가두고 억압하려 했던 것에 큰 원인이 있다고 할 수 있다.

조선시대 남성이 했던 귀고리

액막이를 위한 귀고리

한때 머리를 노랗게 물들이거나 여성처럼 장발을 하여 머리띠로 묶고 다니는 젊은 남성들만 보아도 혀를 차는 어른들이 있었다. 그러나 곰곰 우리 역사를 반추하면 귀고리가 꼭 여성이나 왕의 전유물이 아니었다. 오히려 '신체발부(身體髮膚)' 운운하면서 머리카락조차 자르지 않았던 조선시대에도 남성들이 귀를 뚫고 귀고리를 하는 풍조가 일반적이었다. 임진왜란에서 군공을 위해 명나라 군인이 자주 조선인의 머리를 잘라서는 일본군 머리인양 위장하여 상을 받는 일이 빈번했는데, 특히 평양성 전투에서 명나라군인들은 무고한 조선인의 머리를 수천 개나 잘라서 포상을 신청했다. 그런데 그런 착오(?)를 해결할 방책이 있었으니 실제 죽은 왜군과 억울하게 죽은 조선인을 구분하는 방법도 바로 귀고리를 달았던 구멍이었다.

귀고리뿐만 아니다. 예로부터 한국 사람들은 장발을 묶어 둥그런 방망이 모양의 상투를 트는 전통을 가졌고, 오히려 서구적인 인상의 머리를 짧게 깎는 전통은 1895년 단발령 이후 생긴 문화다. 옛날에도 옻을 가지고 염색이나 탈색하였다는 기록이 남아 있다.

귀고리는 『고려사』나 『조선왕조실록』에서는 이식(耳飾) · 이당(珥) ·이환(耳環)이라고도 쓰는데, 귀고리는 글자 그대로 귀에다 다는 고리를 말하며 단지 귀에 거는 귀걸이와는 다르다. 원시사회나 고대사회에서 귀에 고리를 단다고 하는 것은 귀를 뚫어 고리를 끼운다는 의미인데, 이는 장식용이 아니라 주술적인 의미가 강하다. 실제로 신라 고분에서 출토된 유물을 보면 귀에 거는 태환[굵은 고리] 귀고리보다 귀를 뚫어 끼우는 세환[가는 고리] 귀고리가 많다. 그것은 비싼 금, 은 또는 금속제 귀고리를 통하여 부족에 닥칠 나쁜 일이나 재앙을 막고자 한 주술도구였던 것이다.

이처럼 고대사회에서는 천재지변과 각종 재난을 막기 위한 주술로서 다양한 통과의례나 신체변형 등이 자행되었다. 예를 들어 가야에서 편두(偏頭)라 하여 아기가 태어나면 머리를 큰 돌로 눌러 편편한 머리로 만들기도 하고, 발치[생이빨을 뽑는 것]하는 등이 그것이다. 서양에서도 예외가 아니어서 서양에서는 귀고리를 달면 시력이 회복된다는 믿음이 있었다. 또한 옛날에는 뱃사람들이 익사를 막는 액막이로 귀고리를 달았는데, 귀에 구멍을 뚫지 않으면 시력회복이나 익사방지의 효력이 없다고 하였다. 실제로 귀뚫기는 편두(偏頭)나 발치(拔齒)처럼 고통을 부르는 액막이 행위가 아니라 어느 정도 신체의 변형을 가하면서도 심각한 고통을 초래하지 않고서 멋을 낼 수 있는 좋은 방안이기 때문에 널리 선호되었다.

왕권과 가부장적 권위의 장식물, 귀고리

삼국시대에 들면 귀고리는 차차 권력과 권위를 대변하는 장신구가 되었다. 특히 낙랑지역에서 중국제 귀고리가 유행하면서 이웃 고구려와 신라에도 전파되었다. 신라고분에서 발굴된 여러 점의 귀고리는 모양이 다양하며, 화려한데, 특히 경주 부부총에서 출토된 국보 제90호의 '금제 태환귀고리(金製太環耳飾)'는 기묘한 누금기술과 세련된 귀고리 모양으로, 이러한 태환식 귀고리가 곧 신라국가의 발전, 왕권 및 중앙집권화의 증거로 여겨지기도 한다.

고려나 조선시대의 귀고리는 점차 일반 사대부 자제들 특히 남성들의 사치와 과시수단으로 활용되기도 했다. 예를 들어 『세종실록』(1418)을 보면, 세종은 "금·은은 본국에서 생산되는 것이 아니므로 금후 진상용·궁내용 술잔 및 사신접대용 그릇, 관대·명부(命婦)의 뒤꽂이, 사대부 자손들의 귀고리 등을 제외하고는 일체 사용을 금지"하는 조치를 내렸다.

그런데 자세히 보면, 금은의 유출을 막고자 하는 세종의 고민과 더불어 명부(命婦; 여성계)의 뒤꽂이[머리핀]와 사대부 자손의 금·은제 귀고리 사용을 제한하지 않는다는 예외조항을 달고 있다. 언뜻 생각하면 머리털 하나도 훼손하면 안 된다는 성리학 사회에서 남자가 무슨 귀고리냐고 반문하겠지만 실제로 조선 초기 사대부 자제들은 귀고리를 통하여 자신의 신분을 과시하였다. 그리고 세종은 성리학 사회의 기강확립 차원에서 사대부 자제의 금귀고리 사용을 용인하였다.

어릴 적부터 사용하기 시작하였다. 『중종실록』(1531년 1월)에 따르면 남대문 안에 열 살 남짓한 아이의 머리가 귀고리를 단 채 자루에 넣어진 것이 발견되었다고 하는데, 귀고리의 굵기와 귀고리 구멍의 넓이는 왕실의 핏줄을 증명하는 수단이었고, 그 증거를 토대로 범인을 검거하려고 하였다.

중종 8년(1513) 판의금부사 이손이 양평군을 사칭하고 다니는 만손을 탄핵하였다. 이손은 왕에게, 본래 양평군의 이름은 강수아지[康壽阿只]이고 중종반정 당시에 9살이었는데, 큰 진주귀고리를 달고 있었다고 기억했다. 의금부 당상 김응기도 양평군은 "얼굴이 희고 귀고리 꿴 구멍이 넓고 크다"고 하면서 만손은 얼굴이 검고 귀고리 구멍도 없기에 가짜라고 하였다. 이리하여 강수아지[양평군]가 하였다는 큰 귀고리 구멍이 유전자 감식법도 없던 당시에 가짜 양평군을 밝히는 결정적인 단서가 되었다.

이처럼 귀고리의 굵기는 양반과 왕실이 자신의 권위를 바깥으로 드러내는 수단이었고, 16세기에는 오히려 일반 조선인 남성사회로 널리 퍼졌던 것으로 보인다. 사림파가 정권을 장악한 시기라는 점에서 귀고리 만연 현상이 무척 신기해보인다.

조선시대 모든 남성의 멋, 귀고리

귀고리가 백성들 사이에 널리 퍼지면서 조정은 강력한 제재를 하게 된다. 1572년 9월에 선조는 비망기를 통하여 "우리나라의 크고 작은 사내아이들이 귀를 뚫고 귀걸이를 달아 중국 사람에게 웃음거리가 되니 부끄러운 일"이라고 하면서 귀고리 착용을 금하였다. 국가가 금령을 내릴 정도로 남성들의 귀고리 풍조가 일반화되고 있었다는 사실을 말한다.

선조 30년(1597) 10월 정유재란 당시, 명나라 경리 양호는 사신접반사로 나온 이덕형과 만난 자리에서 "근자에 조선군대가 군공을 다투는 과정에서 함부로 조선인을 죽여 거짓으로 왜적인 양 꾸미는 일이 있다"고 했다. 이에 이덕형이 "가짜 왜적이라면 좌우의 귀를 살펴보아 귀걸이 구멍을 뚫은 흔적이 있으면 알 수 있다"고 대답하였다. 이렇듯 이덕형도 왜적과 조선인을 구분하는 유력한 단서로 귀고리 구멍을 들고 있다.

선조 38년(1605) 4월에 함경도 순찰사 서성이 여진족 건가퇴를 토벌할 때 당시 조선장수들이 아무런 원칙[生殺의 원칙]도 없이 백성을 마구잡이로 죽인다는 상주가 있었다. 여기서도 귀고리를 달고 백발을 풀어헤친 노파까지 죽였다는 내용이 있는데 당시 남성만이 아니라 백발이 성성한 노파까지도 귀고리를 착용한 것을 보여준다. 인조는 청나라에 대한 적개심에 불타서 왕비를 맞을 때도 오랑캐 풍속의 일종인 구슬 귀고리를 예물로 주지 않았다고 한다.

오늘날에는 대체로 여성이 귀고리를 하고 있으며 야간의 외출·연회 때는 반짝이는 보석을 낮에는 반투명·불투명의 화려한 것을 사용한다. 반면 멋쟁이 젊은 남성들은 간단한 고리 모양의 귀고리를 다는 것이 일반적이다. 이것은 조선시대 남성들이 착용하였던 귀고리 모양과 유사하다. 젊은 청년들이 머리를 묶어 말총모양을 하고 헐렁한 바지를 착용한 것 또한 조선시대 상투 틀고 헐렁한 무명한복을 입은 모습과 일맥상통하다.

옛날 우리 민족은 각박한 성리학적인 굴레 속에서도 나름의 멋을 내면서 귀고리나 갖은 장신구를 몸에 지니고 다녔다. <단발령> 시행 때 보였던 민족적 반감은 어쩌면 머리카락을 자른 것에서 온 것이 아니라 일본침략에 대한 것이었다.

격쟁으로 마음은 읽었으되

조선 왕조가 500년을 이어갈 수 있었던 힘은 무엇일까. 그 중 하나를 고르라면 아마도 격쟁 등 백성의 아우성을 듣고 해결하려는 조선왕조의 노력에서 발견할 수 있다. 실제로 권력이 백성의 동의를 얻지 못하면 곧바로 천명(天命)을 어기는 것이라 믿었던 조선왕조는 백성이 원망 없고, 배불리 사는 것을 정책의 최우선으로 삼았다. 그들은 백성의 마음을 알기 위해 '한글'을 만들었으며, 그들의 의사를 알기 위해 '격쟁'을 만들었다. 이 두 가지는 하나의 세트가 되어 백성의 원망이 극점에 달하는 것을 저지하고 양반사회의 안정을 구가할 수 있었다.

본래 태종은 백성들이 자신의 억울함을 제도적으로 해결할 수 없는 경우에 한해서 신문고(申聞鼓)를 울리게 하는 제도를 만들었다. 하지만 수령에 대한 참소라든가 부모자식간의 소송 등 유교적 윤리에 어긋나는 목적으로 사용되는 경우가 많아 연산군 시절 사실상 폐지되자, 그에 이어서 격쟁이 자연발생적으로 나타났다. 격쟁(擊錚)이란 궁궐 담벼락에 올라 꽹과리를 울려서 백성의 억울함을 임금께 직접 고하는 제도였다(擊錚訴願). 물론 격쟁은 궁궐 담벼락(闕內擊錚) 뿐만 아니라 임금이 행차하는 곳마다 이뤄졌다(衛內擊錚,衛外擊錚). 그중 '위외격쟁'은 정조대에 허용되었는데, 사도세자 능행(화성행차)을 할 때 한번에 200여 회의 격쟁을 처리하느라 열흘 가까운 시간을 지체하기도 했다.

백성의 생각을 듣기 위한 격쟁. 그래서인지 조선왕조는 신문고와 격쟁의 관례를 단절시키지 않기 위하여 일본의 에도성(東京城)이나 중국의 자금성(紫禁城)과는 달리 경복궁 궁궐벽 아래에 해자(垓子)를 만들지 않았다. 물론 간간히 백성의 송사를 금지하고, 송사를 남발하는 자는 곤장을 치거나 변방에 이주시키는 형벌도 가했다. 그렇지만 격쟁은 백성의 탄원일 경우 순수하게 왕조정부가 직접 확인하고 그 원망을 해결해주는 순기능을 담당한 것은 부정할 수 없다. 그런 면에서 세계사에 자랑할 만한 그러면서 우리 백성이 스스로 만든 문화이다.

그러나 격쟁은 19세기 세도정권 시기에 들면 사라지고 말았다. 수령의 권한을 강화해서 세도정권에 대한 백성들의 저항을 막고자 했던 중앙정부는 격쟁을 전면적으로 금했고 결국 철종 시기에는 완전히 불법으로 규정하였다. 이제 왕조는 더 이상 백성의 마음과 뜻을 상세하게 읽을 수 없었고, 곧바로 외세에 의해 국망(國亡)의 위기에 처했을 때, 효율적으로 백성의 뜻을 모아 대적할 수 없었다. 백성의 마음이 닫힌 곳, 그곳에는 원망이 자라고, 원망이 자라면 극단과 파국밖에 없었다. 그런데 격쟁은 돌이켜보아 오늘날 몇 가지 아쉬운 점이 있었다.

먼저, 송사 남발 때문에 조선초기 함부로 수령이나 부모 형제 그리고 인륜상의 부도덕한 송사를 금하는 <부민고소금지법(部民告訴禁止法)>이 공포된 것은 격쟁의 남발이 가져오는 사회적 파장 때문이었다. 물론 교과서적인 해석을 보면 이는 명백히 백성들의 탄원을 부정하려는 잘못된 정책으로 평가할 수 있으나, 하나의 억울함을 풀기 위해서 한 사회의 운영질서가 갑자기 와해되는 문제점도 용납되기 힘들었다. 왜냐하면 백성의 진정한 억울함과 백성의 사적인 이해관계는 서로 구분되기 힘들었던 것이다.

무엇보다도 바로 왕과 직접 민중이 직접 대면하면서 발생하는 관료제의 누수가 문제였다. 왕에게 직접 탄원하여 모든 것을 해결할 수 있다는 믿음은 자칫 국가운영에서 현실적으로 원활히 수행되어야 할 관료제를 마비시키는 결과를 가져왔다. 왕과 직접 만날 수 있는데, 누가 영의정과 대화하겠는가? 영의정이 그 모양이라면 그 아래 수많은 관료에 대한 기층 민중들의 생각은 더욱 그러할 것이었다. 이는 정조의 정치스타일에서 뚜렷한데, 정조가 애민을 내세우면서 직접 하급관리를 상대하고 백성을 상대하는 일 때문에 오랫동안 관료제 시스템이 홀대받았고, 왕권은 일정하게 강화되었을지 모르나 친위관료(실학자 관료)의 정치적 성장은 늘 시험대에 올랐다. 백성에게 펴주어야 하는 정치적 비용이 커갈수록 사회적 기득권계급이었던 노론벌열귀족은 그 상황을 즐겼고, 마침내 그들에 대한 정조 및 친위세력의 칼날이 무뎌지는 결과를 가져왔다. 그러니 왕이 죽자마자 곧바로 친위관료층은 노론의 역공을 받아서 숙청당하고 만다(신유사옥 1801).

백성을 위한다는 명분은 무척 광범하고 추상적이다. 그런데 현실에 존재하는 근본적인 부조리는 외견상 드러나는 백성의 소소한 송사를 해결하는 데서 청산되지 않는다. 오히려 새로운 사회운영 시스템의 도입에 인색하지 말고 또 들어왔으면 사회적으로 합의하여 제도나 법식으로 구현될 수 있게 하는 것이 중요하다. 그런 면에서 보수적 사대적 관료들이 끊임없이 한글창제를 반대하면서 자기 주장할 때 그들의 목소리를 억누르지 않으면서 마침내 스스로 지치게 만들어 한글반포에 이른 세종의 뛰어난 정치력을 생각할 필요가 있다.

격쟁은 백성에게는 무척 소중하고 긴급한 문제를 해결하는 좋은 통로였고, 백성의 마음을 읽어내어 치국에 임하려는 소중한 역사적 경험이었고, 그 가치는 폄훼되어선 안 된다. 하지만 사회운영상의 모순이 동정심이나 위민의 구호에서 청산되는 것이 아니라 사회의 다양한 계층이 동의할 수 있고, 그러한 백성의 아우성과 탄원을 해결하는 공식적인 제도가 만들어져서 당대에 그치지 않고 대대손손 이어갈 수 있는 이른바 격쟁의 합의된 제도화가 필요하다.

격쟁과 같은 그저 훌륭한 제도나 풍습 그자체로 인간사회의 모든 부조리가 해결될 것이라고 믿는 것이 아니라 근사한 제도를 만든 만큼이나 그것을 지킬 수 있는 훌륭한 길을 찾아내는 것, 바로 그것이 진정한 문화 창달의 길이라는 점이다.

제 10강

정직을 지키는 역사

인재는 정직해야 한다

백일장(白日場) 이야기

일상적으로 조선시대 과거 시험은 몇 시간을 보았을까? 본래 우리나라의 경우 과거 시험은 제술(글짓기)하는 것을 명경(경전 알기)보다 중요시 보았다. 그래서 아침 일찍 과거장에 나와서 과제가 떨어지면 밤늦게까지 자신이 가지고 온 다양한 자료를 내 놓고 고민하면서 최고의 문장을 만들려고 노력했다. TV 사극에서 보듯이 일필휘지(一筆揮之)로 몇 분만에 다 쓰고 나오는 일은 거의 없었다. 그랬다면 반드시 낙방했을 것이다. 그래서 과거(科擧)는 의례히 촛불을 켜 놓고 밤늦게까지 제술을 하는 것이 전통이었고, 형설지공(螢雪之功)은 과거의 마지막 순간에 빛났다.

그런데 태종 때부터 밤에는 시험 보는 일을 못하는 하는 이른바 금촉(禁燭)의 제도, 백일장(白日場) 제도가 생겼다. 『태종실록』(1414년 7월 17일)에 따르면, 왕이 성균관에 나아가 공자의 사당인 문묘에 참배하고 시험을 보는데, 하윤 등 신하에게 감독을 맡겼으며, 유생들의 답안지(試券)는 반드시 유시(酉時) 초 1각 즉 저녁 7시까지 제출하게 했다고 한다. 밤 시험을 금지한 것이다. 백일장의 기원이 바로 여기서 출발했다.

왜 백일장으로 했을까? 1417년 윤 5월 9일 당시 과거 총책임관인 변계량이 태종 임금에게 "과거 중에 촛불 켜는 일(燈燭)을 금하고자 합니다."라고 진주한 적이 있는데, 임금은 이렇게 답했다.

> 재주에는 각기 늦고 빠름(遲速)이 있는 법이고, 대개 글을 잘 쓰는(製述) 자는 더디기 마련이다. 지난번 흥안군 이인복이 급히 글을 짓지 못하지만 책을 늘여 놓고(오픈 북) 만들게 하니 무척 좋았는데, 이렇게 백일장(白日場)으로만 시험하면 오히려 인재를 잃는 것이 아닌가?(『태종실록』)

변계량은 이렇게 대답했다.

> 백일장은 좋은 것입니다. 신이 두 번이나 과거를 관장하였는데, 지난밤에는 폐단이 무척 많았습니다. 지난 해 경복궁에서 과거를 보았을 때도 법을 범한 자가 있었습니다. 그래서 과거장에 있는 사람들에게 재촉한 것이오니, 백일장도 또한 인재를 잃는 것이 아닙니다.

그러자 좌우 신하들이 변계량을 비판하면서, 고강 시험제를 건의했다.

> 비록 백일장으로 하지 않더라도 고강(考講: 오픈 북)하면 반드시 폐단이 사라질 것입니다. 고강은 실력이 없는 자(經數)는 원천적으로 시험볼 수 없게 합니다. 걱정할 것이 없습니다.

이런 반대에도 변계량은 한사코 "백일장은 좋은 것입니다."라고 고집하고 있다. 그는 밤늦게 발생하는 각종 컨닝이나 대리시험 등 부정시험을 그 이유로 들었다. 아울러 고강이라고 하는 오픈 북 방식은 날이 어두워지면 시행하기 어렵다는 생각이 담겨있었다.

백일장 제도가 구체화되자 혼란도 발생했다. 1416년 8월 11일에 실시한 백일장에는 날이 저물때 답안지를 바치는 자가 100여 명이나 되었다. 그래서 성균관 예문관 교서관 등에서 "백일(白日)이기에 어서 답안지를 내게 하라"는 요구를 했음에도 시험위원장인 예조판서 조용은 이를 묵살하고 계속 시험을 보게 했다. 그날 마침 달이 무척 밝아서 그랬

던지 이경[二鼓: 밤 9시부터 11시까지]에 비로소 답안지를 낸 자가 4백여 명이었다고 하였다.

백일장이라는 사실을 모르는 응시자들은 저녁을 생각해서 그런지 늦게 과거장에 도착하기도 했다. 결국 백일장이라는 소리에 놀라서 신문고를 울렸고, 이에 한성부(서울시)에서는 그 중 15명을 선정하여 시험을 볼 수 있도록 선처하기도 했다. 1417년 3월에도 백일장이 있었는데, 종전처럼 삼관(三館 성균관 예문관 교서관)에서 응시자를 세워놓고 시험자격을 따지는 관행을 금지하였다. 이는 신원조회 때문에 백일장 시간이 축나고 그래서 자칫 유생들이 제대로 시험을 보지 못할 것을 우려했던 것이다. 국가기강을 강조하여야 할 예조판서가 백일장 제도를 무시하면서까지 밤늦게 시험을 볼 수 있도록 배려했던 모습 그리고 늦었다고 타박하지 않고 신문고를 울린 15명의 지각생에게 시험을 볼 수 있게 배려하는 모습은 흐뭇하고 아름다운 광경이다.

이처럼 백일장이란 것은 밤늦게 시험을 치를 때 혹시 나타날 수 있는 유생들의 온갖 편법이나 부정 시험을 미연에 막고자 하는 대책이었다. 대신 가지고 온 여러 책을 보고 자신의 생각을 밤늦게 고민하여 최고의 문장을 만들어 내던 그런 과거의 '좋은' 전통이 사라진 것이다. 백주 대낮에만 시험을 보게 함으로써 시험 부정을 그만큼 줄일 수 있다는 생각이 우선이었다.

세종이 다스린 시험부정

고려 광종 이래 수많은 과거가 있었지만, 실력 있는 선비를 선택한다는 초심은 점점 세월이 가면서 바래졌다. 그러면서 귀족들이 다양한 음서(蔭敍, 혈연에 따른 관직제수)를 통하여 사회적 직위를 세습하고, 또 그런 일이 당연한 권리인 것처럼 인식되던 시기가 있었으나, 점차 음서에 대한 자각이 커지면서 그 위력이 약화되고 있었다. 이에 명문가문의 자제들은 종래 문음(門蔭), 공음(功蔭)이 아닌 과거(科擧)를 통하여 합법적으로 관직에 오를 수단을 생각하기 시작하였다.

> 고려 말에 과거의 법이 무너져서 시험 치는 사람이 남을 고용(雇用)하여 대신 쓰게 하고, 시험을 관장한 사람은 지인을 먼저 뽑고자 부정한 짓을 다투어 감행해도 부끄러운 줄 몰랐다(『고려사』)

당시 과거(科擧)에는 오늘날의 논술시험 즉 제술과가 중시되었다. 그렇기에 컨닝(엳보기) 등의 소극적인 부정행위만으로는 도저히 높은 점수를 받을 수 없었다. 물론 귀족 자제들은, 그들만이 알아서 등과할 수 있는 '아름아름'이나 '눈치껏'의 길이 있었다. 그런데 정작 그런 끈끈한 연줄이 없지만 권력에 접근하고자 하는 세력들은 미리 손을 써서 출제관을 매수하거나, 미리 시험문제를 빼내어 예비답안을 적거나 혹은 글재주가 뛰어난 사람을 고용하여 대리시험을 치게 하는 방식을 채택하였다.

개국세력들은 이러한 고려 시대의 적폐(積弊)를 시정하고자 과목(科目)을 새롭게 하고, 대리시험, 정실시험 등을 금지하는 제도를 시행했지만 좀처럼 근절되지 않았다. 마침내 이러한 상황을 보다 못한 세종은 1444년(세종 24년) 갑자년의 과거에서 대리시험 부정이 드러나자 개혁을 시작하였다. 세종은 종래 시험부정자만 추문(推問)하여 부정의 내막을 밝히고 치죄하는 방식을 버렸다. 사실 시험부정에는 단순히 시험부정자만의 간계(奸計)만 있는 것이 아니었다. 거기에는 반드시 부정을 만들어내는 커넥션이 있었다. 이리하여 근본적으로 대리시험 구조자체를 불가능하게 하거나 중간조직을 철폐하는 방향으로 개혁을 추진한 것이다.

일단 종래에는 부정이 들통나면 당사자만 처벌받고, 이후 과거에 재응시를 불가능하게 만들었지만 이제부터는 " 장(杖) 100개와 도형(徒刑) 3년"에 처하도록 하고, 영구히 관직에 등용할 수 없게 했다. 그뿐 아니었다. 시험 부정에 관여된 관원들과 부정음모 세력에 대한 처벌을 강화했다. 당시 의정부가 세종에게 보고한 시험관원의 부정 유형은 다음과 같다. 첫째, 고시(考試) · 대독(對讀) · 봉미(封彌) · 수권(收券) 등 과거시험 관련 관원들과 공모하여 제문(題文)이나 두사(頭詞) 즉, 시험제목을 알아낸 사람. 둘째, 봉명(封名) 즉, 다른 사람의 인적사항을 본 사람. 셋째, 필적(筆跡)을 알고자 한 사람. 넷째, 부정시험을 보고도 눈감아 준 사람. 다섯째, 사령(使令)과 복예(僕隷) 즉, 부정시험을 후원한 졸개 등이었다.(『세종실록』, 1447년 3월 16일) 이들에게도 대리시험자의 형벌과 같은 등급의 처벌 즉, 장 100대와 3년간의 유배를 당했고, 다시는 관직에 발을 붙이지 못했다. 그만큼 인재를 뽑는데 정직함이 중요하였다.

당시에는 한번 부정이 드러나면 양반의 가문계승이 사실상 불가능해졌다. 왜냐하면 과거를 마칠 때 봉미(封彌)를 해야 하는데, 봉미란 과거 답안지 오른편 끝에 성명 생년월일 주소 사조(四祖)를 쓰고 봉하는 일이다. 따라서 봉미에 적은 것으로 그 조부모가 누구인지 알게 되는 것이다. 만약 아버지 반열에서 과거부정으로 시험응시 자격이 영구히 박탈당했다면 봉미에 적힌 아버지 이름이 그것을 증명하게 되는 것이다. 봉미의 내용은 그런 부정한 조부모의 후손들이 과거에 오르지 못하게 하는 장벽이 되었다. 그리고 양반이 과거를 통해서 관직에 등용되지 못하면, 몇 대가 흐르면 자동적으로 양반신분을 박탈당했다.

당시 왜 그런 가혹한 제도를 만들었을까? 이와 관련하여 실록에는 다음과 같이 쓰여 있다.

> 신하들이 벼슬을 하는 초기에 먼저 속임수를 행하면, 심술(心術)이 이미 허물어져서 나머지는 볼 만한 일이 없게 될 것이다(『세종실록』)

세종은 단순한 시험부정이라는 죄가 아니라 '지식인(선비)으로서 가져야 할 사회적 책무를 저버린 행위' 즉, 천명을 저버린 행위로 본 것이다. 이는 선비가 속임수로 가지고 관료가 된다면 하늘의 정직한 뜻을 받아 백성을 다스려야 할 직분을 다할 수 없다는 관점이다. 시험점수보다 인성이 더욱 중요시 되던 시절이었다.

오늘날 너나없이 학력이 곧 점수라는 생각으로 수단방법 가리지 않고 점수 획득에 혈안이 되었다. 그런데 그에 상응한 첨단의 평가가 진행되더라도 정작 '인성(人性)'을 묻는 시험이 없다. 점수와 인성은 반드시 비례하는 것이 아니다. 세종의 시험부정 근절책은 진정한 시험이란 시험치는 자의 지식만을 묻는 것이 아니라 부정을 이기는 인성을 평가하는 것이었다.

숭례문을 건들면 죽는다

『순조실록』(1823년 8월 10일)을 보면 다음과 같은 기록이 있다.

> 금위영(禁衛營)에서 왕에게 아뢰기를 본영의 석수장이 최영득(崔英得)이 숭례문(崇禮門) 근처의 체성(體城)을 헐다가 패장에게 붙잡혔습니다. 그 내막을 조사했더니 장료(匠料)을 타려고 이러한 흉계를 꾸민 것이었습니다. 군률로 처치해야 합당하겠으니 오늘 군진(陣) 연습할 때 효수(梟首)하여 대중을 경계하여야 하겠습니다하니, 임금이 윤허하였다.

석수장이 최영득이 숭례문 성곽의 일부를 훼손한 다음 빼돌려서 급료부족을 채우려했는데 이것이 발각되어 왕에게 보고되었고 곧장 군률로 효수되어 거리에 목이 내걸렸다는 이야기이다. 섬뜩한 내용이지만 숭례문을 건들면 죽음을 면치 못한다는 당시의 엄격한 분위기를 보여주고 있다. 왜 숭례문은 건들면 죽음이었을까?

태조 이성계가 조선왕조를 창업할 때 처음에는 개성(開京)을 그대로 도성으로 하려 했지만 개경의 소나무가 갑자기 고사하는 천재지변이 있고 난 다음, 서울(한양)로 천도하고자 했다. 그래서 병자년(1396년) 봄에 각도 민정(民丁) 11만 8,076명을 모아 도성(都城)을 쌓았다. 이에 번와(燔瓦) 및 석회군(石灰軍)을 1,759명을 동원하고, 가을에는 민정 79,431명을 모아 8월 13일부터 일을 시작하여 9월 그믐날에 완공하였다.

실록에는 숭례문에 대한 기록이 총 215회 나오는데 대부분 숭례문과 관련된 행사에 관한 것이다. 이것은 당시 숭례문이 대체로 중요한 국가적 의례가 집행되는 '중요 공간(境界線)'이자 의례를 해야 할 최종 경계선이라는 사실을 보여준다. 예를 들어 영정을 운구하거나 문례관을 외국에 파견할 때 숭례문을 경계로 이뤄졌다. 바로 이 점에서 왜 남대문을 숭례문(崇禮門)이라고 불렀는지 알 수 있다. 예조가 외교부를 담당한 것처럼 예를 담당하는 문에서 국가적인 의례가 중심적으로 진행되었던 것이다.

국가 행사는 물론이고 조선시대에도 각종 영빈 행사가 거기서 이뤄졌으며, 지방으로 이주하거나 가는 사람은 남대문을 멀리 바라보면서 송별하였다. 특히 임오군란(壬午軍亂, 1882) 당시 중국 보정부로 잡혀갔던 대원군이 환국할 때 고종이 그를 맞이한 곳이 숭례문이었다. 정조가 화성 행차할 때에도 숭례문을 지났으며, 그의 중요한 정치적 결단은 숭례문을 지나기 전에 해놓고 내려갔다. 이처럼 우리나라 모든 국가의례의 출발점이 바로 숭례문에서 비롯되었다. 때문에 감히 이를 범하는 것은 조선의 내면적인 가치를 부정하는 역적행위로 간주되었던 것이다. 최영득이 효수당한 깊은 이유는 바로 거기에 있는 것이다.

항간의 기록에 남대문이니 동대문이니 하는 것은 모두 일본인들이 우리의 소중한 숭례문, 흥인지문 등의 이름을 폄하하고자 지어낸 것이라고 하나, 분명하게 조선왕조실록은 숭례문이 속칭 남대문이라고 적고 있다.

> 정북(正北)은 숙청문(肅清門), 정동(正東)은 흥인문(興仁門)이니 속칭 동대문(東大門)이라 하고, 동남(東南)은 광희문(光熙門)이니 속칭 수구문(水口門)이라 하고, 정남(正南)은 숭례문(崇禮門)이니 속칭 남대문이라 한다(『태조실록』 1396년 9월 24일자)

또한 현재의 남대문 시장 일원이 마치 일본인들이 만들어낸 신작로 때문에 성장한 줄 알지만 남대문 주변에 큰 신작로가 난 것은 1896년 9월 대광통교로부터 숭례문까지의 도로를 개설한다는 대한제국의 근대화 정책에서 비롯된 것이다.

숭례문이 그냥 600년 된 문화재라는 의미 이상으로 조선왕조시절 모든 국가의례의 기준점이었다는 점은 그 자체로 숭례문이 국보 1호인 이유를 명확히 보여준다. 오늘날 실용의 이름으로 치장되고 효용과 효율을 사회 운영의 지표로 삼기에 주저하지 않는 상황에서 관용과 호혜와 같은 따뜻한 삶의 원칙과 준거들이 숭례문의 고사를 통하여 다시금 일깨워졌으면 하는 바람이 간절하다.

쇠고기 장수, 반인(泮人)

조선시대에는 쇠고기 장수를 반인(泮人)이라 불렀다. 영조 이전에는 이들에 대한 기록이 없는 것으로 보아 그 이후 생긴 계층인 듯하다. 당시 조선왕조는 중농주의를 표방하여 쇠고기를 먹지 못하도록 국법으로 정하고 있었으니 이러한 쇠고기 장수의 존재는 참으로 흥미롭다.

전통적으로 조선왕조는 소를 도살하지 못하도록 했고, 영조, 정조 이전에는 이런 원칙이 잘 지켜진 듯하다. 그러나 이후에는 농사에 사용해야 할 소를 도살하여 보란 듯이 길거리에 쌓아놓고 팔고 있었다. 더이상 소 도살이나 식용금지 법령이 힘을 발휘할 수없게 된 것을 말한다.

쇠고기 장수가 합법화되는 데 큰 영향을 준 것이 바로 반인 즉, 성균관 소속 쇠고기 공급업자들이었다. 이들은 여러 대(代)에 걸쳐서 성균관(成均館)에 딸려 있는 사람들이었다. 성균관에서는 문묘(文廟)를 모시고 늘 공맹(孔孟, 공자와 맹자)에 대한 제례를 했기 때문에 늘 쇠고기가 필요했고, 그래서 성균관 전속 쇠고기 장수로 활동하였다.

이들은 성균관에 쇠고기를 대는 대신, 그 이문의 일부를 국가에 세금으로 바쳤다. 이 세금을 현방속(懸房贖: 푸줏간에 무는 세금)으로 불렀는데, 국가의 경사가 있으면 이들 반인에게 현방속을 감해주기도 했다. 그런데 이들 반인은 백정 출신이지만 최고 교육기관인 성균관에 고기를 대다보니 이들의 간도 함께 커졌다. 자신에게 주어진 작은 권력에 그들은 무소불위의 악행을 저지르기도 했다.

『영조실록』(1730년 10월 11일)의 기록을 보면, 조문명이란 신하가 이렇게 말하고 있다.

> 형조 판서의 말에 따르면, 반인(泮人)이 한 짓이 매우 해괴하다 합니다. 서울 북부의 장의동 주변에는 금송(禁松)의 정령(政令) 즉, 소나무를 함부로 채취하는 일을 금하는 법이 잘 지켜지지 않아서 그 내역을 조사해보니, 반인들이 함부로 금송 지역에 들어가 생솔을 베어가고 있었습니다. 사람이 그들을 체포하려 하니 이윽고 도끼로 사람을 찍고 성을 넘어 도주하고 말았습니다. 그들은 그들이 사는 반촌(泮村: 반인들의 집단 거주지, 백정 마을) 안에 숨었는데, 누구도 무서워서 반촌엔 들어가지 못하고 있으니 참으로 딱합니다.

반인들이 소나무 채취 금지지역에서 탈법을 저질러도 함부로 그들을 잡을 수 없을 만큼 횡포하다는 것이다. 그래서 관가가 이들의 체포에 미적거리자 이에 분노한 성균관 생도들이 권당(捲堂, 동맹휴업)을 벌였고, 결국 임금까지 나서서 "이것은 여러 유생들을 성취시키기 위해서였다."라는 말로서 위로하면서 유생을 해산시키기도 했다.

『정조실록』(1777년 7월 15일)의 기록에도 "반인(泮人) 정한룡(鄭漢龍)이 환도(環刀: 고기 써는 칼)로 사람을 공격하여 무릎 뼈가 절반이나 떨어져 나갔고, 상해를 입은 사람은 죽었다"는 기록이 있다. 반인들의 오만방자함이 점점 심해진 것은 그들이 사회적으로 중요한 것을 얻기 시작했기 때문이었다. 그것은 바로 돈이었다.

『정조실록』(1795년 1월 17일)의 기록을 보면, 61세 이상의 문 무 관료와 음관 중에서 반인(泮人)에게 부채가 있는 관료나 음관이 있다면 노인우대 정책 차원에서 그 부채를 탕감하고 요역을 면제하라는 기록이 나온다. 여기서 반인은 관료들과 금전적으로 얽혀있는 재력가라는 의미로 보인다. 이들 백정 반인은 양반들에게 돈을 빌려준다든가 혹은 쇠고기

납품가로 국가나 성균관 혹은 문무 관료, 음관 등에게 채권을 가지고 있었다. 이처럼 반인들은 마음에 들지 않으면 사람을 칼이나 도끼로 찍는 만행도 벌였던 사람이었고, 정조 말년에는 부자가 되어 관료들에게 돈놀이를 할 정도로 성장한 사람도 있었다.

그런데 이렇게 백정이 권력을 휘두를 수 있으려면 응당 뒷배를 봐주는 권력자가 있어야 했다. 그래서 반인들은 성균관 대사성(大司成) 등 관료 집단과 깊은 연을 맺고 그들의 뒷배로서 각종 폐단을 일으켰다. 『영조실록』(1769년 9월 5일)을 보면, 영의정 홍봉한이 성균관에 있는 반인들이 세운 생사당을 철폐하도록 명하는 기사가 나온다.

여기서 생사당(生祠堂)이란 감사(관찰사)나 수령의 선정(善政)을 찬양하는 표시로 백성들이 그 사람이 살아있는 때부터 제사를 받드는 곳이었다. 반인들은 산 사람을 제사한다는 생사당을 대사성을 위해 지을 정도로 성균관 대사성에 대한 충성이 남달랐다. 그리고 정부에서 각 고을을 생사당을 철폐하라는 명령을 내렸어도 성균관의 반인들이 만든 생사당은 1769년에 겨우 철폐되었다. 쇠고기 장수인 반인 뒤에는 정부 관료가 있었다. 그들의 무소불위의 권력은 농사짓는 소를 잡지 못하는 국법도 무너트렸고, 임금도 쩔쩔매게 했으며, 길거리에서 사람을 도끼와 칼로 죽여도 그 누구도 무서워 건드리지 못했다.

이처럼 안하무인인 반인들이 소고기를 매매하는 활동을 하는 데 관계 당국은 제대로 통제할 수없었다. 사실 반인들이 누리던 매매의 자유는 알고 보면 권력의 뒷배에서 나왔다. 그러니 당연 소고기 매매에는 부정부패가 연결되어 있었고, 거대한 상납이 있었다. 권력을 안으니 가장 지체 낮은 백정 일도 그처럼 위세가 등등할 수 없었다. 돈과 권력이면 신분 질서도 바꾸는 시대가 된 것이다.

제 11 강

역사를 바꾼 여인들

공주, 희생이 필요한 자리

온달과 사랑한 평강공주, 마동이(薯童)와 사랑한 선화공주, 원효를 사랑한 요석공주 그리고 공민왕을 사랑한 노국대장공주. 우리 역사에서 이렇게 가슴 짠한 러브스토리를 가진 공주가 즐비하다는 사실은 참으로 신비롭다. 이들 공주는 결코 잘생기고 힘 있는 남자를 얻고자 자신의 미모나 권력을 교환하지 않았다. 그리고 그녀들은 소극적인 온실의 화초가 아니라 나름으로 격동의 역사와 연대하려 한 대단한 용기와 의식을 겸비한 인물이었다. 이들 공주들과 사랑한 사람은 대단히 미천하거나 괴이한 남성들이었고, 이들은 자기 남자를 엄격하게 단련하거나 힘이 되어서 훌륭한 일에 나서게 했다.

그런데 네 사람의 공주가 이룩했던 가장 큰 공로는 아마도 지체가 낮거나 광적인 남성과의 연애를 통하여 신분제 사회의 경직성을 풀고 독점 사회의 일각을 무너뜨린 것에 있을 것이다. 실제로 네 공주는 모두 각 국의 독점적 귀족세력의 시기와 질투의 대상이었으며, 독점에 대한 반발의 당사자였다. 즉, 공주들은 소수의 지배부족과 그 소속 남성만이 모든 권력을 쥐고 죽어서도 극락을 독점하는 시대에 저항하고자 했다.

한국의 어린이들은 대부분 미국과 영국에서 창출한 서구적 여성관의 결정체인 백설공주나 신데렐라이야기에 노출되어 있다. 미운 오리새끼 이야기도 결국 노력보다는 씨나 혈통이 중요하다는 내용을 담고 있어 왠지 아이들에게 읽히기 두렵다. 이들 이야기를 들으면 늘 공주는 착하고 예쁘며 마음씨도 곱다는 생각을 했고, 백마를 타고 온 왕자님에 의해서 미운오리가 백조의 날개를 달듯 생각하게 만들었다. 자신의 의지와 상관없이 어려울 때 구해 주는 흑기사로 '백마 탄 왕자'가 설정되어 있기 때문에 도대체 공주가 하는 일이라고는 독이 든 사과를 조심하거나 신발 잘 벗거나 혹은 그저 왕자 꽁무니를 잘 따라다니면 된다. 이들과 우리의 공주님을 비교하는 것은 대단히 자존심이 상하는 일이다.

그런 백설공주 덕분인지 오늘날에도 여성의 미모는 멋진 왕자를 유혹하는 최고의 무기이자 마치 하늘의 복인 것처럼 뵌다. 결혼 시기가 다가올수록 자신을 왕자인 양 착각하고 싶은 부르주아 청년들은 미친 듯이 미모를 향한 안테나를 높이 세운다. 그런데 알고 보면 여성의 미모는 그녀의 남자만이 감상하고 아끼기 위한 것이 아니다. 오히려 남자가 자기 여자의 미모를 통하여 다른 남성에게 자신의 우월성을 과시하기 위한 수단으로 이용하고 있다는 측면을 생각할 필요가 있다.

우리 속담에서 미인박명(美人薄命)이나 미인박복(美人薄福)이란 말은, 대부분의 미인들이 신데렐라처럼 혹은 춘향이처럼 남자 덕분에 신분을 상승하기는 고사하고 이용만 당한 나머지 그 곱던 청춘과 아름다움을 잃어버린 그 비참한 사정을 집약한 말이다.

그런데 역사를 위하여 민중을 위하여 애쓴 우리의 네 공주들도 참으로 박복하였다. 명작 동화에 나오는 백설공주와 달리 너무도 힘들었던 우리의 공주들, 같이 박복해도 우리 공주님들은 역사와 나라를 위해 그러한 아픔을 이겼다는 점이 다른 서구동화에 나오는 공주들과 크게 다른 점이다.

고구려의 평강공주는 아버지 평원왕의 만류에도 요즘 같으면 형편없는 날라리이자 굼뜬 온달과 결혼하였다. 배타적이고 독점적이던 전통 5부족이 권력을 농단하던 고구려 조정에서 그녀의 행동은 참으로 기이했을 것이다. 바보 온달과 결혼함으로써 그녀는 전통적으로 가졌던 공주로서 기득권들이 허공으로 날아갔을 지도 모른다. 그런데 그보다 더 큰 고통은 어쩌면 한강유역 회복전쟁 당시 아차산성(지금의 워크힐 근처라는 설과 단양 온달산성 근처라는 설이 있다) 싸움에서 남편 온달이 신라군이 쏜 화살에 맞아 죽은 일이다. 온달의 공주에 대한 사랑이 얼마나 간절했으면 그의 관이 공주가 오기 전까지 미동도 하지 않았다는 이야기는 너무도 유명하다.

노국공주의 비운도 평강공주 못지않다. 고려 말 공민왕은 100여 년에 가까운 몽골지배와 침략에서 벗어나고자 분연히 일어났다. 공민왕은 교묘한 공작으로 쌍성총관부를 공격하고(1356) 고구려 이후 처음으로 요동 땅에 진군하여 고려의 깃발을 꽂았다(1370). 당시 하찮은 서열의 몽골 꼭두각시였던 고려 국왕을 왕답게 만든 사람이 바로 노국공주였다. 비록 혈통은 몽골 여성이었지만 고려의 자주성 회복을 위해 벌인 항몽전쟁을 묵인하고 오히려 배원정책을 지원함으로써 친정인 몽골을 배신했다.

아울러 남편이 제대로 된 고려왕이 되도록 신흥 개혁세력인 신돈을 연결하여 국내의 모순을 개혁하도록 했다. 따라서 혈통이 다르더라도 우리 역사와 함께 한 노국공주는 우리의 조상인 것이다. 그녀의 요절은 개혁 군주 공민왕의 마음과 이상을 황폐하게 만들었고, 기행과 폭음 그리고 온갖 음행을 저지르는 망나니로 전락하게 만들었다. 결국 공민왕은 그의 측근에 의해 암살당한다. 두 사람 사이에 후사가 없었던 것도 참으로 박복한 일이었다. 공민왕은 나중에 신돈의 몸종 출신인 반야(般若)에게서 우왕을 보게 되지만, 훗날 이성계 일파가 우왕을 신돈의 자식으로 몰아 폐하고 조선왕조 개창을 합리화한 원인이 되었다.

그리고 신라 선화공주도 그러했다. 그녀는 서동이 지어 퍼뜨린 노래를 인연으로 그와 결혼하였다고 한다. 서동에 대해선 여러 가지 설이 있다. 본래 전북 익산 마룡지 근처에서 가난한 생활을 하던 백제 몰락 왕족의 후예로 보는 견해, 혹은 처음 신라와 혼인동맹을 한 동성왕이라는 견해, 나아가 백제 무왕이라는 삼국유사의 언급 등등. 그런 서동이 어떻게 왕이 되고 선화공주까지 얻게 된 것일까. 하지만 이 이야기는 단순한 신라 공주와 백제 왕자의 사랑이야기는 아니었다. 어쩌면 두 사람의 결혼은 북방의 험난한 기운에 대비하려는 나제동맹의 당위성을 고무하기 위한 수단으로 보인다.

이에 선화공주는 조만간 다가올 중원의 거대한 홍수와 대륙에서 부는 고구려의 남하에 대한 공포를 이기기 위해 적국의 왕비자리를 거부하지 않았다. 선덕여왕이 중국을 칭송하고 진덕여왕이 당나라에 <태평송(太平訟)>을 지어 바치는 등 온갖 노력을 아끼지 않았던 것도 같은 맥락이었다.

한편 태종무열왕의 누이 요석공주도 당시로선 스님인 원효와 결혼하여 설총을 낳는 등으로 진골 귀족과 화엄종계나 의상계열 승려들의 거센 비난을 받았을 것이다.『삼국유사』에 기록된 원효가 어떤 여성이 준 생리대를 빤 물을 멋도 모르고 마셨다는 '낙산사 설화'는 그러한 원효와 요석공주의 파계에 대한 당대의 모진 손가락질을 보여준다.

그럼에도 요석공주는 귀족에 의해 독점된 극락을 민중에게 해방한 원효대사를 사랑했다. 그와의 짧은 인연이었지만 아들인 설총을 낳았고, 그 설총은 이두를 만들어 백성들에게도 '문자사용가능성'을 높였다. 즉, 아버지 원효가 나무아미타불 관세음보살로 귀족만의 극락 독점을 깨버린 것같이 아들 설총은 이두를 만들어 귀족만이 사용하던 문자 독점을 허물고자 시도한 것이다. 물론 다양한 해석이 기다리고 있으나 이두의 개발은 새로운 관인층의 등장도 예고하는 것이기도 했다.

요석공주, 선화공주, 노국대장공주, 평강공주 우리 역사를 고운 사랑으로 수놓은 이 아름다운 공주들은 어떤 남자를 사랑했다는 이유로 하나같이 슬프고 힘든 인생을 견뎌야 했다. 각 나라의 중요한 고비에서 중요한 선택을 거부하지 않았고, 그 선택은 대체로 신데렐라처럼 멋진 왕자를 뽑는 선택이 아니라 국가 개혁과 사회적 모순의 타파를 위한 노력이었다. 극락을 민중에게 열게 한 요석공주, 썩은 5부족 독점체제에 반기를 든 평강공주, 나라꼴을 잃은 고려를 다시 재건한 노국공주, 대륙과 북풍 그리고 살육을 잠재운 선화공주 등 우리나라의 고운 공주님들은 비록 개인적으로 박복했지만 소중한 우리 역사의 동반자였다.

고려인의 아내 사랑

옛 말에 거지가 재상이 되면 나라 살림이 거덜난다는 말이 있다. 이 말을 오해하면 '가난하면 다 도둑이 된다.'는 말로도 들리지만 사실은 높은 자리에서 청빈하기 어렵다는 이야기이지 가난한 사람이 다 도둑이 된다는 뜻이 아니다. 『고려사』에 나오는 재상 권수평(權守平)은 무척 가난한 인물이었지만 높은 관직에 오르고 평생 청렴과 가족 사랑을 지켜낸 명재상이었다. 고려라는 문벌 사회에서 가난뱅이가 성장하여 재상이 되었다는 사실도 놀라운 것인데, 거기에 청렴과 결백으로 세상의 모범이 되고 있다는 점이 참 아이러니하다.

권수평은 경상도 안동 출신으로 출신 가문이 무척 한미했다. 더구나 자신의 족보마저도 모르는 사람이었다. 물론 안동 권씨일 가능성이 크다. 기록에 의하면, 그는 가난을 딛고 열심히 학문을 익혀 과거로 입사했다고 한다. 과거로 뽑힌 인재가 그렇듯이 음서로 출세한 귀족의 자세와는 근본적으로 의식이 달랐다. 과거로 대정(大正)이 되었지만 생활은 무척 빈한했다. 그 때의 일이었다. 당시 낭중(郎中) 벼슬을 하던 복장한(卜章漢)이란 사람이 있었는데 귀양을 가게 되었다. 권수평이 당시 워낙 가난하다보니 이 사람이 귀향 가는 시기에 그 사람에게 부탁하여 논밭을 빌려 썼다.

훗날 복장한이 사면을 받아서 돌아왔다. 권수평이 빌어서 사용하던 논밭은 물론 전조 장부마저도 되돌려주었다. 그러자 복장한은 "내가 귀양 갔을 때 당신이 사용하지 않았더라면 다른 사람이 그 재산들을 모두 집어삼켰을 것인데, 그대가 이제 밭을 돌려주는 것뿐만 아니라 어찌 전조(田租)까지 돌려주는가?"라고 말했다.

전조는 소유권에 기초하여 소작하는 농민에게서 받은 소작료이다. 즉, 그는 땅 문서는 물론이고 그동안 먹고 산 소작료 내역을 정리하여 복장한에게 고스란히 알려주고 빚을 갚은 것이다. 그러자 권수평은 "남의 어려움을 틈타 그 밭을 갈아먹는 것도 오히려 의롭지 못한 일인데 이미 그대가 돌아왔거늘 어찌 계속 먹으리?"라고 하면서 장부를 그에게 던졌다. 그런데 복장한은 그 전조 장부를 받지 않으려고 문을 닫고 들어가 버렸다. 하지만, 권수평은 장부를 돌에 매어 던져서 결국 돌려주고 갔다. 그래서 당시 사람들이 그 소문을 듣고 "요사이 재물을 서로 쟁탈을 하는 것이 일상사요, 풍습인데 이와 같은 사람을 볼 줄은 생각지도 못했다"고 감탄했다고 한다.

당시 견룡(牽龍)이라는 벼슬은 직위는 낮아도 임금의 총애를 받는 중요한 직책이었다. 그래서 권세가의 자제들은 누구나 임금을 곁에서 모시는 견룡이 되길 고대했다. 권수평은 대정을 경유하여 능력을 인정받아 견룡 임무를 부여받았지만 자신의 집이 빈한하다는 핑계를 대면서 사양했다. 집이 빈한하다는 말은 자칫 임금 옆에서 충언을 드리지 못하고 이익만 구할 것이라는 충심에서 나온 말이었다. 이 말을 들은 친구들은 '집이 빈한하다는 핑계는 아내의 재산이 없어서 그런 것이며 나중에 뇌물 바칠 걱정이 되어서 그런 것'이라고 그를 오해했다. 그래서 친구들은 "이렇게 견룡이 되는 것은 대단한 영전이다. 견룡이 되면 많은 사람들은 신분이 낮은 아내를 새로 바꿔서 부귀영화를 꾀하는데, 당신도 부잣집에 다시 장가가려 한다면 어느 집인들 새로운 아내를 주길 거절할 리 있을까?"라며 재혼할 것을 권유했다.

당시 아내의 재산은 출세의 중요한 토대였다. 그 이유는 당시에는 음서(蔭敍)가 처가나 외가의 핏줄도 적용되었기 때문이다. 그래서 부잣집 아내를 얻는 일은 힘들이지 않고 출세하는 지름길을 얻는 것과 같았다. 그렇기에 권력일선에 나가면 법적으로는 일부일처제라고 해도 백주에 조강지처를 버리고 새 아내를 맞이해 새로 연을 맺은 처가와 공동의 이익을 구가하는 경우도 많았다. 하지만 권수평은 "빈부는 하늘에 달려 있는 것인데 어찌 20년 조강지처(糟糠之妻)를 버리고 부유한 새로운 아내를 구하리오"라며 사양했다. 그러자 모두들 부끄러워 여기고 탄복했다고 한다. 그는 나중에 추밀원부사(樞密院副使)까지 이르렀다가 고종 말년에 죽었다.

기생 설매(雪梅) 이야기

역사 속에서 영웅들과 함께 했던 여성들은 자주 꽃처럼 아름다운 절세의 미인으로 미화되기 마련이다. 그러나 우리 역사에서는 빼어난 미모로 남성을 매혹시킨 여성뿐만 아니라 절개와 충절 지조로써 바른 길을 걷고자 했던 여성들이 훨씬 많았다.

1392년(임신년) 7월 17일 저녁이었다. 이날 이성계는 개국공신을 위하여 큰 향연을 베풀었고, 정도전을 위시하여 하륜, 남은 배극렴, 조영규 등의 공신과 만조백관이 한자리에 모였다. 잔이 돌고, 서울 장안에서 내노라는 명기(名妓)들이 시중을 들었는데, 여기서 유난히 많은 사람의 눈길을 끄는 여인이 있었다. 바로 고려 비운의 왕 우왕(禑王)에게서 사랑을 받았던 기생 설매였다. 너무 아름다워서 주위의 혼을 사로잡았고, 교양이 넘쳤으며, 시제(詩題)에도 능했다. 만조백관이 모두 그녀와 더불어 놀아 보길 원했지만 유독 배극렴이 특히 그녀에게 완전히 마음을 빼앗겼다. 아름다운 목소리와 춤사위, 애간장을 녹이는 노래 소리...

배극렴은 이성계를 도와서 고려를 멸망시키는 데 크게 기여한 공신이자 당대의 권력을 거머쥔 정승이었다. 그는 위세를 부리며 설매에게 노골적인 눈빛을 보내었고, 자신의 옆자리로 불렀다. 살포시 치마를 감싸고 배극렴 앞에 앉은 설매, 백옥과도 같은 손이 술을 따랐고, 봄바람이 나비 날듯 분위기가 무르익었다. 배극렴은 잔을 비우기 무섭게 다시 술을 받았고, 설매의 자태에 반해 눈을 떼지 못하더니 그녀의 손을 덥썩 잡았다. "나의 수청을 들어라!" 그러나 설매는 아무런 말도 하지 않았다.

배극렴은 한술 더 떠서 이런 말을 했다.

> 본디 기생이란 노류장화이기에...노류장화란 예로부터 오늘은 이가 내일은 장가, 모레는 박서방과 놀아나는 법

그러자 설매의 눈빛이 험악해지고 입술마저 파르르 떨렸다. 이윽고 설매는 표정을 고치고 옥 구르는 소리로 대답했다.

> 지당한 말씀입니다. 동가식서가숙(東家食西家宿) 이리저리 남자를 바꿔 다니는 저따위 천한 계집과, 어제는 고려 왕씨를 섬기다가 오늘은 조선의 이씨를 섬기는 대감님과는 참으로 잘 어울리는 한 쌍이 아니겠습니까?

송곳 같은 설매의 비아냥에 공기가 험악해졌다. 눈치를 보느라 어쩔 수없이 자리를 지키던 망국의 유신들의 얼굴이 홍당무가 되었다. 그때 이를 지켜보던 정도전이 웃으면서 이렇게 말했다.

> 허허허 우리 모두가 설매에게 한 대 먹었구나. 기생의 기개가 이만하니 내 어찌 화답하지 않을 수 있으리오"

그러면서 설매를 향해 시조 한 수를 읊었다.

> 선인교(仙人橋) 나린 물이 자하동(紫霞洞)에 흐르니
> 반천년 왕업이 물소리뿐이로다
> 아이야 고국흥망(古國興亡)을 물어 무엇하리오

왕조초기의 어수선한 사정을 보여주는 일화이다. 왕조개창은 정당성이 있는지 내외로부터 의심받은 상황에서 태조 이성계는 즉위하면서

다음과 같은 교서를 내린다.

> 나는 여러 사람의 심정에 굽혀 마지못하여 왕위에 오르고 나라 이름을 그전대로 고려(高麗)라하고 의장(儀狀)과 법제는 한결같이 고려의 고사(故事)에 의거한다.

비록 고려를 부정하고 개국했지만 옛 고려의 풍속을 따르겠다는 약속이었다. 국기 설매의 공로(?)로 고려가 그래도 남길 만한 전통과 미덕이 있었던 나라였다는 사실을 조선개국세력이 인정하게 되는 중요한 계기였다.

퇴계 이황은 '애처가'

퇴계 이황이라 하면 군자의 도와 성인의 도를 따지며, 우주의 원리가 마치 리(理)이자 기(氣)라는 고담준론(高談峻論)의 유학자라고 생각한다. 그러면서 퇴계가 위대한 이유도 어려운 성리학을 알기 쉽게 정리하고, 한 차원 높은 주리적 사상체계를 구사하였다는 점 등이 열거된다. 그런데 퇴계는 굉장한 '애처가'였다. 언뜻 보아서 이황 선생에게 전혀 어울리지 않을 것 같은 '애처가' 칭호가 진정 사실일까?

이황은 자신의 신념에는 완고하고 원칙적이었지만 아내에게는 인간미 넘치는 남편이었고, 겉으로 무뚝뚝하지만 속은 연약한 사람이었다. 특히, 여성에 대해 그러한 전형적인 경상도 사람이었다. 경상도 사람. 어쩌면 퇴계가 자신의 주리학에서 인간의 본성을 중시하는 논리를 전개하고 교언영색(巧言令色)을 싫어하는 이론을 전개한 것도 그가 경상도 사람이며, 경상도의 인물들과 깊은 인간관계를 형성한 결과로 볼 수 있다. 즉, 말보다 본심을 사랑하고, 처세보다 원칙을 중시하며, 겉은 무뚝뚝하지만 속은 여린 경상도 지역의 미풍양속이 인간 본성의 소중함을 일깨우려한 퇴계의 주리학의 근간을 만들었다는 것이다. 어쩌면 퇴계의 주리설은 하늘에 도가 있는지 없는지의 의문에서 고담준론(高談峻論)하는 것이 아니라 경상도 남자답게 불의에 항거하고 혹은 인간의 본성에 맞게 살아가는 것이 진정한 유교적 도의라고 생각한데서 나온 것이다. 그래서 우리는 퇴계를 인간의 얼굴로 다시 보게 된다.

인간의 얼굴을 한 퇴계의 모습은 바로 부인과의 도타운 사랑이야기에서 엿볼 수 있다. 퇴계는 원래 21세에 허찬(許瓚)의 딸과 결혼했는데, 부인이 둘째 아이를 낳고 산후조리를 잘못해서 그만 세상을 뜨고 말았다. 그래서 나중에 동네 사람의 중매로 최씨 집안의 규수와 재혼하였다.

최씨 부인은 활달한 사람이었다. 부인은 좌중을 의식하지 않으면서 때와 장소를 가리지 않았다. 전형적인 경상도의 억센 여성으로 추정된다. 퇴계 집안에는 평소 손님이 많았고 행사가 있으면 내노라는 벼슬아치들이 구름처럼 모였다. 퇴계의 인망이 그저 학문에만 있지 않았다는 것 오히려 폭넓은 그의 인간관계를 통하여 널리 확산될 수 있었던 사정을 여기서 알 수 있다. 경상도는 산이 높아 대체로 지역별로 교류가 활발하지 않고 문화도 가문마다 다른 것이 일반이다. 그런 이유로 오랫동안 영남의 유림들은 개별적인 자기 목소리만 낼 뿐 조직적으로 학문적 성과를 이루기 어려웠다. 그러나 퇴계는 그런 흩어진 경상도 유림을 하나로 묶었다. '우리가 남이가'라는 사고와 리(理)를 숭상하는 그의 철학이 잘 맞아들어가면서 그의 철학은 쉽사리 경상도 일원의 유림을 단결시킨 것이다.

다시 최씨 이야기로 들어가 보자. 어느 제삿날이었다. 막 제사를 지내려는 데, 부인이 제사상에 오더니 밤을 달라는 것이었다. 법도와 체통을 목숨처럼 여겨야하는 명문가의 안주인이 제상 앞에서 밤을 먹겠다고 졸라대니 참으로 어이없는 형국이었다. 그렇지만 퇴계는 서슴지 않고 생밤 한 움큼을 쥐어 부인에게 주었다. 어느 손님이 "아니 조상님이 잡수시기도 전에 어찌 제사 물건에 손을 댈 수가 있단 말이오?"라고 하니 퇴계는 "자손이 맛있게 먹는 모습을 보면 조상님도 기뻐하실 게요"라고 했다는 것이다.

'푼수' 부인의 실수는 이것만이 아니었다. 어느 날 다림질 하다가 퇴계의 관복을 태워버렸다. 최씨는 이왕 태운 김에 곱게 기워보자고 하여 도포에 빨간 헝겊을 대고 기웠다. 별 생각 없이 부인이 준 도포를 입고 조정에 나간 퇴계. 큰 망신이었다. 그러자 퇴계는 "비결(祕訣)에 의하면 불에 태운 옷은 붉은 헝겊으로 기워야 액운을 막는다 하오"라고 했다.

한편, 퇴계와 율곡은 나이가 많이 차이가 나지만, 둘 다 뭇 선비들의 추앙을 받는 학자였다. 하루는 퇴계의 제자와 율곡의 제자가 한자리에 모여서 두 스승의 부부생활 이야기를 나눴다. 제자들은 평소 언행을 올바르게 하는 것을 중요시하는 두 스승은 다른 사람과 다른 특별한 비법이 있을 것이라고 여겼다.

제자들은 두 패로 나뉘어 율곡과 퇴계 집에서 몰래 밤 생활을 감시했다. 율곡 집으로 답사한 제자들은 창 밖에서 창호지를 뚫고 엿보았는데 참으로 예의바르고 절도가 있었다. 그런데 퇴계 집으로 답사한 제자들은 부부간의 금슬이 지나쳐 제자들이 보기에 난잡할 지경이었다. 엿보기를 마친 제자들은 어느 쪽이 옳은지 난상토론을 펼친 결과, 부부생활에 대한 퇴계 선생의 이야기를 청취하자고 결정했다. 이 이야기를 들은 퇴계는 "허허, 숙헌(율곡의 자)은 그 뒤가 적막할거야"라고 했다.

제자가 "적막하다는 말씀이 무엇입니까?"라고 되묻자, 퇴계는 "남녀간에 서로 화합하는 것은 음양이 서로 통하는 것이다. 너희들은 구름도 없고 바람도 없는 별이 뜨는 날에 비가 오는 것을 보았느냐. 비가 내리려면 번개가 치고 검은 구름이 모여들고 바람도 불어야 한다"고 했다. 그러면서 "율곡이 그렇게 담담하고 점잖게 일을 치룬다면 음양 상생의 이치에 어긋나므로 그 사람은 후손이 없지 않을까 염려되네…"라고 했다. 물론 야담이라 사실인지 아닌지 확인하기 어렵지만, 역사적 고민을 주는 말이다.

퇴계는 중요한 삶의 철학을 던져준다. 그것은 세상을 살아가는데 주위를 의식하고 눈치를 살피고 격식만 따져서는 제대로 살 수 없다는 뜻이다. 인생이란 세상을 뜨겁게 그리고 자연스럽게 사는 것이 진정한 하늘의 이치라는 말이다.

사람이 사는 법을 아무리 어려운 한문을 섞어 규율을 정하고 법도를 정해 잘난 체한다고 해도, 결국 인간의 상식에 맞춰 사는 것이 순리다. 심오한 퇴계의 주리설은 참으로 어려운 말이다. 하지만 그것을 가장 인간적으로 풀어내면 바로 자신의 옆에 있는 사람에게 뜨거운 가슴으로 사랑을 베푸는 것 그래서 자신의 열정을 가슴으로 상대방에게 전달하는 것이다. 애써 삶을 윤색(潤色)하기 보단 현재 주어진 내 삶의 목표를 위해 잔머리 굴리지 말고 있는 그대로 세상을 보고 진실되게 살아가라는 것이 퇴계의 일화가 주는 소중한 메시지이다.

인수대비의 처세

예종 1년(1467) 9월 어느 날, 전 세자빈 수빈 한씨가 임금[예종] 앞으로 난데없이 주청서를 올렸다. 선대왕 세조의 봉분을 석실로 하자는 요청이었다. 본래 세조는 백성에게 많은 부담을 주는 능묘제도를 개혁하면서 "석실분묘를 만들지 말라"고 했는데, 난데없이 수빈이 '효'를 빙자하면서 신숙주·한명회·박원형 등과 더불어 석실능묘 축조를 예종에게 강권한 것이다.

당시 권력의 핵심에서 배제되었던 수빈 한씨가 시동생 예종에게 감히 능묘형식을 문제 삼은 진짜 이유는 무엇일까? 수빈은 당시 석실 봉분이 제왕의 능묘로서 품위가 있다고 한 것이지만 그 것은 세조의 유언을 정면으로 부정하는 행위였다. 당시 예종 초기의 정국은 선왕 세조의 노력으로 훈구 귀족의 권력이 잠시 소강상태가 되어 있었고, 신임 예종은 왕권주의를 유지 계승하고자 젊고 새로운 인물을 조정에 대거 등용하고자 노력하였다. 그러나 인륜과 분수를 강조하던 풍토에서 장자(長子)의 부인이자 왕의 형수라는 위치는 훈구가 정치적으로 이용하기 좋은 카드였다. 수빈과 훈구의 제휴는 정국을 다시 훈구쪽으로 기울게 함으로써 예종을 당혹하게 만들었고, 표면적으로도 두 사람의 갈등은 증폭되었다.

특히 김초 사건이나 허계지 아내 사건이 그랬다. 김초 사건은 수빈의 아우이자 안동부사였던 한치의가 출신이 한미한 경상도 도사 김초의 첩을 빼앗은 사건이다. 허계지 사건은 수빈 거처를 드나들던 허계지의 아내가 수빈의 후원을 믿고 자기 범죄사실을 인멸하고자 뇌물을 쓴 사건이었다. 이것이 빌미가 되어 수빈 한씨의 형제들은 예종의 견제를 받게 된다. 물론 예종은 수빈의 심기를 건드리지 않으려고 수빈 자손에게 가자(加資; 과거없이 관직을 제수하거나 매관하는 것)하는 등 유화책을 썼다.

그 와중에 예종은 암살이라는 여운을 남기면서 곧바로 요절하였고, 자신의 아들인 제안대군조차 왕위에 올릴 수없을 만큼 수빈을 비롯한 훈구의 위세가 조정을 장악한 상황이었다. 결국 왕위는 수빈 소생인 자을산군[성종]에게 넘어갔다. 불과 열두 살 남짓의 성종에게 왕위를 넘긴 것은 세조비 정희왕후의 권력욕이 한몫을 했지만, 죽음을 앞둔 예종이 자기 아들에게 닥칠 운명과 단종의 운명을 함께 머리에 떠올려 본 결과는 아닐지 생각해본다.

수빈 한씨는 시아버지 세조의 많은 사랑을 받았다. 『세조실록』을 보면 왕은 수빈 소생인 월산군·자을산군에게 많은 토지와 농기구· 콩 등을 하사하는 일이 자주 나오는데, 이제 예종 시절의 수빈은 시아버지와는 전혀 다른 길을 가게 된 것이다. 그렇다면 수빈은 무슨 이유로 훈구세력과 손을 잡았을까? 아마도 절박함이 아닐까? 남편 의경세자의 요절은 수빈에게 큰 좌절이었고, 권력에서 곧장 배제되는 치욕을 불러왔다. 그리고 그 자신의 운명에 대해 깊이 고민할 수밖에 없었다. 가부장제 시회에서 왕권에서 배제된 적손(嫡孫)이 천수를 다할 가능성은 적었다는 위기감이 무르익었다.

결국 수빈의 선택은 한명회·신숙주 등과 결탁하는 것이었다. 이는 세조 말년 훈구와 신진 청년관료 사이의 권력투쟁이 서릿발처럼 작열하는 속에서 수빈 한씨의 둘째아들 자을산군[성종]과 한명회 딸[공혜왕후]의 결혼이 성사되면서 최고조에 달했고 그 결과 수빈은 한명회의 정치력을 고스란히 자기 것으로 만들었다. 그리고 젊은 예종의 충직한 신료를 하나둘 제거[남이의 옥사]하면서 세조의 유업을 좌절시키고 결국은 자기 아들을 왕으로 만들었다. 결국 왕비[中殿]도 해보지 못한 그녀는 정치력만으로 대비로 전격 승차하여 왕실의 실권을 장악하였다.

권력을 장악한 인수대비는 기왕의 한명회·신숙주 세력을 배제하면서 왕권의 안정을 꾀한다. 그리고 '윤비폐출사건'과 같이 기왕의 훈구세력이 수세에 몰릴 때는 다시 훈구의 손을 들어 신흥세력을 퇴출시켰고, 훈구세력이 왕권을 위협할 때는 다시 막강한 왕실의 권위로 훈구의 전횡을 저지하였다. 한명회와의 결탁이나 제거과정은 시세와 정국의 변화에 달통한 인수대비의 탁월한 정치력을 보여준 것이다.

인수대비의 보수적인 왕권주의는 연산군이 왕위에 오르면서 일단 성공하는 듯했다. 이에 연산군은 공신전(功臣田)을 폐하는 등 왕권주의를 유지하였으나, 점차 훈구의 비판을 받게 되고, 특히 '월산대군부인능욕사건'으로 인망을 완전히 상실하는 상황이 되었다.

연산군을 왕으로 만든 일등공신인 인수대비가 결국 연산군의 갈등하게 된 것은 이른바 윤비폐출사건 이후 며느리 윤씨를 죽이는 데 인수대비가 큰 역할을 했기 때문이었다. 결국 연산군은 인수대비가 자기 어머니를 죽인 사실에 격분하여 머리로 떠받았고, 그로 인해 사망에 이르렀다. 연산군도 박원종이 주도하는 중종반정으로 폐위되는 운명이었다.

인수대비의 처세는 심각한 정치적 위기에 선 왕실, 취약한 왕실을 훈구세력과의 동맹을 통하여 구하고, 왕조의 안정적인 지속을 보장하려는 왕실측의 처세였다. 개인적인 원한으로 윤비를 폐출하기도 했지만, 왕권의 절대화를 지향한 연산군 시대를 만들었고, 결국 거대한 왕권의 역공으로 죽음에 이른 비범하면서도 불운한 정치적 인물이었다.

인수대비(仁粹大妃)[소혜왕후] 한씨 하면 성종의 어머니로서, 권력을 위해선 피도 눈물도 없었던 모사꾼 또는 과부의 광신적 히스테리 때문에 며느리마저 죽게 만든 잔인한 여성으로 기억하는 사람이 많다. 그래서 어떤 이는 한씨를 중국의 폭녀 여후나 무측천 혹은 서태후 등에 비교하기도 한다. 그런데 한씨의 일화 속에는 현모양처를 강조하는 조선왕조의 유교적 여성관에서 배양된 또 하나의 여성상에 대한 왜곡이 담겨 있다. 유교적 '현모양처론'에서 본다면 당연히 한석봉의 어머니나 율곡의 어머니 신사임당이 현모의 자애와 양처의 덕성을 두루 겸한 조선시대 대표적인 여인상일 것이다.

그러나 현모양처라는 기준에서 본다면 인수대비는 전혀 그런 여성이라 볼 수없었다. 오히려 지아비인 의경세자의 죽음에서 비롯된 수많은 좌절과 비애를 전화위복 삼아 끝내 자식을 왕위에 올리고 태평치세를 열게 한 정열적인 왕모(王母)이자 뛰어난 정치가였다. 그리고 언해문 간행은 물론이고 뛰어난 지적 능력으로 중국식 여성예절체계의 '조선화(朝鮮化)'에 성공한 『내훈(內訓)』을 통하여 조선 5백 년 여성상의 밑그림을 그려낸 뛰어난 사상가였다. 그렇다고 인수대비 자신이 『내훈』이 바라는 여성형이었는지는 의문이다. 물론 자애롭고 덕성 있는 조선의 현모양처상을 고의로 폄하하려는 것은 아니지만, 그렇다고 반드시 정치력이 있어야 진취적인 여성인가 하고 반문할지도 모른다.

하지만 여성이 오랜 세월 온실의 화초처럼 보호받고 대상화된 성으로 버려진 이면에는 그들의 정치적 능력이 제거된 원인도 자리하고 있다. 역사의 격랑 앞에 힘차게 몸을 던져 자신의 아들을 정상에 우뚝 세웠던 정열적인 조선의 어머니이자, 조선왕조 5백 년을 안에서 지킨 인수대비는 양보와 자애를 강요당하는 진취적 현대 여성들이 배워야 할 진정한 조선의 여성상이라 할 수 있을 것이다.

장녹수 이야기

장녹수(張綠水) 하면 대개 조선조 연산군의 애첩이자 미모 하나로 재물을 모으고 권력을 독점하며 온갖 악행을 일삼던 파렴치한 요녀로 기억한다. 물론 오늘 같은 자본주의 사회에서 여성의 미모가 어느 정도 입신출세에 영향을 주는 현실을 인정하고 보면, 돈 한 푼 들이지 않고 부모로부터 물려받은 미모가 뛰어난 소수의 여성은 하늘로부터 복을 타고난 셈이다.

원래 장녹수는 조선 예종의 둘째아들인 제안대군의 노비였다. 그녀는 어려서부터 영리하고 사람들의 비위를 잘 맞추었으며, 노래와 춤을 잘하였는데 입술을 움직이지 않고 부르는 소리가 맑아서 들을 만하였다. 또한 당시의 여자나이로는 한창 때를 넘긴 서른 살이 되었으나 얼굴이 열여섯 아이 같았다고 한다.

장녹수 소문을 들은 연산군은 그녀를 궁으로 불러들이고, 내명부 종3품 숙용(淑容)의 직첩을 내리는 등 무척 총애하였다고 한다. 하지만 장녹수가 미모 하나로 권력을 잡았거니, 연산군을 패륜아로 만들었거니 하는 생각은 사실과는 거리가 멀다. 실제로 연산군의 애첩이었던 전향과 수근비 등은 장녹수보다 훨씬 미인이었다.

그런데『실록』에 따르면 연산군의 악행 뒤에는 늘 장녹수라는 여인이 있었다. 즉 연산군은 호색하여 채청사·채홍사 따위를 채용하여 흥청과 운평·계평 등의 미녀를 모아 유희를 일삼았다. 연산군은 또 경복궁 경회루에 천태만상의 만세산을 조성해 놓고 혼자 황룡주를 타고

홍·청들에게 처용무를 추게 하는가 하면, 사대부나 고관대작의 부인을 능욕하였다고 전해지는데, 이런 모든 일을 꾸민 사람이 장녹수라는 설이다. 이것이 사실이라면 장녹수의 악행은 도덕적으로 용서받기 힘들다. 과연 그런 것일까?

결론적으로 말해 장녹수의 악행과 관련한 기록은 조선 사회의 경직성과 보수 지배계급의 횡포에 대한 당시 민중의 분노와 밀접한 연관이 있으며, 중종반정을 성공한 보수귀족들이 연산군의 폐위를 합리화하기 위해 했던 상징 조작의 가능성도 크다. 연산군의 폐위는 항간에서 오해하듯이 온갖 음행이나 패륜, 그리고 폭력과 같은 개인적인 광기에서만 비롯된 것이 아니었다.

진짜 이유는 조선 초기 왕자의 난·계유정난 등 잦은 난리로 공신이 많이 배출되면서 이들이 권력을 빙자해 갖은 불법으로 대토지를 소유하는 한편, 느슨한 양천제 신분제를 경직된 반상제 신분제로 전환하면서 일반농민들의 사회적 지위와 삶의 질을 크게 악화시킨 데서 시작되었다. 이에 그 동안 왕권의 신장을 꾀하였던 연산군이 불법으로 점유한 훈구귀족들의 토지를 압수하고 과전법체제를 원상 회복하려는 조치를 취하자 위기의식을 느낀 귀족세력이 사적인 원한을 가진 박원종 일파를 앞세워 연산군을 제거한 것이다.

연산군이 장녹수를 사랑한 것은 어쩌면 개인적으로는 폐비로 사약을 받은 어머니에 대한 향수일 수 있고, 그녀의 아름다움에 취한 덕도 있겠다. 하지만 보다 근본적인 원인은 장녹수의 모습에서 고달픈 민중사회의 현실을 발견하였다는 점이다. 세종시절만 해도 제한적이나마 장영실 같은 천민도 양반이 될 수 있었고, 농사짓는 사람만이 농토를 소유할 수 있다는 지배원리의 경자유전(耕者有田)원칙이 지켜지면서 자영농이 증가하고, 계급의 안정도 이뤄지고 있었다.

당시 백성들은 양반이든 평민이든 다같이 양인으로 취급되었고, 세금은 국법에 기초하여 1/10세가 엄밀하게 지켜지고 있었다. 하지만 15세기 말부터 조선사회의 역동성은 사라지고 훈구귀족이 배타적으로 관직과 부를 독점하는 한편, 반상제라는 신분제의 경직성을 더해가면서 민중사회는 요동쳤다. 그 가운데서 여성노비 장녹수가 겪었던 온갖 삶의 모멸은 지배계급에 대한 분노를 일으키기에 충분하였다.

그래서 장녹수는, 실력보다는 가문이 우선되고 양심보다는 편법이 우선되는 세상에서 민중의 아픔이 외면되고 모든 사회적 이권이 소수의 기득권 계급에 의해 독점되는 현실에 대한 분노를 풀기 위해 왜곡되고 탈선된 복수의 칼을 지배계급에게 들이대었다. 당시 최고의 엘리트로 자부되던 양반귀족들은, 매 2년·4년마다 전염병으로 또 가뭄으로 수만 수십만의 백성이 죽어갔음에도 불구하고, 우주에 기(氣)가 있느니 리(理)가 있느니 하는 이른바 주리설·주기설의 관념세계에 젖어 있었다. 이에 민중의 불만을 더 이상 조선왕조 차원에서 수렴할 수 없게 되면서 그러한 민중의 아우성은 임꺽정의 반란으로 나타났고, 정여립의 '신사회건설론'으로 이어졌다.

장녹수의 악행은 역사적으로 합리화될 수 없겠으나 오늘날 우리 사회에서 일어나는 각종 탈사회적 아노미 현상의 이면에는 반드시 그런 일탈을 초래할 만한 사회적 경직성이 존재하고 있으며, 그 해결책도 일부 계층에 의해 독점되고 있다는 사실을 여실히 보여준다 할 것이다.

장희빈의 한(恨)

인수대비 한씨를 제외하고 우리가 5백 년의 조선역사에서 최고의 여성상을 꼽는다면 바로 장옥정 즉 장희빈(張禧嬪)이다. 여성의 정치적·사회적 권리가 전혀 보장되지 못하고 정치적 훈련이 전혀 없던 시절 그래도 자식을 왕으로 만들고 정국의 주도권을 장악하여 남성의 국왕 못지않은 정치적 영향력을 후세에 남긴 장옥정이야말로 오늘날 다시 평가되어야 할 사람이다.

숙종이 사랑했던 세 여성이 있었다. 한 사람은 비천한 궁녀신분으로 왕의 총애를 받아 왕비자리까지 올랐던 장옥정[장희빈], 그리고 또 한 사람은 숙종의 첫번째 왕비인 인경왕후의 뒤를 이어 왕비에 올랐던 인현왕후였다. 그녀도 장희빈에게 왕비자리를 내놓고 쫓겨났다가 6년 만에 다시 복위되는 등 장희빈 못지않은 파란만장한 삶을 살았다. 또 한 여인은 김춘택 집안의 몸종출신인 최 무수리로서, 말년의 숙종에게 터프한 기쁨을 안겨준 운 좋은 여성이었다.

그런데 전해지는 이야기에는 장희빈은 투기가 심하고 음모와 술수를 바탕으로 투기를 일삼는 악독한 요녀로 그려지는 반면, 인현왕후는 온화하고 덕스러운 사람으로 묘사된다. 그런데『실록』에 의하면 악독한 요녀는 오히려 인현왕후였다. 숙종은 인현왕후 민씨를 폐하면서 다음과 같은 말하였다.

> 생각건대 연산군의 어머니인 윤씨가 잘못한 바는 단지 투기였는데, 죄상

> 이 드러나자 성종께서 종사를 위해 먼 앞날을 생각하시어 폐출하였다. 더욱이 오늘날 민씨는 허물을 지고 범한 것이 윤씨보다 더하고, 윤씨에게 없던 행동까지 하였으니 종사에 죄를 얻었다. 이에 폐하여 서인을 삼아 사저로 돌려보낸다.

그렇다면 장희빈은 어떻게 해서 요녀라는 이름을 만세에 남겼는가? 숙종이 장희빈을 사랑한 것이 단순한 여성으로서 장옥정이었을까?

인현왕후 민씨는 당대 명문-귀족가문인 민유중의 딸이었다. 민유중은 노론[서인당파의 주류]의 핵심인물 중 한 명이었다. 그러니 인현왕후는 서인이 집권하면서 내세운 서인세력의 힘의 상징이었다. 반면 장희빈은 중인신분인 역관집안의 딸로서 남인계열의 지지를 받았고, 뒤에 왕비가 되었을 때 남인들이 그녀를 보위하였다.

이처럼 인현왕후와 장희빈의 배후에는 당대 정권을 놓고 경쟁하던 거대한 두 개의 당파가 건재하고 있었고, 이들 당파는 각종 복제논쟁이나 왕위계승논쟁·적서논쟁을 벌이며 부침을 거듭하는 상황이었다. 이른바 기사환국·경신대출척과 같은 환국 상황이 계속되었지만 그래도 정치적 주류는 언제나 서인[노론]이었으며, 비록 남인이 정권을 잡는다고 해도 기왕의 서인들의 물적 기반이나 조직력은 쉽사리 무너지지 않았다.

이미 서인은 전국에 걸쳐 자신만의 배타적인 소유인 지주제를 확립함으로써 기반을 확보하였고, 이에 환국으로 인해 정권에서 잠시 내몰리더라도 자신의 기반을 이용해서 언제든지 권력을 회복할 수 있었다. 그런데 장희빈의 등장은 이와 같은 정세에 일대 변화를 초래하였다. 특히 장희빈이 숙종의 소생을 봄으로써 그 동안 서인독재에 시달리던 왕권은 장희빈을 위시한 지지세력을 확보하였고, 여기에 남인세력이 가세함으로써 왕권은 강화되는 한편, 인현왕후는 폐서인이 되었다.

장희빈이 왕비가 된 4년 뒤 남인들은, 한충혁·김춘택 등 서인들이 폐비 민씨를 복위시키려 한다고 고발하는 사건을 기화로 서인제거의 마지막 승부수를 띄웠다. 그러나 숙종은 남인과 서인의 적절한 견제를 통하여 조정자로서 왕권을 극대화하겠다는 입장이었기에 서인을 완전제거하는 것을 달갑게 생각하지 않았다. 숙종은 오히려 남인의 영수 우의정 민암을 사사하고 남인세력을 몰아내는 한편 소론인 남구만·박세채 등을 등용함으로써 서인의 재집권 기회를 주었다.

그 와중에 왕비 장씨는 다시 희빈으로 강등되었고 인현왕후가 복귀하였다. 이른바 갑술환국의 와중에 두 여인의 운명이 또 한번 뒤바뀐 것이다. 그리고 세월이 흘러 인현왕후가 죽자, 가장 유력한 왕비 후보였던 장희빈에게 또 한번의 집권할 기회가 왔다. 그러나 서인정권은 그 기회를 주지 않았다. 인현왕후는 죽기 전에 다음과 같은 말을 하였다.

> 갑술년에 복위한 뒤 조정의 의논이 세자의 모친을 봉공하자고 하였는데 … 이 때부터 궁중사람들이 모두 희빈에게로 기울었다. 궁중법에 의하면 타궁의 시녀들은 중궁 근처에 오갈 수 없는데, 희빈에 속한 것들이 항상 나의 침전에 왕래하였으며, 심지어 창에 구멍을 뚫고 엿보기까지 하였다. 그러나 내 시녀들이 무서워 금하지 못하였으니, 일이 너무나도 한심하였지만 어찌할 수가 없었다.

죽음을 앞둔 인현왕후에게 장희빈은 매우 부담스러운 존재였을 것이다. 그것은 단순한 왕비자리를 놓고 벌이는 투기가 아니라, 정권을 놓고 벌이는 한판승부였고 이에 인현왕후는 장희빈을 껴안고 저승으로 감으로써 서인들에게 닥친 정치적 위기를 모면시켜 주었다. 결국 그러한 인현왕후의 노회한 전략에 말려든 숙종은 '장희빈이 신당을 차려놓고 인현왕후가 죽도록 주술을 하였다'는 이유로 장희빈을 사사하였다.

인현왕후와 장희빈 두 여성은 단순히 숙종의 여인이 아니라 남인과 서인 각 파가 벌이는 권력쟁탈의 상징이었다. 권력과 함께 그들의 운명은 부침하였고, 그 과정에서 이들 여인들은 모두 권력의 희생양으로 혹독한 업보를 치르고 말았다. 요녀가 아니라 정객으로서, 나아가 미모보다는 시대를 넘보는 재주로서 장옥정은 중인의 딸이면서도 왕비가 되었고, 그래서 자식을 왕으로 만들었으며, 수십년 장기집권하던 서인정권을 새롭게 교체하는 정치적 변화를 이끌었다. 진정한 미인의 아우라는 남자가 아니라 역사 앞에 얼마나 정열적이었는가에 깊이 감응하고 있다.

제 12 강

우리 근대사의 고민

신미양요는 어떤 전쟁인가?

대원군 다시보기

대원군 정책에 대해선 상반된 평가가 있다. 하나는 근대화와 관계없는 보수적이고 반역사적인 개혁이기 때문에 시대착오적이며, 일부 긍정적인 시책도 있었지만 오히려 민란의 전리품일 뿐이라는 관점이다. 결국 대원군 정권은 안동김씨 세도정치에 이어 나타나는 반동정권이라는 것이다.

또 하나는 대외적인 민족위기에 즈음하여 민족의 주체성과 국가의 자주성을 견지하기 위해 과단성이 있게 대응한 정책이며, 내적으로는 상품경제를 자극하는 등 근대적 국정개혁의 단초를 열었다는 것이다. 이런 관점에서 본다면 대원군 정권은 종래의 수구적인 문벌·귀족세력을 중심으로 한 정권이었다기보다는 민족적이며 진보적인 정권이다.

엄밀하게 본다면 사실 그의 개혁이 근대국가를 실현하기 위한 것이었다고는 볼 수는 없을 것같다. 또한 일방적으로 대원군이 국제정세에 어두웠다거나 역사의식이 보수·반동적이었다고 보는 것도 단견이다. 그는 집권하기 이전부터 연합군의 북경점령 등의 국제정세에 능통했고, 천주교 세력과도 나름의 관계를 구축하는 등 열강의 침략에 대비한 나름의 역량을 가지고 있었다. 특히 시장을 전전하면서 장돌뱅이처럼 물화의 흐름을 꿰뚫고 있던 대원군은 조선산 인삼이 국제적으로 높은 호평을 받고 있다는 점에 착안하여 동남아 지역과 인삼무역을 확대하여 많은 이익을 남겼다.

혹자는 개항을 반대하는 등 수구적인 자세로 일관했다고 비판하지만 열강의 침략 앞에서 과연 정권의 내일을 불투명하게 할 개항이 최선인가는 다시금 생각되어야 한다. 이 문제는 한국의 근대성이 무엇인가라는 근본적인 질문에 해당하는 것으로 쇄국은 악, 개국은 선이라는 단선적인 도식은 실제의 제대로 보여주기 어렵다고 본다. 적어도 1870년대라는 제국주의 시대에 대원군 스스로 개항지향의 정책을 추진할 수 있었다면 당시 우리 사회가 그만한 자본주의적 발전 혹은 개화인식의 보편화가 필요했다. 과연 그러한 토양이 조선 자체에 있을지 의문이다. 요컨대 대원군에게 왜 쇄국을 했느냐를 묻는 것은 자주적 근대화의 실패를 흥선군 한사람에게 전가하려는 잘못된 인식의 발로이다.

신미양요는 어떤 전쟁인가.

1871년, 조선은 미국과 전쟁을 벌였다. 이 전쟁은 1866년 평양감사 박규수와 여러 백성들이 합세해 평양 대동강에서 노략질을 하던 제너럴셔먼호를 불사른 사건에 대해 미국이 조선에 그 책임을 묻는다고 하여 벌인 전쟁이다. 그런데 전쟁 도발의 속뜻은 동북방에서 남하하는 러시아를 막고 대륙에 미국의 영향력을 세우기 위한 것이었다. 즉, 미국이 제너럴셔먼호 사건 이후 5년이나 지나서 조선을 침공한 데는 남북전쟁이나 동남아 경영 등으로 시간이 없었던 것 때문이기도 하지만, 이 사건을 빌미로 본격적으로 대륙 일각에 미국의 영향력을 남겨 개혁의 길(양무운동)로 나아가는 중국을 누르고, 러시아의 남하를 저지할 필요가 있었던 것 때문이다.

제너럴셔먼호 사건이 알려지자 미국은 주청미국공사 로우(Law, F.F.)에게 전권을 위임하는 한편, 아시아함대 사령관 로저스에게 기함 콜로라도호(Colorado)를 비롯해 군함 5청, 수해병 1천 230명, 함재대포 85문을 적재하고 1871년 5월 16일 조선을 침략하도록 했다. 하지만, 미국도 오랜 세월 외세의 침략을 이겨내고 독립을 유지해 온 조선을 만만한 상대로 볼 수 없었다. 이미 조불전쟁(병인양요)에서 당대 최고의 육전대라고 불리던 프랑스군을 물리쳤던 조선군에 대한 미국의 두려움은 대단했다. 당시 미군들 사이에 '조선인은 헤라클레스와 같은 괴력을 가졌다', '윌리암 텔처럼 백발백중의 사격술을 지녔다'는 등의 소문이 나돌았다.

그리하여 미국은 일본 나가사키에서 약 보름동안 해상 기동훈련을 실시하기도 했다. 그러나 불안감을 떨칠 수 없었다. 포함 2척과 기정 4척으로 구성된 탐측대(미군)가 강화해협을 천천히 거슬러 올라오던 순간, 갑자기 손돌목 포대에서 엄청난 양의 포탄이 날아왔다. 남북전쟁에도 참전했던 탐측대장 블레이크가 뒷날 "그렇게 좁은 곳에서, 그렇게 짧은 시간에 치열한 포격을 당해 본 일은 처음"이라고 회고할 정도로 탐측대는 집중포화를 받았다. 이른바 '손돌목 포격사건'인데, 이 사건을 계기로 미국은 대대적인 강화도 침공을 감행했다. 미국은 압도적인 무력을 바탕으로 초지진을 함포로 초토화시킨 다음, 초지진과 덕진진을 점거하고 광성보로 쳐들어갔다.

강화수로의 가장 중요한 근거지이자 난공불락의 자연 요새로 알려진 광성보에는 어재연이 이끄는 부대가 있었지만, 수륙 양면에서 한 시간 이상 동안 포격을 당하고 난 후 쳐들어온 미군에게는 속수무책이었다. 돌아보면 함선에서 내린 미군을 초지진이나 덕진진에서 선제공격했다면 전세가 어찌될 지 몰랐으나 지나치게 지난번 프랑스군의 갑곶

진 상륙에 이은 강화부 공격을 의식하여 수세적인 작전을 펼친 것이 화근이었다. 전투가 끝난 뒤, 손돌목 돈대에 높이 휘날리던 '장수 수帥'자가 새겨진 깃발(수자기:帥字旗)이 내려지고, 그 대신 성조기가 걸렸다. 이 수자기를 비롯한 50개의 군기와 대포 481문은 현재 아나폴리스에 있는 해군사관학교 박물관에 보관되어 있다. 이 전쟁으로 조선군은 전사자 350명, 부상자 20명이었고 미군은 전사자 3명, 중상자 5명, 경상자 5명이었다. 한 · 미 양국간 최초의 전쟁이었던 신미양요는 미군의 일방적인 승리로 끝났다. 그런데 전쟁의 결과를 보면, 서로 치열한 전쟁을 했고 수많은 사상자가 있었음에도 불구하고 서로에게 남는 것이 없었다.

실제로 광성보 전투가 있었던 그 날 고종은 '패전'을 인정하기는커녕 "서양 오랑캐가 화친하려는 것이 무엇 때문인지 모르지만, 수 천년 동안 예의의 나라(禮義之邦)가 어찌 짐승(犬羊)과 화친할 수 있겠는가. 비록 몇 년을 서로 버티더라도 반드시 통절(痛絕)할 것이다"라고 하면서 전국의 주요 도시에 척화비를 세우겠다고 했다. 또 미국인은 서양귀신(洋醜)이자 서양깡패(洋匪), 심지어 성불능자를 의미하는 검둥이 고자(黑鼓子)로 불려졌다. 따라서 미군의 군사력에 압도당한 조선정부가 저자세로 개항 교섭에 나설 것이라는 로저스의 예상은 완전히 빗나갔다. 결국 미군은 3주간을 기다려도 아무 반응이 없자 그냥 일본으로 돌아가고 말았다.

미 해군부에서도 "승리는 승리였으나 누구 한 사람 그다지 자랑할 것도 못되며, 누구 한 사람 기억하고 싶지도 않은 무의미한 승리였다"고 이 전쟁의 의미를 부여하기도 했다. 오히려 신미양요는 조선에서 미국에 대한 배외감정을 고조시키는 부정적인 결과를 초래했다. 그러한 불신의 이면에는 병인양요, 제너럴셔먼호 사건, 오페르트의 남연군묘 도굴사건 등 서양제국의 제국주의적 만행이 자리하고 있었다. 서양 제국에 대한 조선인의 반감이 커지면서 결과적으로 조선은 국제정세를 올바로 파악하지 못하고 제대로 대처할 수도 없게 되었다.

그러면서 미국은 조선의 무서운 항전의지를 발견하게 되었고, 더 이상 무력으로 조선을 목적대로 장악할 수 없다는 인식을 갖게 되었다. 폭력과 무력으로 해결할 수 있는 세상의 진실이란 별반 없다. 하지만 조선이 적을 앞에 놓고도 무력을 쓰지 않고 저자세로 지냈다면, 필리핀이나 류큐의 운명을 벗어나지 못했을 것이다. 조선의 상황을 무시한 채 개항을 강요하며, 무력적 자세로 전통적인 포함외교를 강행한 미국의 제국주의적 요구는 모든 근대사를 왜곡되게 한 근원이었다.

따라서 신미양요는 조선의 자주성을 지키기 위한 당연한 전쟁이고, 초강대국 미국과 싸운 조선인의 자랑스런 민족적 전통이었다. 특히 근대식 군함으로 무장한 미군함대에 맞서 사력을 다한 재래식 조선 군인들의 용기는 당대 세계 어디에도 좀처럼 찾아볼 수 없는 반제국주의 민족항전이었다. 신미양요 후 미국에게는 잠시 보이는 승리가 있었을 뿐, 남은 것이 없었다. 미국에 대한 조선인의 적개심은 그 후 오랫동안 미국인이 조선 땅을 밟지 못하게 하는 근원이 되었다.

갑신정변의 교훈

1884년 우정국 낙성식을 기화로 발생된 갑신정변은 기존 기득권을 인정하고 온건한 개화를 주장하던 시무개화파와 급진적인 근대화정책을 추진하고자 했던 변법개화파간의 투쟁이었다. 특히 갑신정변의 주역이었던 김옥균, 박영효 등 20대 청년들로 구성된 '변법개화파'는 중인과 승려까지 포함한 개화집단으로서 일본의 메이지유신을 모델로 체제변혁을 주장하고, 집권수구파와 대결해서 군권을 장악하는 한편 변법을 지향하고 유교적 소양에서도 도(道)나 기(器)보다도 허(虛)와 실(實) 문제를 중시하면서 불교와 기독교의 수용에도 관대하였다.

그런 근대로의 꿈들은 1882년 임오군란 이후 점차 좌절의 길로 들어서기 시작한다. 이후 조선 정부는 친청(親淸) 색을 분명히 하였고, 청국에게 정치상 상업상의 특권을 크게 양여하는 등 자주적 개화에 역진하는 정책을 폈다. 그런 어려움 속에서도 김옥균 등의 개화당이 국왕을 사적으로 알현할 수 있는 '별입시(別入侍)'의 특권을 이용하여 근대적 개혁을 구현하고자 했다. 즉, 신식 군대 양성과 유학생 파견, 근대적 신문 『한성순보』 창간 및 치도국(治道局)과 순경국(巡警局) 설치 등이 그것이다. 그리고 물론 실패했지만 '국정개혁자금'이라는 것을 얻기 위해 김옥균 등이 일본 정부와 차관교섭을 벌이기도 했다.

1884년 청불전쟁에서 청의 패색이 짙어지자 일본 제국주의자들은 개화당을 이용하여 조선에게 청국세력을 축출하고 일본세력을 부각시킬 좋은 기회로 판단하였다. 이리하여 개화당은 청불전쟁으로 서울에 주둔한 3천여 명의 청국 군대 가운데 약 절반정도 본국으로 철수하는 틈을 타서 5백여 명의 개화당 지지 군인과 일본공사관의 일본군 1백 50명을 빌려 거사를 도모했다.

12월 4일에 우정국 개설축하연을 기화로 무장정변을 일으킨 개화당들은 신정권을 수립하고 12월 6일에는 '갑신정강'을 발표하였다. 그러나 거사는 청군의 간섭으로 3일 만에 끝나고 홍영식·박영교 등의 많은 개화당 인사들이 희생되었다. 국가적 위기 앞에 서로 다른 대안과 현실 인식을 가졌던 두 개화파 세력이 정치적 생명을 걸고 투쟁하면서 좌와 우가 함께 공존하면서 추진하던 개화정책에 큰 상처를 남겼다. 개화파끼리 골육상쟁한 근본적 이유는 구체제에 대한 관점의 차이와 근대화 모델에 대한 감각차이 혹은 외세이용 방법을 둘러싼 이견 등에서 구할 수 있을 것이다.

전통적으로 갑신정변은 조선 사회가 가지는 내재적 발전을 동력으로 삼아서 기왕의 봉건적 적폐와 모순을 해결하고자 하는 최초의 부르주아 혁명적 사건이라는 평가가 있다. 하지만 이념적 지향보다 더 큰 위험이 있었는데, 그것은 목적을 위하여 과정이 크게 소홀히 되었다는 사실이다. 그들은 자신의 정치적 목적을 위해 너무나 쉽사리 외세에 의존하였다. 이는 임오군란이 발생하자 곧장 민씨 척족 세력이 청군의 파견을 요청하게 되면서 소중한 자주적 개혁을 시간을 10여년이나 늦추게 된 사실과 일맥상통한다. 자신의 정치적 목적을 위해 역사를 수단화한 결과로 갑오개혁을 실시될 때까지 긴 시간동안 우리는 청의 압제 아래서 그 무엇도 제대로 이룰 수없었다. 이렇듯 갑신정변 주도자들이 간과한 것은 실패한 정변이 가져올 민족적 위기였다.

진정한 개혁은 이상적 구호를 외친 급진개화파(변법개화파) 세력보다는 나름 현실의 장애를 인정하고, 외국의 문화를 체계적으로 수용하려한 온건세력이 주도한 경우가 많았다. 온건 세력들은 갑오개혁을 실현했고, 중추원을 개조하여 의회개원 직전까지 성공 가능성을 보였으며, 징병제와 보통학교 의무교육제 등을 구현하고자 했다. 이처럼 꿈이 현실이 되기 위한 충분한 노력이 바탕이 되지 않는다면 그 꿈은 몽상이 되고 현실의 희망을 좌절시키고 마는 법이다.

우리나라에 왕이 없는 이유

우리나라에 왕이 없는 이유

대원군이 집권하던 시기의 조선왕조는 전에 없는 국정개혁과 적폐해소를 통하여 민중의 지지를 끌어내는데 성공함으로써 일단 체제 위기는 넘겼다. 그러나 서원 철폐를 기점으로 대원군 정권에 대한 기존 양반계급의 역공이 시작되었다. 이에 대원군은 재야 유학의 거두 화서 이항로를 중용하여 재지 선비를 예우하는 한편 이른바 '유학진흥책'도 추진했지만, 1873년 최익현의 상소를 계기로 하야하게 되었다.

당시 고종은 대원군을 반대하는 최익현을 승정원 동부승지로 임명함으로써 그의 주장이 조정에서 공론화되도록 조장했다. 상소가 올라오자 고종은 때를 만난 듯 '그대의 상소문은 실로 간절하고 애틋한 마음에서 나온 것이라 극히 가상한 일'이라 칭찬하고 그를 호조참판으로 승진시켰다.

이후 1873년 11월 3일 고종은 친정(親政)을 선포했다. 또한 대원군 인맥을 제거하는 한편 박규수 등 진보적인 인사들을 중용하여 대원군의 쇄국정책과 대비된 정책을 모색했다. 아울러 자신의 친정을 뒷받침할 척족 민규호(1836~1878)를 이조참판에 조대비의 조카 조영하(趙寧夏)를 금위대장에 발탁하여 각 정치파벌의 세력균형을 통한 친정체제를 강화하고자 했다. 특히 대원군 제거의 공이 큰 유학계급의 이해를 반영하여 각종 세금을 감면하고 당백전 유통을 정지했으며 대외정책에서도 대일

타협 및 화해노선으로 전환했다. 결국 대원군이 양반의 양보와 쇄국을 통해 국가적 위기를 극복하려던 노력은 순식간에 물거품이 되었다. 고종이 개화와 위정척사라는 두 가지 흐름에 대하여 취한 자세는 명백했다. 어느 쪽이든 '반(反)대원군'이면 좋았다. 대원군의 쇄국에 대해서는 개국정책으로 대응하여 일면 진보성을 모였으나 만동묘를 복설하는 등 양반계급의 기득권을 보장하는 점은 수구적이었다.

고종은 천성이 우유부단하고 사물에 잘 현혹되었으며 공사의 구별이 없었다. 개화기 정치사가 친러·친일·친미니 하는 정치판을 꾸린 것도 고종의 변덕과 밀접하다. 그러한 변덕은 소신 부족에서 초래된 것이고, 소신의 부족은 지조와 의리를 중시하는 유학자나 노련한 경륜을 가진 양반관료에 역이용 당하게 된다. 때문에 고종 초기의 개화정책은 일관성과 지속성이 없었고, 대중적 지지도 없었다.

그러한 고종의 성향은 재위 기간 여러 가지 크고 작은 문제를 일으켰다. 한 때 개화정책을 시작하면서 고종은 식산흥업(즉 공업화 혹은 산업화)을 실시하려고 러시아로부터 뽕나무를 수입한 적이 있었다. 같은 시기 일본도 뽕나무를 수입했는데 조선에 온 뽕나무는 후속조치가 없어 길거리에 방치되어 말라죽었다. 반면, 일본에 간 뽕나무는 일본 제사산업 발전에 크게 기여했으며, 1930년대 세계 제1위의 방직공업국으로 성장하는 밑바탕이 되었다.

또한 1884년에 영국이 러시아를 견제한다는 이유로 우리나라 남해안 거문도를 점령했으나 당시 고종과 측근 신료들은 거문도를 몇 달이 지나서야 중국의 통고를 받고 알게 되었다. 그런데 더욱 기막힌 것은 당시 국왕과 측근 신료 가운데 누구도 거문도가 어디에 있는지조차 몰랐다는 사실이다. 오히려 우리 영토가 점령당한 사실이 없다고 역으로 중국에 통고하기도 했다. 대한제국 시절 고종은 또한 당대로선 초고급인

3,000톤급 구축함을 구입했으나 사용하지도 못하고 고철이 되고 헐값으로 팔았다.

고종은 1864년부터 1907년까지 약 44년 동안 재위하면서 제대로 실권을 장악한 것은 1873년 이후의 잠깐 동안과 대한제국 초기(1897~1899) 정도였다. 초기에는 대원군에 의해서 그리고 중기에는 민씨척족과 청의 간섭으로, 말기에는 일본의 침략으로 실권을 가질 수 없었다. 이런 상황에서 그는 자연히 기존 엘리트 관료세력에 대한 적개심이 커져서 비천한 가문 출신의 측근을 양성하였으나 워낙 소심한 성격으로 인해 측근은 물론이고 민씨 척족의 정략에도 자주 놀아났다.

고종과 명성황후는 둘 다 사치와 잡기를 즐겼다. 어느 왕인들 사치와 잡기가 없겠는가. 하지만 이들의 사치는 특히 호사스러웠다. 전통적으로 조선의 왕과 왕비들은 나라가 흉하거나 가물 때 백성과 아픔을 같이 하려는 제스처를 써왔다. 흉년에는 찬을 줄이고, 낡은 옷을 입는 등의 검소함은 왕의 미덕으로 오랫동안 전승되어 왔다. 일례로 성종은 누더기가 된 옷을 꿰매 입었고, 영조는 가뭄이 들면 간장만으로 수라를 받았다. 그러나 고종과 명성황후는 달랐다. 고종은 자동차에 명성황후는 보석에 많은 관심이 있었다.

그들의 사치가 어느 정도였는지 말해주는 일화가 있다. 무식쟁이 이용익 이야기가 그 것이다. 이용익은 자기 관할 지역에서 생산되는 금을 고종에 꼬박꼬박 잘 바쳐서 출세한 사람이었다. 당시 명성황후는 보석과 사치를 위해 정부 재정을 유용한 금액이 전 국가재정의 6분의 1에 달하기도 했다. 운산금광 채굴권을 미국에 팔아넘길 때의 일화는 더욱 기가 막힌다. 당시 운산금광의 채산성은 수천만 원정도로 알려져 있다. 1907년 당시 우리 국민들이 일본에 진 빚을 갚아서 식민지에서 벗어나자는 이른바 국채보상운동을 벌일 때 일본에 진 빚이 총 1,300만원이었다. 산술적으로 보면 운산금광 하나만 잘 지켰어도 조선은 식민지로 전락하는 비운을 막거나 늦출 수 있었다. 그런데 고종은 그 운산금광 채굴권을 단돈 몇 천원에 미국에 팔아넘겼다.

그렇다면 우리나라에는 왜 왕이 없을까? 의외로 그 해답은 간단하다. 적어도 일본의 왕은 근대사회로 접어드는 거친 격랑 속에서 왕이 주체가 되고 모범을 보여 근대화를 추진했다. 이른바 메이지유신(1876)을 통하여 바쿠후 체제를 청산하고 판적봉환(版籍奉還), 폐번치현(廢藩置縣), 식산흥업(殖産興業) 등을 통하여 일본을 근대 제국 반열에 올려놓았다. 유신 단계에서 메이지 천왕은 국가의 백년대계를 위해 아버지 효메이(孝明) 천왕을 제거하는 만행을 저질렀다는 일화도 있다.

그런데 조선의 왕은 누란의 위기에 처해 무력한 개항을 꾀하여 망국의 싹을 틔웠고, 친러·친미·친청을 전전하다가 결국 남의 공사관에 몸을 기탁하는 신세가 되어 왕의 존엄성을 실추시켰으며, 기묘한 서구 문물에 눈이 멀어 나라의 중요자원을 헐값에 팔아 넘겼다. 이러한 왕으로서의 무능과 몽매함으로 인해 백성의 외면을 자초했고, 때문에 누구도 왕의 존엄과 존재가치를 인정하지 않게 되었다. 그런 이유로 1919년 대한민국 임시정부도 왕정(王政)이 아닌 민주공화정을 표방했다.

많은 연구에서 고종과 그 측근 관료들이 주도한 대한제국의 개혁(이른바 광무개혁)을 수준 높게 평가하기도 한다. 물론 당시의 정책이 전 시대에 비해 '근대 지향적'이었고, 그 결과물로 많은 조선인 자본가가 등장하고 기업이 발흥하며 사회의 변화와 새로운 기풍이 나타난 것도 부정할 수 없다. 측근 일부에서는 자주적이고 주체적인 개혁을 고민하면서 영전사업, 징병제 및 의무교육제도 추진, 금본위제도 추진, 중앙은행 설립, 자주적 철도 건설운동 등 많은 계획을 추진하기도 했다.

그러나 그 중대한 시점에서 고종은 무당을 궁중에 불러 죽은 명성황후의 혼령을 불러내는가 하면, 정부재정을 왕실 내장원 금고에 쌓아두면서 국가재정의 자립을 저해했다. 그리고 식산흥업 정책도 건강한 근대적 자본가를 육성하는 정책이 아닌 귀족 측근세력의 치부수단으로 전락했다. 관료제는 부정부패의 고리로 연결되어 있었고, 사회운용시스템은 극히 불합리했다.

따라서 당시 대한제국의 근대화를 주장하는 사람치고 고종과 그의 측근들이 추진하던 광무개혁에 고무된 사람은 없었으며, 안으로 근대화의 출로를 찾지 못했던 일부 관료들은 일본을 통한 근대화를 꿈꾸게 되었다. 일본 자본주의를 대한제국의 근대적 모델로 설정하려던 이완용, 이지용, 송병준 등 친일근대주의자들은 바로 그러한 광무개혁의 미숙함을 매국의 이유로 합리화했다.

1919년 고종의 죽음이 임박했을 당시 일본은 조선인을 대상으로 고종의 죽음을 어떻게 생각하는지 여론조사를 했다. 이 조사에서 절반 이상의 조선인들은 고종의 죽음에 애도하기보다는 나라를 망치고 민족을 도탄에 빠뜨려 왜적의 노예로 전락시킨 장본인으로 대답했다. 물론 이 조사는 우리나라 강점을 정당화하기 위한 수단으로 실시한 것이지만 당대인들이 고종을 어떻게 생각하는지를 잘 보여주는 중요한 근거이다. 이러한 정황으로 1919년 한국인들은 조선이 아닌 조선왕조에는 거의 미련이 없었던 것으로 볼 수 있다.

그럼에도 고종은 무능 일변도의 인물이 아니라 몇가지 시행착오에도 불구하고 청의 속박에서 벗어나려고 자주(自主) 외교를 전개했고,이에 열강의 세력균형을 통하여 망국의 위기를 늦추었으며 '중립국화'를 지향하고, 러일전쟁 이후 일제가 본격적으로 대한제국을 침략하자 헤이그밀사사건을 비롯하여 다양한 방면의 항거를 지속했다는 점. 나아가 3·1운동에서 그의 죽음이 독립운동의 불씨로 전화했다는 점 등을 열거하고 있다. 그와 절친했던 헐버트는 이렇게 말했다.

> 역사에 기록될 가장 중요한 일을 증언한다. 광무제는 일본에 항복한 적이 결코 없다. 긍종(肯從)하여 신성한 국체(國體)를 더럽힌 적도 결코 없다. 흔들림은 있었으나 끝내 굴복하지 않았다. 생명의 위험을 무릅쓰고, 미국의 협조를 구하였으나 효과가 없었다. 생명의 위험을 무릅쓰고, 만국평화회의에 호소하였으나 성과가 없었다. 생명의 위험을 무릅쓰고, 유럽 열강에 호소하였으나 강제퇴위 당하여 전달되지 못했다. 그는 고립무원(孤立無援)의 군주였다. 조선인 모두에 고한다. 황제가 보이신 불멸의 충의를 영원히 기리라.(Homer B. Hulbert, Korean Liberty Conference,1942).

헐버트의 증언에도 부룩하고 고종이 국난 상황에서 보여준 이중적인 자세는 어쩌면 결국 자신의 왕권을 침해하는 그 모든 것에 대한 불안감과 고뇌의 결과였다. 광무개혁에 대한 일부 평가에도 불구하고 근대 민족국가 건설에 필요한 다양한 실험을 외면했고, 새로운 국가 시스템을 통해서 기왕의 부패한 조선의 사회구조를 재구성하는데 무척 인색했던 그였다. 특히 그는 황제권을 기반한 자주적 외교를 전망했지만 자주성을 담보할 세력을 지속적으로 배제함으로써 정작 본격적인 제국주의의 침략 국면에서 주권수호 기반을 가동할 수 없어 고립무원이 되고 말았다. 사필귀정이었다.

제 13 강

교활한 통치,
왜곡되는 전통

일제가 전통한의학을 보존한 이유

일제말 특히 중일전쟁·태평양전쟁 시기를 민족말살시기라고 부른다. 민족말살정책 중에서도 창씨개명(創氏改名)은 우리 성씨를 없애고, 일본인처럼 우리도 천황에 충성하여 대일본민족으로서 자긍심을 높이자는 취지에서 강행되었다.

하지만 그런 생각을 하다가 사료를 뒤적이다 보면 일제말기에 오히려 조선학 연구가 많아지고, 단군, 장보고, 이순신과 같은 우리 민족의 영웅들이『매일신보』나 각종 언론매체에 더 많이 소개되는 것을 보기도 한다. 게다가 청록파 시인이 등장하여 조선사회의 아름다움을 노래하기도 하며, 환단고기(桓檀古記) 등도 이 시기 널리 알려지게 되었다. 뿐만 아니라 민족문화의 정수라고 할 한의학(韓醫學) 및 한의서, 한약재 등에 대한 대대적인 조사와 발굴 그리고 응용 등의 사업도 이 시기에 크게 진작된다.

도대체 민족말살정책이라고 하는데, 우리 전통문화가 이렇게 조선총독부나 일본인들에 지원 아래 적극 보존되었던 진짜 이유는 무엇일까?

중일전쟁(1937. 7. 7)이 일어나자 총독부는 시국대책조사회(1938.8)를 소집하여 일본본토의 계획에 준해서 물자동원계획을 세웠다. 골자는 생산력확충(증산)과 물자통제였다. 하나는 증산을 통해서 물자를 동원하고, 하나는 물자통제를 통해서 내핍생활을 강요하면서 남은 물자를 동원하려는 것이었다. 이 와중에 유럽전쟁(독소전쟁)으로 유럽산 의약품 수입이 크게 줄었고, 연합국의 대일금수(對日禁輸)로 일본에서 생산되는 약재의 수입이 어려워졌다. 조선내 의약품 부족이 현저해진 것이다.

그러자 총독부는 1938년부터 한약개발 5개년 계획을 추진하여 식물,

동물, 광물 등의 종별로 조선의 전통 한약재 개발을 추진하고 수입산 한약은 일본본토에서 파는 공정가격보다 가격을 높게 책정함으로써 조선산 한약재 생산과 소비를 늘이고자 했다. 나아가 우리 민족의 최고 한의학 관련 의서인 『향약집성방(鄕藥集成方)』과 『의방유취(醫方類聚)』를 중간(重刊)하였다.

이 중간본의 서문은 최남선이, 해제는 미키 사카에 박사가 썼는데, 거기서 "이 책의 발간은 조선 민족의 위대한 문화유산의 계승"이라고 함으로써 여기서 뭔가 종래와 다른 조선민족에 대한 이해방식이 등장하고 있음을 보여주고 있다. 즉, 종래에는 친일 조선인들이나 총독부 관계자들의 경우 자주 조선 민족은 열등하고 야만적이니 근대적인 인간으로 바뀌어야 한다는 주장을 해온 것이 사실이었다. 특히 이광수는 민족개조론을 통해 조선민족의 나태함과 부정부패 의식이 가져온 비극을 비판하고 근면한 민족성으로 개조를 주장하기도 했다.

그런데 이제는 그런 『민족개조론』과는 전혀 다른 주장이 펼쳐졌다. 오히려 조선민족은 유구한 민족적 전통을 가진 아시아 1등 민족이라는 것이다. 이른바 이러한 조선민족우수성론은 실제 조선민족은 우수하다는 생각에서 나온 것이라기보다는 일본이 침략전쟁을 수행하는 과정에서 조선인의 자발적 협조가 중요해졌다는 현실 인식을 반영한 것이었다. 1940년 11월 23일 부산에서 발생한 노다이 사건에서도 보듯이 여전히 일본인들은 조선인을 차별하고 그들만의 공간에서 근대적 이기를 누리고 있었다.

어쨌든 이러한 조선민족 우대론이 급부상하는 과정에서 한약자급정책도 힘을 얻어갔다. 이러한 한약 자급정책의 일환으로 '약초채취운동'이 전국적으로 확산되었다. 이산 저산 방방곡곡에 아이들을 동원하고 농민들을 동원하였다.

(그림) 1942년에 최남선이 중간사를 쓴 鄕藥集成方 중간본 (杏林書院 編, 원문 3책, 解說1책, 총 4책)

轉禍爲福의醫藥界

海外藥品輸入杜絶을契期로

國內藥草採取運動展開

半島는藥草의寶庫

自給自足된다

總督府衛生課談

(그림) 전국적인 약초재배운동을 선전하는 총독부

이어서 태평양전쟁 발발 직전인 1941년 10월 총독부는 한약건재에 대한 배급통제를 실시하고, 조선산 약재를 가장 긴급한 1종 생약으로 지정 했으며, 한약가격에 대한 최고가격을 세분화하여 생산원가, 조합판매가, 도매가, 소매가격마저도 총독부가 직접 관리했다.

1941년 12월에는 인천과 개성에 약초원을 확장하였고, 전쟁말기 총독부는 완전한 수입 단절에 따른 대용 한약재 개발 독려하는 정책을 내는가 하면, 1944년 6월에는 한약재 증산과 통제를 실현할 특수회사로 조선생약주식회사(朝鮮生藥株式會社)를 설립하였다. 또한 연합군의 중요도시 공습에 대항한 도시소개가 진행되던 1945년 3월경에는 임시 의약품 수급 및 한약 자급계획을 강력히 추진했다. 이렇듯 태평양전쟁 시기 조선총독부는 한약자급정책을 전개하면서 일면 조선의 전통 한의학에 대한 자랑과 선전도 확대하였다. 마치 전통 한의학의 중흥을 보는 듯했다.

이렇듯 민족말살시기에 오히려 민족문화가 보존되는 듯한 모습이 등장하자 일부 식민지근대화론자들은 일제의 식민지 지배는 오히려 조선의 근대적 개발과 전통문화의 보존에 기여했다는 논리를 주장하는 근거가 되기도 했다. 그런나 자세히 살펴보면 이 시기 한의학과 한약재의 중흥은 당시 조선인의 위생과 평안에 기여했다고 볼 수 없다. 오히려 한의학과 약재 배급을 총독부 후생국이 직접 통제했고, 경찰서가 배급소를 관리하는 관치통제 아래 두면서 전쟁에 필요한 물자 공급에 우선 순위를 두었다. 근대적 의약품이 없으니 조선인들에게 부족한 양약품을 대신할 한약의 자급을 강권한 것이었다. 대용 한약의 증가는 다시 말하면 조선인의 근대적 의료가 그만큼 후퇴하고 있었다는 사실을 반영한다. 또한 국민총력운동조직에서 의약품과 한약재를 배급함으로써 체계적으로 조선인을 통제할 수 있었다.

일제는 각종 매체를 통하여 근대화의 미명아래 그럴듯한 식민지 조선의 발전을 말했다. 하지만 그들이 말하는 근대화란 진실로 그들의 침략적 목적에 부합할 경우에 나타난 근대적 환상일 뿐이었다. 그런데도 여전히 우리 사회에는 그런 일제의 근대적 시혜가 남긴 겉가죽만 보고 그들을 찬양하는 사람들이 즐비하다.

일제강점기 노동자의 삶

인신매매

1930년대 이후 서울은 당시 조선내에서 가장 중소기업이 비약적으로 발전하던 도시였다. 그리고 당시 확대일로이던 서부 조선[현 관서]이나 북부 조선현 관북)지역의 공단과는 다른 각종 소비재·자본재 공업이 발달하고 있었다. 나아가 전쟁 이후 일제가 조선인 소유 자본을 적극 동원하고자 생산력 확충계획을 추진하면서 조선인 공장도 덩달아 급증하였다. 그러한 서울지역 공업팽창은 중일전쟁 이후 일제가 북방엔 블록의 자급을 정책적으로 강화하면서 중국과의 경제적 연계가 강조된 이유도 있었는데, 이러한 전략은 이미 1930년대 초반부터 <경성시가지계획> 등을 통해 준비되고 있었다. 1934년에 작성한 경성시가지 계획에 입각하여 총독부는 1930년대 말부터 용두[청량리·왕십리·뚝섬 사이 60만 평]와 사근지역[50만 평]에 대공장 전용공단을 조성했다. 한편 외곽에도 시가지 계획에 입각하여 구로의 173만 6천 평을 확대하는 등 소사·시흥·부평·서곶·계양·양천 등지를 망라하여 총 998만 4천 평의 공단용지를 확충하는 등 생산력 확충을 기하고 있었다.

서울의 공장 확대는 당시 조선 북부나 서부지역의 중화학 및 대공업 확충과는 달리 개인 중소기업의 확대가 특징이다. 경성상공회의소에서 간행한 『경성에서의 공장조사』(1939·41·43년판)을 보면 중일전쟁 후 불과 2년 만에 서울의 개인공장은 1,100여 개 확대되는 사정과 그 대부분이 개인·중소공장이었다는 사실을 보여주고 있다.

아울러 1940년 이후 총독부의 증산정책이 강화되면서 조선에서도 생산현장에 소요되는 숙련노동력뿐만 아니라 미숙련 노동력도 크게 부족했다. 하지만 조선의 경우 미숙련 노동력이 필요했던 것은 일본처럼 기계화에 의한 단순가공 기능이 강조된 것이 아니라 공업시설의 저급하고, 기계화가 미진한 상황에서 미숙련 노동력을 기계 대신 충당함으로써 식민지 초과이윤을 겨냥했기 때문이었다.

> 1941년 하반기 경성과 오사카의 공장에서 면사 1곽을 생산하는 데 소요되는 비용을 비교하면… 경성의 경우는 1곽 생산비에서 동력비용은 12.0%였지만 오사카는 16.1%, 임금은 오사카에서 33.9%인데 비해 경성은 20%에 불과하다. 그만큼 조선에서는 저급한 기계설비와 저임금 구조로 증산이 강행되었다는 것.[대장성 관리국, 『일본인의 해외활동에 관한 역사적 조사』<조선 편> 통권 제7권 제6분책]

실제로 총독부는 저임금에 기초한 조선의 노동시장을 구축하려고 했고, 시장구조의 변동이 초래되었다. 그러한 변화의 골자는 종래 자연전입 및 지역연고 중심의 자유고용 구조에서 벗어나 총독부가 직접 노동시장을 간섭하고, 점차 강제 동원하는 수순을 밟았다. 우선, 노동력 수급면에서 남부의 노동력과 북부의 공장지대를 결합하고, 둘째 종래 특정지역·인원의 부정기적 노동력 동원이 '국민개로주의'에 입각하여 전면적인 동원으로 확대하였다. 나아가 종래에는 '황국신민의 도'를 일깨우는 이른바 정신훈육적 의미가 강한 근로동원에서 생산력 확충이 지상과제가 되면서 중요산업체로의 직접적인 동원을 꾀하였다.

이러한 상황에서 관청알선 및 업자모집을 장려하고자 총독부는 <직업소개령>(1940.1)을 공포하여 직업소개·노동력공급·노동자모집 등의 사업을 인·허가제로 하여 총독부가 직접 관장하기로 하고 서울에 있던 공영소개소를 국영으로 이관하였다. 나아가 1941년까지 각 도에 1개소씩 국영소개소를 확보하였다.

그러나 모집이라고 해도 자유계약을 빙자한 '인신매매' 성격이 강했고 농촌의 궁핍한 현실을 기반으로 재생산되는 또 하나의 '강제동원' 방식이었다. 당시 소련영사 부인인 샤브쉬나의 수기는 서울지역에서 자행된 노동력 모집에 관한 기억을 다음과 같이 담고 있다.

> 지혜[서울 어느 미장원의 여주인]는 흐느끼며 다음과 같이 말하였다. 여동생이 열네 살이었을 때 서울의 방직공장에서 모집자가 내려왔다. 배고픈 여섯 식구를 거느리고 있는 가난한 소작농인 아버지에게는 달리 방도가 없었다. 그는 7년 예정으로 계약을 맺고 선불을 받았다. 동생은 모집자와 함께 서울로 갔다. 우리는 계약기간이 끝나면 돌아오지 않겠느냐?"며 말했다. 그러나 우리는 지혜의 답을 듣고 경악을 금치 못하였다. "아버지가 받았던 돈은 반드시 몸으로 갚아야 합니다. 그래서 첫 2년간은 아무런 보수도 없지요. 그 때까지는 일당이 20전이었다가 그 다음엔 30 40전으로 계산되지요. 그러나 여자노동자들은 주인에게 식비·의복비·집세[가건물 숙소]를 내내 물어야 해요. 어떻게 헤어 나올 수 있겠습니까."[샤브쉬나, 『식민지조선에서』]

미숙련 · 유년 · 여성노동자로 채워진 노동시장

1940년대 조선공업은 기술자 감소와 유년노동력의 증가라는 토양 위에 비로소 존립할 수 있었다. 따라서 일본본토가 증산을 강요하면 할수록 기술향상이나 숙련노동의 충용에 의한 증산 대신에 미숙련·유년노동력의 무제한 수탈과 필요노동까지도 침범하는 생산구조를 강화하고 있었다. 물론 1940년 이후 노동력 동원이 주로 생산력 확충산업에 집중된 상황에서 총독부는 그것을 뒷받침할 기술인력의 양성이 필요했다.

먼저, 총독부는 1930년대 후반부터 중견기계공 양성을 표방하며 조선노무협회 산하 '중견노동자 지도훈련소'를 확장하고 <공장사업장기능자양성령>(1939.6.12.)으로 "총독이 지정하는 노동자 200명 이상을 사용하는 공장[200인 미만의 지정업체 포함]은 국민등록이 가능한 기능인을 노동자 수의 100분의 6까지 양성하고 지정공장 및 사업장 등 업종 22종과 직종 65종을 선정한다"고 했다.

아울러 기술인력의 양성을 위하여 공업학교가 증설되었다. 즉 1944년까지 공업학교는 경성제대 이공학부를 비롯하여 경성공고·각지 공업학교 등 총 6개교가 있었다. 1944년경에는 평양과 서울에 공고 2개소를 추가로 설치하고 그밖에 직업학교·상업학교 및 상공학교 17개교를 공업학교로 전환하였으며 상당수 학교에 기계과·조선과를 설치하도록 했다. 그러나 이러한 '양성'이 실효가 있었는지 의문이다. 즉 조선인 기술자 수는 1941년 1,215명이었지만, 1944년에는 오히려 1,080명으로 줄고 있었다.

이와 같이 전시 이후 기술인 혹은 기능공양성정책이 총독부에 의해 표방되고 있지만 실제로 노동력의 질적 성장을 동반한 것이 아니었다. 그것은 이른바 '보조적 기술인력' 이상은 아니었던 것이다.

> <국민직업능력신고령>에 의한 기능표준에서… 중소공업에서는 2급 신고표준에 해당하는 고급물·마이크로메터·지그(jig)·측정기 등의 사용법조차 정확히 모르는 사람이 많다.[『식산은행조사월보』, 1944년 6월호]

한편 서울지역 공장이 주로 단순 원자재 가공의 경공업 혹은 중소기업이 중심이었던 까닭에 노동과정에서 유년노동자의 비율이 급증하고 있다. 경성부의 『산업요람』에 의하면 1932년 7.6%였던 유년노동자의 비율이 1937년에는 11.8%에 달하며, 여성노동자도 1932년 48.5%에서 1937년 68.5%롤 증가하고 있다. 그리고 1943년 6월의 상황을 보면 전체 노동자 가운데 유년노동자는 10.3%를 차지했으며 그 중 노동자가 30인 이상인 공장은 그 이하 공장보다 유년노동력 특히 유년 여성노동력의 비중이 높았다. 당시 유년노동자와 및 계약여공의 참상은 형언할 수 없었다.

> [유년노동자의 참상, 1944년경 서울의 상황] "우리는 작업 교대시간 경에 상당수 아이들이 일하고 있는 서대문가의 금속공장에 몇 번인가 다가가 보았다. 가슴이 옥죄어 들었다. 생기 없는 눈동자, 가느다란 '노동자들의' 팔, 기진맥진한 얼굴들 … 그들은 말없이 떼를 지어갔다. 한참 뛰놀고 공부할 나이인데. 그들은 집에서도 힘들었다. 힘겨운 장시간 노동에 반 기아상태라니."[『식민지 조선에서』]

여성 유년노동자는 방직 · 식료품 · 화학공업 등 일부 업종에 집중되었으나 남성 유년노동자는 전 업종에 걸쳐 분포하고 있다. 즉 남성 유년노동자의 경우 성년노동자가 일하는 대부분의 업종에서 일하는 반면, 여성 유년노동자는 고무제품 제조업이나 제빵 등 노동과정의 일부에 기계가 도입되어 손쉬운 공정이나 허드렛일에 사용되었다. 반면 남성 유년노동자는 수공업적인 방식으로 작업이 이뤄지는 소규모 작업장이 많았다. 주물제품 · 건축용-가정용 금속제품 등을 생산하는 철공소는 특별히 이들을 허드렛일 혹은 견습이나 도제로 사용하기도 했다.

> [조선방직 계약여공의 참상] "계약은 6년 내지 10년간 체결되었는데 선금은 18원 내지 20원이었다고 한다. 첫 2년간 그녀들은 공짜로 일하고 그

> 이후 주인은 그들에게 20전의 임금을 주기로 구두계약을 하였다고 한다. 그러나 그녀들이 손에 쥔 것은 아무것도 없었고 주인의 영원한 채무자로 취급되었다. 전쟁 시기에 이 소녀들의 하루 노동시간은 17시간에 달하였다. 그들은 실제 개인의 자유를 박탈당했던 것이다. 그들은 공장숙소에서 살았고 한 달에 한번만 시내에 나갈 수 있었는데 그것도 감시자의 동반하에서였다."[샤브쉬나, 『1945년 남한에서』]

이처럼 일제 자본가 측은 엄격한 노동규율, 분화된 위계조직, 포상제도·기숙사제도 등을 미숙련 여공의 관리통제를 위하여 도입했다. 엄격한 관리 아래서 여성 그리고 유년노동자들은 17시간 이상의 장시간 노동과 더불어 불과 30분 정도의 점심시간을 제외하고는 어떠한 자유시간도 용납되지 않는 감옥과도 같은 상황에서 노동하고 있었다.

복지는 선전, 수탈은 내용

총독부의 노동력관리대책은 <근로관리요강>에 입각하여 겉으로나마 명목임금을 인상하고 "각종 생산력 확충산업에 종사하는 노동자에게 식량배급이나 작업복 및 기타 작업용 생필품을 우선적으로 배급하여 근로의식을 함양하고, 특별히 봉사대 등을 조직하여 사업주 이하 직원 및 노동자를 일관해서 '황국근로관'을 함양함으로써 생산력 확충에 매진"하도록 했다. 그러나 노동자가 처한 근로조건을 볼 때 이 같은 총독부의 정책은 매우 기만적이었다.

예를 들어 총독부는 공장법의 일부로 <공장취업시간제한령>(1939. 8. 1)을 공포하여 하루 12시간 이상의 노동을 금지했다. 특히 조선에는 일본본토와는 달리 <제한령> 제9조에 입각하여 적용대상을 '만16세 이상의 성인남자' 대신 '직공'이라 하여 유년노동력이나 여성노동력의 취업시간도 법적으로 제한하였다. 그것은 식민통치의 안정과 조선인 노동자의 증산의욕을 고취하려는 책동이었으나 위의 인용문처럼 취업시간의 제한법령은 지켜지지 않는 사문화된 법령일 뿐이었다. 또한 계약여공들은 농촌의 궁핍을 기반으로 채무노예 방식으로 공장노동자가 되었다. 그리고 계약제·2년간의 무임금노동·저임금 등의 불평등 계약관계 하에서 기본적인 채무관계에서 벗어나는 것도 불가능한 형편이었다. 그나마 <제한령>도 <공장법전시특례>에 입각하여 1943년 7월에 폐지되고 말았다.

아울러 복지제도 측면에서, 예를 들어 1940년을 전후하여 50인 이상 노동자를 사용하는 공장에서 의료시설이 있는 것은 12%, 기숙사가 있는 곳은 33%, 목욕탕이 있는 곳은 34%에 불과하였다. 그나마도 경성지역의 여성노동자들은 값비싼 의료비·집세·의복비·숙식비마저 스스로 감당해야 했다. 그 때문에 노동자 이동률은 관변통계만 보아도 심각한 지경임을 알 수 있다. 예를 들어 1944년을 전후한 조선내 36개 기계공장에서 노동자 이동상황 조사에 의하면 이동원인은 가정형편[18.9%]·질병[13.9%] 등 개인사정이 수위로 나타난다. 그러나 구체적으로는 임금불만[3.7%]을 비롯하여 전직[12.6%]·형편부득[7.5%]·적응한계[10.1%]와 탈주·무단결근[12.6%] 등 가혹한 근로조건에 의한 것이 대부분이었다. 물론 생산능률과 품질향상을 위하여 개근·상여·근속상여·생산상여·품질상여 등 각종 포상제도를 실시했다. 그러나 그것은 종연방적 경성공장의 사례에서 보는 것처럼 기숙사제도나 상여제도가 여성노동자의 종합적 복지라기보다는 주야 교대제로 여공의 노동력을 수탈하여 생산능률의 강제적 상승을 위한 조치일 뿐이었다.

선전과 달랐던 노동의 현장

1930년대 이후 총독부는 서울을 생산도시로 전환하려고 시가지 계획을 세우고 각종 공단을 확충하면서 중소공업과 경공업이 증가하였다. 그 과정에서 많은 조선인 노동자들이 배출되었으며, 모집·알선을 명분으로 강제동원과 노동력 수급대책이 강화되었다. 그리고 근로의욕 감소를 저지하고자 <공장법>의 일부로 공장 취업시간 제한이나 공정임금의 개정, 생필품 우선배급 등을 선전하였다. 일부 공장의 임금도 오르고, 중요산업장의 물자배급은 '중점배급'이라고 하여 비교적 풍부하기도 했다.

그러나 대부분 경공업이나 개인공장에 취업하던 조선인 노동자의 삶은 고단하였는데, 취업시간 제한은 실제로 지켜지지 못했고 결국에는 폐지되었다. 60~70%를 웃도는 여성노동자와 10~20%대에 달하는 유년노동자들이 생산현장을 담당하였다. 100만이 넘는 전국의 노동자 가운데 조선인 기술자는 1천 명에 불과했다. 이들 유년·여성 노동력은 견습과 도제 나아가 수련을 이유로 아무런 법적 보호도 받지 못한 채 17시간의 노동을 감내해야 했다.

반면 성년노동자는 경비절감·현원징용 등의 방식으로 생산현장에서 구축되면서 서울지역의 노동시장은 식민지적 탈구성을 더욱 노골적으로 드러나게 되었다. 일부 노동자 임금이 상승한다고 해도 서울의 경우 유년·여성노동자가 지배적인 상황에서 공정가격이 지켜지지 못한 것은 확실하다. 그나마 일제가 식민지 조선의 노동력 개발을 선전하면서 육성했던 기술인력도 1940년대에는 오히려 감소세로 돌아섰다.

이처럼 1940년대 조선의 노동시장은 미숙련·여성·유년 노동력의 증가와 기술 및 숙련인력의 퇴조라는 뚜렷한 대비 속에서 노동력의 질은 하락했고, 수탈의 강도는 높아졌다. 결국 이러한 사정을 종합해보면, 일제 말기 잠시 조선을 달구였던 '공업화'란 것은 기계화라기보다는 무제한의 노동력 수탈에만 의존하려한 결과로 볼 수 있을 것이다. 그리고 이러한 '공업화'는 조선인 삶의 질보다는 오히려 노동력의 절대적 마모를 초래한 '반역사성'을 극명히 드러낸 그야말로 기만적인 것이었다는 점을 꼭 기억할 필요가 있다.

제 14강

과장이 진실을 폄훼한다

친일파는 제국주의를 반대했나?

침략전쟁에 참가했던 친일 조선인의 복잡한 심경을 반민특위 재판 과정에서 살펴보면, 예를 들어 중추원 참의를 지냈던 조병상(曺秉相)이 "영국과 미국은 동양의 침략자라고 생각해서 배격할 의사가 있었다." (민족행위특별조사위원회 피의자 조병상 제2회 신문조서(1949년 2월 15일))고 한데 반해 친일 기독교인 전필순(全弼淳)은 전쟁으로 "중국과 일본이 스스로 자멸하는 화를 입었다"(민족행위특별조사위원회 피의자 전필순 신문조서, 1949.4.1.)고 대조적인 진술을 했다. 어느 쪽이 진실인가? 그리고 '진심(眞心)'은 무엇일까.

조선사편수회원도 아니면서 만주건국 10주년 기념호인『반도사화(半島史話)와 낙토만주(樂土滿洲)』편찬에 참가한 역사학자 황의돈(黃義敦), 최남선(崔南善), 홍승구(洪承耈) 등과 조선어학회 회원 정인승(鄭寅承), 이극로(李克魯) 등의 글쓰기는 침략전쟁의 끄나풀로서 자신의 영달만을 추구한 결과물이지 조선 민족의 이익과는 상관이 없었을까?

일반 조선인들이 항일운동을 탄압하는 무장대인 간도협조회의 회장 김동한(金東漢)을 '선계 국민(鮮系 國民)들의 영광', '흥아(興亞)의 선구지사', '신건설의 혜성'(『滿鮮日報』1939.12.21 및 1940.2.11.) 등으로 추앙한 이유는 무엇인지 정말 그들의 속마음이 궁금하다. 그리고 그토록 친일 조선인이 고무되고 조선사회의 혁신과 개발 논리로 삼고자 했던 '반서구 제국주의론' '아시아 1등 국민론'이 오늘날까지도 강고하게 그들에 의해 계승되고 있다. 그 결과 당시 일본의 침략과 함께 대륙을 오가던 국제적인 친일 조선인의 활동이 마치 무용담, 대륙활약담으로 이야기되는 현실은 참으로 아이러니하다.

이것은 '현재 실재하는 역사'로서 그간 남한 사회에서 권력을 추구했던 정일권, 최규하, 박정희 등의 모습이나 해방 후 만주에서 내려와 서북청년단에 가담한 깡패 등 "제국의 끄나풀"에 대한 이야기가 영웅담처럼 회자되는 '진짜 핑계'를 밝히는 일이기도 하다.

이러한 친일파들이 주장한 자신들은 반제국주의자라는 생각이 무엇을 의미하는가. 그것도 조선인의 민족주의일까? 실제로 민족해방을 위한 바람직한 민족주의는 아닐지라도 이완용의 민족론, 이광수의 민족론 등 친일파들의 민족주의 이론은 나름의 조선발전에 관한 이론을 담고 있고, 실제로 그 많은 생각들이 '민족의 이름'으로 쏟아져 나왔다.

사실 친일 인사들의 '반서구 반제 담론'은 비록 일본의 이데올로기 공세에 크게 현혹된 면도 없지 않지만 완전한 민족해방이 어려운 사정 아래서 '현실의 힘'을 가진 동양의 선두주자인 일본과 손잡아 나름의 민족적 갱생과 자치를 꿈꾼 것으로도 여겨진다. 이에 태평양전쟁 전후 해외 친일조선인들도 비록 일제의 반서구담론을 복제하더라도 그들만의 해석이 존재했다. 실제로 반민특위 재판과정에서 친일파들의 반론에는 그들의 행적이 '민족갱생의 유용한 노력의 결과'라는 입장과 '전쟁의 승패와 관계없이 서구 백인주의에 대한 반감'이라는 여러 형태의 이해방식이 등장한다.

> (A) 일제의 강요로 부득이 중추원참의라는 의외의 짐을 부하케 된 것이 오직 애통한 일이다. 외면적으로 왜정에 붙지 않을 수 없었으나 내면 민족의식이 강렬하였다.(김화준 및 김원근진정서, 『반민특위 재판기록』3)

> (B) 원산서 강연한 演題는 '정의는 반드시 이긴다'라는 제목이 오며, 각

지에서 전부 동일한 연제이었습니다. 세계 혹은 동양정세에 비추어서 동양은 언제나 동양인의 동양이라야 할 것인데 日支양국간에는 반드시 협조 제휴하여야 할 터인데 현실과 같은 無如 戰爭狀態에 이르러 있는 것은 其 이면에는 반드시 외래모략 즉 美英의 制覇的 야심이 숨어 있는 것이다. 그리고 일면 일본의 입장은 세계평화 又는 東洋守保를 목적한 정치, 경제, 문화 又는 인종적 견지에서 정당방위임에 누가 정의인 것은 스스로 규정될 것이다. 그러므로 제목과 같이 정의가 반드시 이길 것이라고는 직역에 충실하여야 할 것입니다 라고 말한 것이 생각됩니다.(피의자신문조서 반민족행위특별조사위원회 피의자 전필순[全弼淳] 피의자 신문조서(1949년 4월 1일)

(C) 영미(英米)가 승리한다고도 또는 일본이 꼭 승리한다고도 생각지 아니하였다. 英米가 승리하는 것이 東洋전체에 대해서나 우리 민족을 위해서나 유리하다고도 생각하지 아니하였다 만일 英米가 승리하는 날에는 우리 동양인은 앵글로색슨의 노예가 되질 않을까 했다. 그 당시 나의 심경을 솔직히 고백하면 차라리 일본이 승리하는 편이 도리어 나을까 생각한 일도 있다.(중략) 어느 편이 승리하던 간에 우리에게는 무슨 기회가 오리라 하는 생각이었다. 영미(英米)가 승리하더라도 조선 문제가 上程될 것이요, 일본이 승리하더라도 우리를 그대로 둘 수는 없을 것이라고 생각하였다.반민족행위특별조사위원회 피의자 반민법 피고 조병상[曺秉相] 수기(1949년 2월~4월?),

(A)는 비록 외형적으로 자신들의 행적은 친일이었으나 내면적으로는 나름의 민족의식이 있었다는 항변이고, (B)는 미영격멸은 동아를 인종적, 정치·문화적으로 짓밟는 서구제국주의에 대한 정당한 방위라는 논지이다. 이는 "지역적으로나 또는 정치, 경제, 문화, 인종적으로 자수자보(自守自保)하여 외래의 침략을 방어하고 서양과 비견하여 세계평화를 도모한다는 의미"라는 것이다.

그리고 (C)는 전쟁에서 각종 물자공출, 강제동원 등으로 피를 나눈 조선인들에게 일본이 승리할 경우 어떤 형태로든 그에 대한 상응한 대가가 있을 것이라는 신념이다. 위 세 가지 증언은 하나같이 전쟁참가는 우리 것을 지키거나 발전시키기 위한 '또 다른 보험'이라는 것이다.

일면 어떤 친일파는 민족갱생과 더불어 봉건 질서 압박을 해체하는 데 강력한 국가의 필요성을 침략전쟁의 승리에서 찾고자 했다.

> 오늘 대동아전쟁(大東亞戰)의 의의와 제국의 지위는 일즉 역사의 어느 시대나 어느 나라의 그것보다 위대하다.(중략) 진실한 인간생활의 탐구를 국가의 의지함에 副하야 전개시켜 가야한다. 나라가 있서야 산하(山河)도 예술도 있다. 오늘 혁혁한 일본의 지도적 지반(地盤) 위에다 현란한 문화를 건설하여야 할 것은 오로지 예술가에게 지어진 커다란 사명이다.「(대동아 전쟁과 문필가의 각오」, 『만선일보』 1942년 2월 일자.)

이들은 자신의 안정적인 문예활동을 위한 국가의 역할을 강조하면서, 적극적으로 '일본 국가의 역할'을 확립할 침략전쟁의 당위성과 필요성을 언급하고 있다. 이런 경향은 소설가 최정희가 군국모성론(軍國母性論)에서 국가주의(천황제 군국주의) 비호로 '반봉건(反封建)=근대적(近代的)' 여성상을 구축하려 한 것과 같은 맥락이다.

따라서 그러한 정서가 일제하 정총대를 역임한 어느 반민특위 위원에게 "자신에 대한 부당한 취급을 말라"라고 한 것이나 전필순이 "일본의 취한 침략을 정당하다고는 생각지는 않으나 마음에 없는 말을 한 것에 불과"하다는 항변을 당당히 할 수 있게 만든 것이었다.

사실 이것을 항일 민족운동 차원에서 바라보면 '말도 안 되는 사이비 민족주의'지만 그것이 일제의 압박에 의해 강요된 의식이나 자기변명이 아니라 당대 조선인들의 상당수의 뇌리를 지배하던 '실재하는 의식'이라면 주목할 이유가 있다. 실제로 그들의 담론에는 단지 '제2의 일본인'으로 간다는 구호가 아니라 '아시아에서 일본과 어깨를 나란히 하는

1등 조선인'이 되는 실력양성과 민족갱생의 가능성을 끊임없이 탐색하고 있었다. 이는 일제의 시정과 지방자치제에 대한 조병상의 인식에서도 조금씩 드러난다.

> 문) 부회(府會), 도회(都會)의원으로 출마한 동기 如何.
> 답) 왜정(倭政)이 준 자치민권이기에 이러한 권리를 포기할 필요가 없다고 인식되는 까닭이었습니다.
> 문) 그러면 이 민권이 과연 우리 민족에게 자주독립을 찾는 한 개의 단계로 알았던가.
> 답) 자주독립의 단계로서는 생각하지 않았습니다. 倭政에 대한 한 개의 타협으로 생각하였습니다. 그러나 현실문제 局部문제에 있어서 우리 민족의 가능한 문제를 해결하자는 의미입니다.
> 문) 학병권유 및 그 강연은 어떻게 하였는가.
> 답) 강연은 연희전문학교 강당과 배재중학강당에서 2회하였는데 「일제가 우리에게 학병을 요구하는 것은 결코 수다(數多)에 있는 것이 아니오, 일제 신민으로서의 동등한 권리를 부여한 것이다. 또한 우리도 군사학을 배워 두라」고 하였습니다.(앞의 조병상 제3회 신문조서(1949년 2월 19일),

이러한 친일 인사들의 '전쟁 참가는 (현실적) 문제 해결 가능성을 여는 길' 혹은 '미래 조선을 위한 투자'라는 이론은 점차 '전쟁에서의 조선인 역할 필수론'으로 나아갔다. 특히 태평양전쟁 단계에서 반서구·반제 담론이 확장된 것도 그런 의식이 가속화된 결과였다. 나중에 반민특위에 끌려나온 이들이 결국은 '(일본에) 속았다'라고 술회하는 것도 그러한 기대감와 좌절된 현실을 모두를 반영한 탄식이었을 것이다.

여기서 왜 1940년대 조선인의 현실인식에서 친일론과 민족론이 착종하는지 이해할 만한 단서가 있다. 친일이 진정 민족주의와 결합하여 '친일민족주의'를 탄생시킬 수 있는지는 논란 중이지만, 당시 친일파들은 당면한 조선사회 현안을 이러한 생각으로 극복할 수 있다고 확신한 듯하다. 이를 당대 친일파들의 침략전쟁 참가 명분으로 볼 수 있고, 정리하면 이에 침략전쟁 참가 주장의 내면적 요구를 정리하면 다음과 같다. (1) 침략편승을 통한 갱생·자치의 길, (2) '역할'을 통한 차별·열등 탈피의 길, (3) 현지병참을 통한 자본축적의 길이었다. 그 동안 공인된 가치로서 저항적 민족주의에 기초한 '친일청산론'은 민족주의를 미리 이른바 정당한 것과 아닌 것이라는 기준을 만들고 세운 우리만의 잣대이다. 그것은 아무런 객관성과 보편성이 없는 생각이다. 오히려 특정한 현상에 반대하는 정치적 국가적 신념일 가능성이 크다.

이들 친일파들이 열광한 반서구 이론은 단순한 일제의 이념공세에 순응한 것이 아니라 보다 나은 현실적 대안을 그들의 침략전쟁 동반(반서구 항쟁)이라는 '노력과 역할'에서 얻겠다는 의지 표명이었다. 아울러 이는 엘리트(친일 조선인 및 자산가 그룹)만의 생각에 그치는 것이 아니라 보다 구체적인 삶의 혁신을 기대하던 '일부 하층' 조선인들에게도 많은 공명을 얻은 듯하다.

그들의 반서구 담론과 침략편승이라는 담론은 완전한 민족해방이 요원하다는 현실을 확인했을 때 나타났다. 그리고 그것은 그간 지지부진하던 조선인 자산계급의 자치권 확보와 가시적 민족차별 탈피의 또 다른 대안이라 보았던 것이다. 유난히 1940년대 반제 담론을 활성화된 것도 그러한 목표가 전쟁이라는 특별한 시기에 그것을 가능하게 할 조선인의 역할이 가능하다는 생각에서 비롯된 듯하다. 그래서인지 해방 시점이 다가올수록 이러한 반서구 주장에서 표면에 드러나는 친일 고양과 내면에 숨겨진 민족갱생의 논리간의 경계선이 교란되었고, 마치 그들 자신이 민족지사요 애국자인양 하는 자기 최면을 걸 수 있었다.

그러한 주장은 해방 후 자신들은 사실 속내에는 민족적이었다는 변명을 정당화하는 수단으로 활용되기도 했다. 어쩌면 이러한 생각은 자신들이 자행한 반민족적 반역사적 행적이 가져올 파장에 대한 일종의 '마음의 보험'이었다. 일본인이 되고 싶으면서도 조선인이라는 현실 속에서 최선의 선택은 역시 일본과 조선을 아우르는 민족의식이었고, 그래서 이러한 '변종' 민족주의 주장이 등장한 것이었다.

그런 생각을 자주하다보니 이제는 보험 수준에 그치는 것이 아니었다. 많은 조선인들은 조선인이 전쟁에 적극 참가하면 '갱생과 성장의 가능성'이 열릴 것이라는 총독부와 관변의 주장에 어느 정도 기대감을 가진 것도 사실이었다. 그리고 차별과 열등에서 벗어나는데 그치지 않고 '아시아 1등 조선 만들기'라는 나름의 환상으로 확대되었다.

모든 것이 아직 일본인들의 손에 있을 때, 친일조선인들은 나름의 민족의 이름으로 보다 많은 기득권을 일본과 협상하였다. 그래서 그들은 조선인 민족주의를 일제강점기에도 표방한 것이었고, 이런 사이비 민족주의는 해방후 이승만 친일정권의 존재가치를 높여주는데 적극 활용되었다. 그런데 이러한 친일민족주의는 해방 후 우리 사회에서 가짜가 진짜가 되는 어마어마한 비극을 초래하고 말았다. 왜냐하면 그러한 친일민족주의의 태생자체가 억압과 수탈의 침략세력의 지배와 그들에게 추종하는 자신의 삶을 정당화하기 위한 노력에서 출발했기 때문이었다. 콩심은데 콩이 났던 것이다.

김좌진(金佐鎭) 신화 바로보기

과장은 진실을 손상한다

김좌진 하면 청산리대첩, 청산리 하면 독립군의 대승, 북로군정서의 활약 등으로 이해되어왔다.(서정주, 송병기, 윤병석, 이강훈, 이현희, 이범석) 하지만 최근의 일부 연구는 김좌진의 청산리 대첩은 과장이며, 오히려 독립군이 일본군에 쫒기는 과정에서 우발적으로 몇 번의 교전이 있었을 뿐이었고, 그동안 알려진 일본군의 피해도 없었다고 한다(박창욱). 더불어 청산리전투 자체도 김좌진의 북로군정서만의 전투가 아니었다는 사실도 거론되었다. 그동안 김좌진의 독립운동에 대한 언술이 '실제 있었던 사실'은 표방했지만 김좌진의 실제 행적보다는 보다 많은 정치적 이해를 그를 통해 완성하려는 의도들이 짐짓 수많은 왜곡을 초래했다는 점은 부인할 수 없다. 무엇보다 김좌진을 지나치게 청산리 전투의 영웅으로 부각되다보니 정작 그가 보였던 독특한 민족운동의 모습을 체계적으로 이해하는데 제약이 있었다.

김좌진은 충남 홍주(洪城) 부호의 아들로서 15세라는 어린 나이에 집안의 노비를 풀어주고, 전 재산을 노복들에게 나누고 하는 비범한 행적을 보였으며, 신안동 김씨 집안의 김옥균, 김복한, 김석범, 김종진, 김연진 등의 든든한 인맥을 통하여 계몽운동, 사회운동, 의병운동 등에서 활약했으며, 합방 이후에는 광복단, 주비단, 중광단, 정의단 등에 무장항쟁 세력으로 변신하여 마침내 북로군정서의 총사령이 되어 청산리 전투를 수행하였다.

> 김좌진은 본시 충남 홍성군 고도면 향산리 출생으로 금년 사십이 세의 장년으로 16세 때 고향에서 호명학교(湖明學校)라는 교육기관을 경영하다가 대한협회 지부(大韓協會 支部), 이창양행(怡昌洋行)을 설립하여 간도 방면으로 가서 대규모 군사교육을 계획하다가 미연에 당국에 탐지된바 되었다.(「新民府金佐鎭 被殺은 的確 사회단톄에 부고도와 四十二歲의 壯年」 『매일신보』, 1930.2.13.).

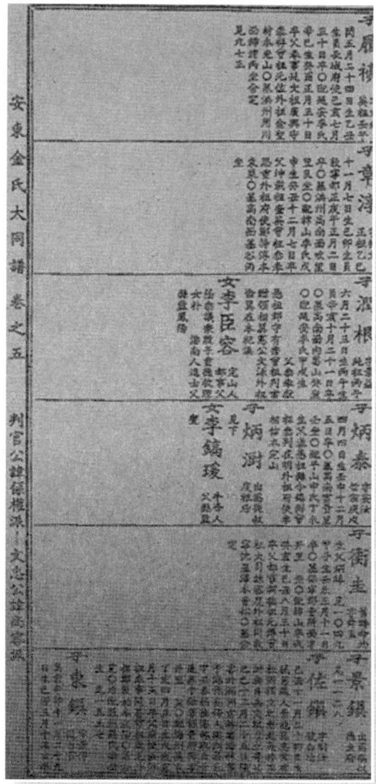

〈그림〉 안동김씨 대동보 권5 김좌진 기록
(안동김씨 안동 화수회 제공)

청산리 전투 이후에도 대한독립군단(大韓獨立軍團) 부총재, 신민부 군사부 위원장 겸 총사령, 성동사관학교(城東士官學校) 부교장, 임시의정원(臨時議政院) 국무운, 혁신의회(革新議會), 한족총연합회(韓族總聯合會) 주석을 역임하면서 등 끊임없고 한결같은 항일운동가로 활약한 인물이었다. 그러한 한결같은 노력으로 인해 점차 홍범도 이상으로 그의 이미지가 조선 사회 일반에 깊이 각인되었다.

하지만 그러한 민족운동의 이미지는 훗날 정치적 기회를 얻고자 하는 세력이나 정치적으로 그를 수단화하고자 하는 권력에 의해서 '청산리의 명장'이미지로 획일화되었다. 실제로 일제 말기에는 총독부는 그의 아들 김두한을 활용하여 징용기피자 색출하는 반도의용정신대를 만드는 힘이 되었고, 해방 후에는 대한민청 등 우익세력이 반공이념의 전도와 배타적인 권력 획득을 위하여 그의 명성을 활용하였다. 그 과정에서 일제강점기 이미 크게 고양되었던 김좌진의 민족 및 항일이미지는 '정치적 수단화'라는 올가미에서 크게 훼손되기에 이르렀다.

훼손은 그가 보인 실제 사실에 대한 의심으로 확산되었다. 무엇보다 의구심은 청산리 전투에서 보인 그의 업적에 대한 의구심으로 드러났다. 특히 박창욱은 '김좌진의 신화를 벗긴다'고 하면서 '홍범도 연합부대가 완루구, 대금창, 천보산, 맹개골 전투(국민회안무부대)와 고동하 전투 등 허다한 전투에서 크게 활약했으며, 적들도 홍범도 부대를 중시하였기에 37여단장인 아즈마 소장이 지휘하는 병력이 이들 부대를 토벌하고자 동원될 정도'였으며, 훗날 이범석은 "김좌진의 공로를 과대평가하고 홍범도군은 청산리전투에 참가하지 않았다고까지 역사를 왜곡"했다고 꼬집었다.(박창욱, 「김좌진 장군의 신화를 깬다」, 『인물연구』)

김좌진의 측근이었던 이강훈도 "신민부(新民府) 내부에는 원로 독립운동가로 널리 알려진 노인들만이 김좌진 장군을 둘러싸고 장군의 영웅심을 돋구어주는 수호지(水湖誌)식의 담화나 즐겼고 지방색을 즐기는 사람만 모였다"고 하여(이강훈, 《북한》, 1984년 8월호) 생존 당시에도 주변 인물에 의해 그의 명성이 자주 수단화되었던 가능성을 피력하기도 했다. 신주백도 "청산리전투에 관해 김좌진을 중심으로 한 기억을 과장되게 묘사하는 기억이 정착된 데는 김두한과 이범석의 역할이 컸다"면서 이들은 "해방 정국의 격렬한 좌우대립 와중에 대한민주청년동맹과 이범석의 조선민족청년단을 중심으로 반공주의의 선두에서 활동했다는 공통점이 있다."(신주백, 「한국현대사에서 청산리전투에 관한 기억의 流動」)고 보았다.

실제의 청산리 전투와 김좌진.

과연 이들 주장이 맞을까? 사실 이들의 주장과 마찬가지로 대한민국 임시정부에서 발간한 여러 가지 전투상보는 북로군정서를 청산리 전투의 주역으로 보고 있지만 서전을 개시한 백운평 전투를 꼭 김좌진 부대가 수행했다고 지칭하지 않았다.

> ○○○적의 전위 보병중대가 아의 후병 잠복 ○○米突되는 근거지에 至하도록 적은 안심하엿다가 아의 후병은 此에 지하기까지 自若不動하다가 충분한 호기를 제하야 맹렬한 급사격을 행한지 약 20여 분간에 1명도 잔여 업시 적의 전위 중대를 전멸하니 기 수는 약 200백여 명이더라.(임시정부 군무부에서 발표한 청산리 전투 정보《獨立新聞》 1921년 2월 25일자),《백야자료집》

이렇게 '청산리 전투=백운평 전투로 시작=김좌진의 주도'라는 등식을 만든 것은 훗날 이범석이었다.

임시정부가 파악한 당시 전투상보를 보면, 1920년 10월 19일 일본군이 우리 독립군을 추격해오자 제1연대장=홍범도, 제2연대장=김좌진, 제3연대장=최진동을 언급하면서 다가오는 일본군에 대한 매복 작전을 전개한 사실을 전하고 있다. 물론 임시정부 자료는 이듬해 늦게 나온 것이라서 실상을 제대로 기록한 것인지 의심이 가지만 일단 이 시점에서 전투의 주체는 김좌진만이 아니라 홍범도, 최진동 등 여러 부대가 전투를 준비하고 있었고, 당시 직급을 보아도 홍범도가 오히려 제1연대장이었다는 것이다. 다시 말해, 다양한 독립군 전투부대가 산개한 상황에서 일본군이 그 사이로 들어왔고, 백운평전투는 그러한 전체 전투의 한 부분이었다.

그런데 왜 임시정부는 김좌진의 북로군정서의 활약을 높이 평가했을까? 거기에는 당연한 이유가 있다. 왜냐하면 북로군정서 자체가 임시정부 산하였기 때문이다. 형식적인 계통뿐만 아니라 실제로 북로군정서와 김좌진은 자신의 활동을 든든하게 뒷받침하는 실질적인 임시정부 인맥이 존재한 것도 중요한 원인이었다.

수많은 인맥이 얽혀있겠지만 가장 북로군정서와 깊은 인맥을 형성한 임정 지도자는 역시 의정원 의원이자 군무위원, 군무차장을 지내면서 만주 무장항쟁에 적극 가담하여 북로군정서 참모장, 대한독립군단 부총재 등을 역임한 조성환(曺成煥), 임시의정원 의원 이회영(李會榮) 그리고 임시정부 법무총장 신규식 등을 거론할 수 있다.

그 중에서도 조성환은 김좌진에게는 특별한 임시정부 군무부 인맥으로 북로군정서의 무장 항쟁에 적극 개입한 인사라는 면에서 북로군정서를 임시정부와 연결되는 중요한 연결고리였다. 당시. 조성환은 임시정부 외교위원이나 1925년 3월 만주 영안현에서 김좌진, 김혁(金赫), 나중소(羅仲昭) 등과 신민부(新民府)를 조직했고 외교부 위원장에 선임되었을 뿐만 아니라 1925년 이상룡이 임시정부 국무령으로 추임하면서도 김좌진과 함께 국무원이 되기도 했다. 나아가 임시정부 법무총장 신규식(申圭植)은 이들 김우진, 김종진, 김연진을 중국 운남성 소재 군관학교인 교도대(敎導隊)에 소개하기도 했다는 점 그리고 홍주의진 출신의 김덕진(金德鎭)도 집안 사람으로 임시정부 신규식과 연결된 정황이 있다. 이처럼 김좌진과 북로군정서는 다양한 채널로 임시정부 지도부와 얽혀 있었다. 이어서 신규식은 당시 홍성 출신 김우진(金宇鎭), 김종진(金宗鎭)과 그의 형인 김연진(金淵鎭) 등 젊은 세대와 긴밀히 접촉하고 있었다.

그의 다채로운 인맥의 형성과정에서 많은 사회적, 인간적인 좌절과 시련이 있었다. 즉, 대한제국 시기 교육계몽 운동에 뛰어 들면서 세상을 낙관하던 그는 일본인이 떨어뜨린 돈 주워서 돌려주는 점잖은 삶을 이어갔다. 그런 일상은 합방을 전후하면서 이창양행이나 염직회사의 실패로 큰 시련을 당했다. 자금 즉, 돈은 독립을 위해서도 자신을 위해서도 중요해졌다. 쉬울 줄 알았던 집안사람을 통한 군자금 확보는 예상대로 되지 않았고, 결국 강도죄를 쓰고 옥살이하였다. 한때 가져보았기에 출옥해서 경제적인 어려움을 해결하는 방식은 누구보다 어눌한 듯 보인다. 그런 어설픔이 결과적으로 총독부 기관지격인『매일신보』등 각종 신문에서 '강도'니 '사기꾼'이니 하는 인격적 폄훼로 나아갔고, 일제의 잦은 체포 속에서 김좌진은 큰 심적 고통을 당했던 듯하다.

그가 그것을 피해 광복단에 들어서 만주로 가고 또 거기서 대종교에 귀의한 것도 심리적 상흔과 관련 있을 것으로 보인다. 하지만 이러한 어려움 속에서도 꿋꿋한 항일 의지를 버리지 않았고 주비단, 암살단, 중광단, 광복단 결사대 등에서 임정과 인맥은 물론 신뢰를 쌓았고, 청산리 전투 직전 그의 노력은 마침내 종래 대한제국의 장교들을 제치고 북로군정서 사령관으로 취임할 수 있었다.

한편 김좌진하면 청산리대첩인데, 정작 그가 이끈 청산리전투에서 어느정도 성과를 이루었는지 확인하는 것은 중요하다. 일본 육군성 발표를 보자.

> 육군성 발표 : 두도구(頭道溝) 방면에 출동 중인 토벌대는 21일 삼도구 서방지역에서 토비와 충돌되어 격퇴한 바 이 싸움에 아군 전사자가 삼 명이요. 부상자가 사명인데 토비의 사체는 십 명이요 기타 병기 약간을 얻었으며 또 동 방면에 있는 일부 부대는 22일 밤에 이도구 봉밀구(二道溝 蜂蜜溝) 중간에 서 적단과 전투를 개시 하야 아군 전사자는 하사병졸 삼 명이요. 부상자가 십일명과 기타 경상자가 있었는데 두도구 방면의 적들은 김좌진 일파와 홍범도 일파에 속한 가장 유력한 조선인 음모단이 집중되어 있는 단체이며, 병기는 기관총 기타 최신시기 무기를 가졌고, 병력은 삼천에 나리지 않는다고 하더다.(『每日申報』, 1920.10.28.)

육군성 발표를 인용한 것으로 21일 삼도구에서 일본군 전사 3명 부상 4명 그리고 독립군 사체는 10명 정도였다는 내용이고, 22일 밤 봉밀구 전투에서는 일본군은 3명 전사 11명 부상이라는 내용이다. 그리고 이틀간의 전투에서 일본군 6명 사망, 15명 부상이라는 결과를 알리고 있다.

물론 육군성 발표가 정확하다고 할 수는 없다. 다만, 일본군이 독립군 3,000여 명과의 전투를 했고, 다른 여러 부대보다는 김좌진 부대와 싸운 내용이 많다는 것이다. 따라서 청산리 전투에서 김좌진 부대가 보여준 용맹은 사실로 봐야 한다. 그러나 이범석이 주장하듯 3,000여 명을 살상한 것은 과장이라고 할 것이다.

김좌진을 정치적으로 활용한 사람들.

일제강점기에 정작 조선 내에서 김좌진의 민족적 이미지는 크게 고양되었다. 청산리 전투 이후 그의 이름은 널리 조선 사회에 알려졌고, 커다란 민족적 이미지를 형성하였던 것은 불문의 진실이다. 청산리 전투 직후, 『매일신보』『동아일보』 등을 보면 각종 신문에서 '음모단의 수령'이라는 문구가 끊이지 않았고, 그가 후퇴할 때조차 "카이제 수염을 휘날리며" 등의 극적인 표현이 따르면서 개인적 카리스마가 조선인의 가슴에 작렬하였다.

이렇듯 김좌진의 민족적 이미지와 사회적 인지도가 상승하자. 조선총독부는 당대 고양된 김좌진의 민족적 이미지를 식민지 통치수단 혹은 나중에 태평양전쟁 단계에는 '대동아공영권' 건설을 위한 조선민족의 단결이나 자발적 전쟁동원의 수단으로 활용하고자 했다.

1920년대 초반에는 '김좌진 귀순'을 날조했는데, 이는 김좌진의 귀순이 여타 조선인들의 자발적 전향에 미칠 영향을 계산한 것이었다. 하지만 귀순 날조는 성공할 수 없었다. 총독부는 '김좌진 귀순 날조'에 이어서 당시 건달로 지내던 김좌진의 아들 김두한을 활용할 기회를 엿보고 있었다. 김두한은 아버지 김좌진이 만주로 떠난 1918년 경 서울 낙원동에서 출생했으며 교동보통학교를 중퇴하였다. 11세 때에 처음으로 이름이『매일신보』에 나온다.

> 금번에 피살된 김좌진의 유족으로는 모 이씨(68) 처 오씨(43), 제 동진(34), 자 斗漢(11)네 사람이 있는데 어머니와 아내와 동생은 그가 필살된 산시근처에서 거주하고 있다하며 그 아들 두한은 생모인 전 조선권번기생인 김계월과 함께 어디 가서 이삼년째 행방불명이 되었다고 한다.(유족은 4명 애아는 실종」,『每日申報』, 1930. 2.13).

아직은 어린 나이라서 생모 슬하에서 지낸 것처럼 추정한 것인데, 김두한 자신도 훗날 회고에서 17세까지 종로의 수표교나 광교다리 밑에서 거지들과 기숙하였고, 우미관 뒷골목을 전전하고 김기환(쌍칼)의 수하로 들어갔다고 회고했지만, 실제로 그런 기록은 달리 확인할 수 없다. 김두한의 회고에 따르면 자기가 모시던 김기환이 순사를 폭행하여(순사폭행사건) 옥고를 치르는 동안 신마적과 구마적을 차례로 눌러 종로통을 장악하였다고 했다.

특히 청계천을 두고 안개 자욱한 수표교에서 충무로에 거점을 둔 하야시 패거리와 일전을 겨루었다고 하였다. 당시 일본도로 무장한 하야시 패거리에 대하여 조선인 건달들은 곡괭이 정도로 무장한 채 대단히 열악한 상황에서 대단한 고초를 당했으나 비호같은 주먹으로 수십명의 격투에서도 당당히 이긴 사실도 전했다. 하지만 이른바 장충대전, 수

포교 대전에 관한 어떠한 공적인 기록도 현재까지 확인된 것이 없다.

이러한 전설이나 야화는 공적인 근거가 없이 당대의 멋진 조선인 주먹이야기로 이미지화하여 국민의 뇌리에 깊이 자리한 것이 현실인데, 거기에는 '장군의 아들'이라는 영화나 무풍지대, 혹은 야인시대와 같은 드라마 등의 영향이 컸다. 물론 이권욕과 민족의식이 병립할 수 있지 않는가라는 의문이 들수도 있지만, 사실 우미관을 중심으로 한 종로 패거리가 각지의 주먹을 통합한 것은 총독부의 시장통제 정책과 깊은 연관을 예측하나 실제의 사실 자체를 확인할 수 없는 한계가 있다.

하지만 그런 건달 그룹과 총독부와의 연계를 사실적으로 증명하는 하나의 단서가 바로 반도의용정신대이다. 최근에 형성된 '김두한의 항일이미지'와 달리 당대에도 조선총독부 입장에선 김두한을 통하여 김좌진의 민족이미지를 활용하고자 하는 시도가 강렬했다. 당시 총독부는 사회적인 고민거리인 건달 세력을 적극적으로 포섭하여 전시통제정책이나 동원정책의 전위 세력으로 확보하고자 했고, 이에 반도의용정신대가 결성된 것이다. 결성을 주도한 세력은 총독부 경무국 보안국장인 야기노부오(八木信雄)와 종로서의 미와(三輪) 등이 형사 출신으로 경찰과 인맥이 있던 장명원 및 불교계의 실력자인 권상로 등이었다. 그들이 김두한을 중심으로 한 당대의 건달 조직과 협의하여 이른바 교화조직으로 반도의용정신대를 조직한 것이다.

당시 총독부 보안과가 적극적으로 김좌진의 아들 김두한과 연결하려는 부분은 다음의 자료에서 확인된다.

> 4275년[1942] 11월경에 구마적[舊馬賊], 김두한[金斗漢], 이병돈[李丙敦], 이정재[李丁載] 외 數人이 이준영[李駿榮]을 통하여 당시 총독부 보안과 근무하는 文某와 상의하여 서울시내에 있는 소위 야쿠자(厄坐)

> 를 단합하고 있다는 말을 듣고 본인은 평소 이러한 청년의 취미를 가지고 있음으로 당시(其時) 보안과장 야기(八木, 日人)을 방문하고 진상을 물은 결과 야기 과장 말이 그것은 문 아무개와 미와(三輪)가 잘 아니 그에게 물어보라 하고 또 모 아무개도 소개하여 주며 더 자세한 것은 수 일 내로 구마적 일행과 회합 대면하도록 할 터이니 그 시에 취지를 그 사람들에게 자세히 들어보라 하기로 본인은 김두한이가 김좌진씨의 아들인 것을 알고 일종의 흥미를 가지고 만나보기로 하였습니다.(민족행위특별조사위원회의 장명원 피의자신문조서, 1949.5.24.)

총독부로서는 건달을 동원하는데 김좌진의 민족적 이미지를 활용하고자 했다. 그리하여 김두한을 포섭하는 공작에 나섰고, 김두한도 그런 총독부의 손길을 뿌리치지 않으면서 결국 반도의용정신대의 핵심으로 자리잡았다.

반도의용정신대의 조직 시점은 1943년 말경인데 당시는 태평양전쟁 말기로 조선 내외에서 노동력이 심각하게 고갈되는 상황이었다. 그래서 징용이나 근로보국대 등의 강제동원이 자행되던 시점이었다. 이에 총독부는 건달조차도 그들의 주먹이나 노동력을 적극적으로 활용하고자 했지만 일반 보국대 동원 수준으로는 통제의 어려움이 컸고, 이에 효과적으로 건달들의 노동력을 동원하기 위한 방안으로 반도의용정신대를 창설한 것이다. 이에 건달을 모아서 교화하고 교화한 후 필요한 지역에 노무동원할 수 있는 '관알선' 방식의 동원을 획책하였다. 물론 노무동원 뿐만 아니라 동원에 저항하는 조선인을 손보는데 그들의 주먹을 활용하려는 전략도 숨어 있었다.

이런 정치주먹의 경험이 그대로 해방 이후 계승되었다. 건달들은 이제 해방 후 각종 조직으로 정치세계에 뛰쳐들어가게 되었다. 무엇보다 주먹 조직이 김좌진의 민족이미지로 코팅이 되더니 갑자기 해방 후 반공운동 속에서 가장 항일적인 기억을 확대하였던 것이다.

해방 후 대한민청을 비롯한 우익은 김좌진의 민족 이미지 활용에 적극적이었다. 친일세력을 등장시켰던 이승만 정권이 당면한 현실적 어려움을 희석시키고자 했다. 이에 우익은 항일전통의 김좌진 이미지를 주먹들도 포함된 청년단의 활동에 투영하고자 하였는데, 대표적으로 대한민청은 제2차 미소공위를 앞두고 김좌진 추도회 및 추도 열기를 크게 북돋았다. 청년단이나 건달이 영향을 미치던 영화계나 연극계에서도 김좌진의 영화화, 무대화 움직임이 일었다. 하지만 대한민국 정부가 수립되자 그러한 열기는 눈에 띄게 식어갔다. 그리고 김좌진 후손들은 방치된 채 어려운 생활고에 시달리게 되었다.

총독부를 비롯해서 해방 후 우익들에 의해서 김좌진의 민족이미지가 활용되면서 결과적으로 김좌진의 항일 전통이 크게 의심받거나 비판받는 계기가 되었다. 특히 이범석이 주장한 청산리 전투 증언이 기실 과장이라는 사실이 공공연히 확산되면서 청산리에서 보인 김좌진의 업적조차 홍범도의 업적과 충돌하기에 이르렀다. 의심이 축적되면서 청산리 전투 이외에도 김좌진의 업적이 신화나 새롭게 창조된 것은 아닐지 의심하는 연구자도 늘었다. 하지만 적어도 일제강점기 김좌진의 항일 이미지는 청산리 전투 이후 크게 고양되었으며, 그것은 비단 청산리 전투만이 아니라 일평생 보여준 꾸준한 항일운동의 일관성이 조선인의 마음을 관통한 결과였다. 그럼에도 조선총독부나 해방 후 정치권력이 지나치게 그의 이미지를 정치적 목적에 사용함으로써 결과적으로 그의 민족이미지에 먹칠하고, 항일 이미지조차도 의심받게 하는 안타까운 결과를 가져왔다.

제 15강

반성해야 할 우리역사

발해 유민 나중에 어떻게 되었나

발해 문왕(738~794)이 죽으면서 침체에 빠진 발해의 국운은 선왕(819~830) 시기 면모를 일신하였다. 그 뒤 마지막 왕인 대인선(大諲譔, 907~926)까지 발해는 비교적 안정된 국가체제를 유지한 것으로 보이지만 사료 부족으로 자세한 사정을 알 수없다. 발해 멸망(926)시점도 그러하다. 중국에서는 당이 망하고(907) 5대가 흥망을 거듭하던 시기였고, 이에 중원에서 강력한 세력이 사라지자 북방민족들은 세력을 확장하게 되었다 시라무렌강 유역에서 유목생활을 하던 거란족이 선왕 대에 오늘날의 누안(農安)부근을 경계로 발해와 접경하기 시작했다. 그러던 중 안록산의 난(755~763) 뒤에 당의 지배력 약화되자 야율아보기(耶律阿保機)가 여러 부족을 통합하고 팽창했다. 거란은 먼저 배후의 위협세력인 발해를 선공하려고 했다.

또한 발해와 거란은 오랫동안 앙숙이었다. 야율아보기가 발해를 '세수(世讐; 대대의 원수)'라고 했듯이, 거란은 발해에게 자주 군사적 패배를 당했다. 거란은 이미 당태종 시절부터 고구려 침략에서도 당의 앞잡이가 되었다가 고구려군에게 격퇴된 적이 있었고, 8세기에는 발해와 당의 연합 공격을 받기도 했다. 애왕(대인선) 24년에는 요주(遼州)가 공격을 당했고, 이에 거란은 일차적으로 발해를 공격대상으로 삼았다.

결국 거란군은 926년 정월에 발해의 부여성을 함락한 다음 황용부(黃龍府)로 개칭하고, 상경용천부를 포위하였다. 당시 애왕은 변변한 저항조차 하지 못한 채 항복한 것으로 전해진다. 이로써 고왕 이래 230여 년을 이어온 발해왕조는 멸망했고, 거란은 발해국을 동단국(東丹國)으로 고쳐 태자 배(倍)를 왕으로 삼아 982년 경까지 지속시켰다. 상경용천부도 천복성(天福城)으로 개칭하였다.

발해는 어떻게 그리 빨리 멸망했을까? 자세한 이유는 전하지 않는다. 10세기 초 문약과 사치풍조가 나타나고, 내정이 문란해지면서 왕위 쟁탈전 등이 격화된 이유도 들기도 한다. 그러나 자세한 기록은 없다. 단지 "선제가 그들[발해]의 마음이 상반되고 틈이 생긴 기회를 틈타 군대를 동원하여 싸우지 않고 이겼다"는『요사(遼史)』의 기록처럼 발해국의 내부사정이 극도로 불안정했다는 사실을 짐작할 뿐이다.

이런 상황에서 발해유민이 발생한다. 이들은 지배층 혹은 피지배층 모두 해당되는 집단인데, 발해멸망 이후 그들이 처신하였던 태도와 행방에 따라 다섯 부류로 나누어 생각할 수 있다.

첫 번째는, 멸망 이후 거란에 협조했던 지배층 유민이다. 이들은 거란의 힘에 굴복하여 거란의 협조자가 되었으며, 고려·거란과의 외교접촉에서 중요한 역할을 하였다. 또한 여요전쟁에서도 거란의 장군으로서 발해유민들을 통솔하였다.

두 번째는 거란의 침략을 피해 거란의 통치력이 약한 타 지역으로 이동하거나 인접국에 투항했던 유민들이다. 특히 고려로 많이 이동했는데,『고려사』속에 나타나는 '발해'사람들이 여기에 해당한다.

세 번째는 발해에 수취의 의무를 담당하던 피지배층 유민들이다. 그들은 생활터전으로 인해 과감히 고향을 떠나지도 못하였고, 어쩔 수 없이 거란의 힘에 순종해야 했다. 이들은 기록에서 '숙여진(熟女眞)' 등으로 등장하나, 그 뿌리를 따지면 발해유민인 경우가 많았다.

네 번째는 거란과는 반(半)독립적 상태에서 그들의 생존과 관련된 실리를 추구하며 대처했던 유민들이다. 주로 고려와 관계가 깊었던 생여진(生女眞) 부락들이 해당된다. 당시 여진이란 흑수[말갈]인과 발해유민의 통칭으로 봐야 한다. 발해멸망 이후 함경도·평안도 여진을 비롯해서 남만주·동만주의 여진이 발해의 민인이었다는 사실이다.

다섯 번째는 발해국의 옛 강토 안에서 거란에 맞서 새로운 왕조를 세우거나 대항해 싸웠던 유민들이다. 예를 들면, 대씨(大氏)의 '[후]발해(928~936?)'와 열씨(烈氏) 및 오씨(烏氏)의 '정안국(定安國; 936경~986경)'등이 그러했고, 친거란파의 후손인 대연림(大延琳)이 반란을 일으켜서 흥요국(興遼國; 1029~1030)을 세운 것. 그리고 고영창(高永昌)이 '대발해국(1115)'을 세워 광복운동을 폈던 것이 모두 그러한 예이다. 그러나 이러한 광복운동은 거란에 의해 번번이 실패했다.

특히 거란의 동경요양부에서 일어났던 흥요국의 광복운동은 주목되는 사건이다. 거점이었던 요양부는 상경용천부에 세워졌던 동단국이 천도한 곳으로 당시로서는 요동지역이 '고발해지(故渤海地)'나 '발해고국(渤海故國)'으로 부를 정도로 발해의 명문거족이나 일반 유민들이 많이 거주하던 곳이라서 광복 운동의 진원지가 될 수 있었다. 그러함에도 발해 멸망 이후 100여 년이 되었을 때이므로 이미 발해유민은 지배층 유민 일부를 제외하고는 '거란화'되어 있던 상태였다. 따라서 광복운동은 실패로 돌아갈 수밖에 없었다.

또한 흥요국은 세 차례에 걸쳐서 고려에 원병을 요청하기도 했으나 이때 고려의 곽원(郭元)과 같은 사람은 대연림을 돕자는 주장을 펴기도 했다. 그러나, 동족의식이라기 보다 거란에 빼앗긴 군사기지를 빼앗자는 실리적 생각 때문이었다. 이 시기는 고려가 거란 정복지의 발해후손들까지도 그들과 싸웠던 적대국인 거란의 사람이라고 생각하고 있던 시기였다. 따라서 남북국시대까지만 해도 한국사 속에서 꿋꿋이 남아 있던 발해사의 한국사적 유전자들은 큰 상처를 입었다. 그 이유는 거란의 고려 침략 시기 보여준 발해 유민들의 행태가 고려에 큰 실망을 주어서 그런 것은 아닐까 한다.

학살이 자랑스러웠던 사람들

뉴라이트 역사학계 일부에서는 기존의 국사학이 지나치게 반미(反美) 친북(親北)에 기울어 있으며, '실제 있는 역사'를 제대로 보지 않고 통일과 민족이라는 거대한 언술에 매몰된 채 염원과 회한의 역사만을 재생산한다고 비판한다. 그러면서 '염원과 회한의 역사'는 역사학이 궁구해야 할 '실제의 사실'을 왜곡하고 이념적으로 가공된 허상의 역사만을 재생산하며, 그 대표적인 예가 6·25때 학살에 대한 편견이라고 했다. 그들은 기존의 국사학계가 전쟁 당시 인민군이 내려와서 인민재판을 하고 사람을 숙청한 사실은 도외시한 채 일방적으로 남한의 경찰과 군이 자행한 양민학살만 문제삼는다고 했다. 그러니 지금 국사학에서 말하는 6.25전쟁 시기의 양민 학살에 대한 평가는 공정하지 못하며 실제의 역사가 아니라고 한다.

분단국가 수립 이후 북측은 민주기지 노선을 표방하고 북조선을 해방구로 하여 혁명을 남측까지 확장시키는 전략과 더불어 무력에 의한 통일을 구상했다. 물론 월북 국내파 공산주의자들에 의해서 총선거론이 제시되기도 했지만, 기본적인 통일방향은 무력통일안이었다. 한편, 남측에서는 1950년 5월 30일에 실시된 제2대 국회위원 선거에서 이승만 지지 세력이 참패를 당하면서 사회적 분위기를 만회하려는 이승만 정부가 '반공주의'를 더욱 강화하면서 좌익은 물론 일반 민중들의 욕구분출을 억누르는 데 온 힘을 쏟았다. 이러한 내외정세와 함께 이미 1949년부터 북위 38도선을 경계로 전운이 감돌았다. 1949년 한 해만도 약

874회에 달하는 무력충돌이 있었고, 마침내 1950년 6월 25일 인민군의 남침으로 본격적인 전쟁이 발발하였다.

급속히 남하한 인민군은 6월 28일 서울을 점령하고 7월 말까지 낙동강까지 내려왔다. 남한 1,526개 면 가운데 1,198개면에서 토지개혁이 실시되었고, 당과 인민위원회가 조직되어 북한식 혁명개혁을 전개하고자 했다. 그러나 그 개혁은 북한의 이상과는 달리 큰 실효를 내지 못한 것으로 알려진다.

한편, 후퇴하는 한국 정부는 전국 각 경찰서·군부대에 명령을 내려 좌익경력자와 보도연맹원에 대한 무차별적 학살을 지시하였다. 보도연맹은 1949년 4월 21일 박우천(朴友千)을 이사장으로 하여 좌익경력자에 대하여 "대한민국 정부 절대지지", "북한 괴뢰정부 절대반대" "공산주의사상을 배격" 등의 기치로 조직하여 좌익경력자를 파악하고 이들을 반공전선에 동원하려는 전략에서 나온 것이었다.

이것이 학살의 출발점이었다. 정부의 보도연맹원에 대한 거대한 학살에 이어서 거꾸로 인민군이 들어왔을 때는 학살가담자와 그 가족들에 대한 보복이 발생했다. 이때 북한 경찰(내무서)은 친일경찰이나 보도연맹원으로 학살에 가담하거나 남한경찰에 협조한 사람 등을 끌어다가 인민재판을 벌이고 처형하였다.

9월이 되어 국군이 서울을 탈환하자 10월 4일 군·검·경 합동수사본부가 발족되어 무자비하게 남은 보도연맹원과 인민군 협력혐의자에 대한 보복학살이 되풀이되었다. 천주교 인권위원회 조사에 의하면 전쟁기간 동안 부역자 총수(자수한 자와 검거된 자를 포함)는 550,915명이었고, 자수자는 397,090명, 검거자는 153,825명이라고 한다. 이들이 어떻게 되었는지는 말할 것도 없을 것이다.

세 번째 학살은 1.4후퇴 이후 잠시 인민군이 점령하고 다시 유엔군이 다시 북진한 이후 발생했다. 1951년 4월 이후 CIC(방첩대)를 비롯하여 여러 가지 기구가 구성되어 부역자 및 빨갱이 색출에 나섰다. 전쟁 중의 학살은 일정한 법률규정이나 재판형식이 미비한 가운데 자행되었다. 전선(戰線)이 위 아래로 요동치는 과정에서 애꿎은 남한 국민의 생명도 삶과 죽음을 오가고 있었다.

6·25전쟁 중에 남한측 군경 방첩대, 패잔병 등이 자행한 민간인 학살은 근 100만 명으로 추산되며, 반대로 인민군과 그 지지자들에 의한 학살도 만만치 않아 약 10여 만 명에 달한다고 한다. 물론 북한에서도 북한정권이 후퇴하면서 남한에 만만치 않은 학살이 자행되었다. 학살의 규모 여하를 막론하고 학살의 책임은 이승만 정권과 김일성 정권 모두에 있는 것은 사실이다.

학살의 주체를 보면 1950년 7월에 서울이 점령된 다음 자행된 1차 보복학살에는 인민군과 지방 좌익, 보도연맹원 및 그 유가족이 동원되었다. 그리고 9월 이후 국군이 북진하고 1.4후퇴 이후 유엔군이 북상하면서 발생한 2차 보복 학살에는 한국 경찰과 그 유가족이 자행했다. 정규군이 아니라 유가족과 관변 단체 조직원들이 동원되면서 이제는 빨갱이 학살이 아니라 부역 혐의만으로도 학살되었다. 평소 마음에 들지 않았던 인간관계도 학살의 원인을 제공하였고, 총칼에 의해 강제된 부역도 학살의 주요한 원인이었다.

전체적으로 전쟁 초기에는 주로 보도연맹원 등 주로 좌익혐의자에 대한 정치적 학살이었으나 점차 개인의 사적인 감정에 근거한 보복학살이 확대되고 있었다. 이후 모든 사회 분위기가 그런 사람들이 빨갱이 잡은 공로자로 인정되고, 자랑스럽게 빨갱이 사냥한 이야기를 자랑하고 다니는 풍조가 있었다. 살인이 자랑스럽고 그 억울함은 반공과 빨갱이라는 이름으로 가려져 한(恨)으로 남았다.

그 시절에는 피해 당사자들은 그런 무원칙한 학살을 자행하여 위세를 떨친 사람이 누구인지 짐작했겠지만 화를 자초할까봐 감히 고발할 수 없었다. 그런 왜곡과 기만의 역사가 오늘날까지 반공주의자들의 자기정당화의 논리로 이용되는 현실은 참혹하기만 하다.

여기서 눈여겨 볼만한 대목이 있다. 충북의 어느 마을에서는 6.25 당시 보도연맹원 사살 명령을 받은 경찰간부가 오히려 보도연맹들을 피신시키고 목숨을 살려주었다. 그런 '배려'가 있던 마을에서는 인민군이 들어와서도 큰 봉변이 없었으며, 다시 국군과 유엔군이 왔을 때도 그다지 참혹한 민간인 대량학살이 자행되지 않았다. 이처럼 학살이 없었으면 아무리 전쟁 통이라도 보복은 없었다. 전쟁이 우리를 참혹하게 하는 것은 교전규칙에 의한 전투보다도 그 옆에서 각종의 이유로 억울하고 한 많은 죽음을 양산하고 우리가 가진 모든 양심과 상관없이 자의적인 정의만이 통용되어 그 목적을 총칼을 통하여 실현하고 만다는 점이다.

이렇듯 뉴라이트 계열의 연구자들이 '공정한' 학살 연구를 주장하고 있지만 그들이 말하려는 것은 역시 실제의 역사를 외면하고 자신의 반공주의를 염원과 회한으로 국사학에 투영하고 싶은 종교적 감성에서 출발한 것이라 해도 무방하다. 학살이 없으면 보복도 없었다.

식민지는 축복?

뉴라이트 계열의 어느 교수가 '식민지는 축복'이라는 발언을 한 적이 있다. 여기에 일부 뉴라이트 연구자들은 축복 발언은 망언이 아니라 자유민주주의 의식의 발로이며 이 기회에 우리 스스로 과거를 반성하자는 주장을 펴기도 했다. 어떤 사람은 일제강점기를 겪고 식민지 처지에 몰린 우리 역사를 반성할 때, 일면 '우리가 못나서'라는 자기비판이 반드시 필요하다고 보기도 한다. 당연히 자기 잘못에 대한 반성은 소중하다.

그런데 이런 생각에는 묘한 정치적 욕망이 숨어있다. 예를 들어 오늘날 일제강점기 일본인의 만행만 성토하는 이면에는 역시 일본의 만행 뒤에 숨고자 하는 당대 친일파들의 속내가 자리하고 있다. 일본만 열심히 성토하게 만들 때 자신들에게 닥치는 친일의 기억과 비판은 점점 무디어지기 때문이다. 정작 일본의 책임만을 주장하는 속에 오히려 종군위안부를 끌고 갔던 조선인 포주들의 비인도적 만행은 제대로 지적하지도 못하게 된다. 이들 포주들도 지금은 일본놈들이 시켜서 어쩔 수없이 했던 것이며, '나라가 없던 시절에 우리가 겪은 아픈 기억일 뿐이니 지금와서 다시 무엇을 되새길 필요가 있을까?'라는 상투적인 책임회피의 태도를 보일 것이 자명하다. 일단 식민지 기간동안 우리 민족에서 온갖 영화와 악행을 일삼은 친일세력에 대한 단죄가 일본에 대한 성토보다 우선되어야 함은 자명하다. 이렇듯 우리 안의 파시즘과 우리 안의 매국 흔적에 대한 반성이 없이는 '식민지 지배는 축복'과 같은 주장을 결코 일소시킬 수 없다.

이런 전제 아래 과연 일제강점기는 우리 역사의 진보와 발전을 가져왔는지 조심스럽게 분석해보아야 한다. 한때 우리는 우리의 의지와 상관없는 제국주의 외압에 국권을 유린당하였다. 왜 식민지가 되었는지는 일단 이러한 제국주의 외압이 기본적인 힘이었고, 그 위에 간과할 수 없는 것이 바로 구래의 조선사회가 가지고 있었던 억압구조에 대한 백성들의 불만도 한 자리를 하고 있다.

동학농민군에 대한 끝없는 학살과 저주, 핍박받는 농민들, 백정들, 억울한 관비, 노비, 천인들 그 어느 하나 조선왕조가 효과적으로 이들 세력을 애국진영에 끌어들일 수 있는 헤게모니를 확보하지 못한 것이 바로 근대화의 1차적인 실패라고 할 수있다. 어떤 친일파들은 그러한 무능한 조선사회보다 일본인이라도 지배하는 편이 나을 것이라고 여긴 사람이 적지 않았다. 조선이 망해야 희망이 있다는 생각은 우리 역사가 우리자신을 얼마나 실망시켜왔던 것인지 단적으로 보여준다.

일부 친일파들은 일본이 조선을 식민지로 만들면 조선사회가 근대화되고, 일본이 열강의 침략을 어느 정도 막아주어 조선의 민족적 정체성을 유지하면서 자치권이라도 얻을 줄 알았다. 하지만 당해 본 식민지 경험은 모두가 알다시피 '무단정치'였다. 태형이라고 해서 몽둥이로 찜질하여 강제로 복종시키고, 일본인들에게 모든 금융적, 자본적 우대책이 집중되고, 조선인들에 대한 법적 정치적 감시는 더욱 심화되는 그런 혹독한 식민지 통치를 받게 된 것이다.

일본을 통한 근대화 라든가 사회개혁의 가능성이 부정되면서 그때가 되어서야 많은 조선의 지식인들이 일본의 배신을 깨닫고 3.1운동의 대오를 만들어낸 것이라고 할 수 있다. 이렇듯 일제강점기 내내 우리는 외형적인 근대화에도 불구하고 민족적 자립을 지향하는 기획과 경험을 갖추지 못했고, 실제로 수십 년 동안 우리 국민의 근대화 훈련이나 민주주의 신장 그리고 내실(內實)있는 국민경제의 건설과는 거리가 먼 억압이 이어지면서 친일 세력조차도 어느 정도 배신감을 느낄 것이 자명했다.

그렇다면 일본에 의지하지 않고 우리 스스로 자주적 근대화 혹은 민족혁명을 이루는 것이 불가능했는가 하는 문제이다. 근대화론자들은 이순신이 왜 죽었는지 말하면서 차마 눈뜨고 볼 수 없는 조선사회의 복마전을 그릴지 모르겠으나 내재적 발전이나 자본주의 맹아론을 떠올리지 않더라도 동학농민전쟁에서 3만 명에 달하는 창의군을 소집할 수 있었고, 의병전쟁에서 희생된 인원만도 14만 여명이었다는 사실을 생각해보자. 당시 대한제국 정규군이 불과 8,800명이었다는 사실과 비교해서 충분히 일본이 간섭하지 않았다면 스스로 대한제국을 타도하고 근대화를 이룰 역량이 있었을 것으로 본다. 나아가 조선후기 이래 비록 미약하지만 조선의 내재적 발전은 식민지 직전까지 일정하게 지속되면서 자본과 임노동 관계를 창출해 자본을 축적하고 있었다.

그렇다고 완전한 자주적 근대화의 가능성을 주장하는 것은 과잉해석이다. 다만, 가능성이 있는 일정한 힘. 즉, 민족 보위가 가능한 일정한 군사력과 경제력이 어느정도 축적되고 있었던 것은 자명하다. 하지만 그러한 자주화의 싹은 일본제국주의 세력과 야합한 집단 그리고 외세에 무방비로 굴복한 조선왕조의 무능이 합치되어 한일합방의 길로 나가게 되었다.

그렇다면 식민지시기 근대적 변화를 어떻게 보아야 하는가? 근대화론자들이 주장하는 것처럼 철도와 교통, 근대적 건축물, 조선민사령이나 토지조사사업같은 근대화 정책이 이후 한국자본주의의 형성에 크게 영향을 준 것은 사실이다. 그것은 부정할 수없고, 부정되어서도 안된다.

문제는 그런 양적이고 외형적인 측면에서 조선내에서 자본이나 근대적 관계의 축적이 본격화되어 근대적 변화를 보여준 것만큼 그것이 질적으로 어떤 의미를 주는 것인지 확인해야 한다. 통계만으로 역사를 읽는 것이 아니라 살아가는 사람의 모습에서 역사를 읽어내야 한다는 사실이다.

실제로 한반도의 공업화는 태평양전쟁 전후하여 침략전쟁에 기생해서 형성된 것이었다. 하지만 조선인이 주도한 기업이나 회사는 급속히 감소되고, 일본인이 감사나 이사로 끼어야 겨우 영업을 할 수 있었다. 민족 간의 차별은 관념적인 것만이 아니었다. 조선인 기술자나 국토계획 기획을 담당하는 총독부 관료는 극히 소수였다. 중화학 공업노동자는 적고, 대부분 유년, 여성 노동자들이 노동력 집약 산업에 투입되어 하루 12시간 이상의 노동이 강요되었다. 산업체를 실질적으로 운영할 고급 기술자는 턱없이 부족하고, 30년대 말까지 근대화의 외피에 기만당한 수많은 실업자들이 갈 곳을 찾지 못한 상황이었다. 그나마 글깨나 읽은 청년은 친일 관료자리 하나에 밥줄을 거는 상황이 됐다.

허수열 교수의 연구에 의하면 지나치게 대한제국의 최종단계 모습이 과소평가되어 결국 식민지시대 일본의 근대적 성취가 크게 드러나게 되었다고 한다. 1910년대 생산력이 저평가된 것은 총독부가 식민통치기구를 아직 완성하지 못한 상황에서 제대로 통계적 기준을 마련하지 못한 사정이 그 이유이며, 그 위에 조선에 실시된 우량미곡품종 보급이나 방조제, 수리조합 사업 등 농업육성정책이 현지 사정에 합치되지 않아서 제대로 효과를 발휘하지 못하고 있었다고 진단했다.

일급 친일파들의 변명대로 수많은 조선청년은 먹고살기 위해 친일한 경우도 있었다. 포로감시원이 그랬고, 지원병이 그랬다. 하지만 우리 국민은 그들 모두가 친일파라고 믿지 않는다. 문제는 그들이 끼친 보편적, 인류사적 죄악과 민족구성원에 끼친 씻을 수 없는 범죄행위이다. 대한민국은 친일파 그리고 반민족적 범죄자들이 세운 나라라는 불명예를 언제까지라도 자랑하고 싶은 사람은 없을 것이다.

따라서 식민지의 일차적 책임은 일제 침략자들과 그들을 추종한 매국적 봉건세력과 친일 개화세력이다. 친일 세력은 바로 그러한 반역사적인 행적을 통해 스스로 제2의 일본인임이 자부하면서 우리나라의 모든 기득권을 독점했다. 나아가 오늘날까지 정치, 경제 모든 면에서 그들의 입장을 상속하고 있는 집단이다.

그럼에도 이들 세력은 자신의 잘못을 우리 국민의 '한계'라는 이름으로 국민의 무기력에 전가하며 끊임없이 식민지 공범(共犯)의식을 전파하려 한다. 자기만의 잘못이 아니라는 것이다. 그래서 끊임없이 친일파 숙청을 반대하고 친일 세력을 역사의 피해자로 각인시키고자 하며, 나아가 자신의 역사적 책임을 국민에게 돌리고자 한다. 급기야 그 책동이 한계에 달하자 이제는 일제의 지배를 일정하게 합리화하고 미화하는데까지 나아갔다. 우리 근대사의 가장 큰 비극은 이렇듯 '가짜가 변명하면 진짜가 될 수있다는 믿음'에서 비롯된다. 이들은 대한민국이 자신의 힘으로 이룩된 것이라는 즉, 대한민국의 건국공로자라는 이념적 지향을 뉴라이트라는 유사자유주의 연구단체를 통하여 지속적으로 전파하고 있다.

물론 모든 친일이 모두 반민족적인 것은 아니다. 좌파 정치가로서 건국훈장 대통령장이 추서된 애국지사 몽양 여운형처럼 당시 일본정부와 긴밀한 관계를 가지면서 조선의 실질적인 독립을 앞당기려 노력한 사람도 있었다. 우리는 그들을 친일파라고 부르지 않는다. 일본인과 친한 사람을 친일파라고 하지 않는다.

뉴라이트 세력들은 당시 러시아에 예속됐으면 민족이산이 불가피했을 것이나 다행히 일본의 식민지가 되면서 경제적 성취를 달성하게 되었다는 논리를 펴기도 한다. 그렇다면 차라리 영국의 식민지가 되어 국민회의당이라도 만들었던 인도처럼 되는 것이 낫다고 할지도 모른다. 하지만 식민지는 식민지일 뿐이다. 식민지화로 인한 역사의 굴곡은 분단을 낳고, 6·25전쟁의 단서가 됐으며, 남북에 냉전을 무대로 한 무차별적으로 국민의 인권을 억누르는 독재 권력을 오랫동안 지속하게 하는 원인이 됐다.

백번 양보해 독재 권력이라고 하더라도 독립국가의 박정희 정권이 창설한 각급 공업학교는 한국의 근대화에 실질적인 도움을 주는 산업역군, 기능공을 양성했지만, 식민지하의 공업고등학교는 황국신민의 정신적 충복을 양성하는 정신훈련이었다. 비록 근대적인 기능공 양성을 표방했지만 이처럼 식민지와 비식민지는 서로 차이가 나는 것이다.

이들이 가진 또하나의 망상은 한일합방의 대의를 정직하게 받아들였다면 더욱 근대화가 가능했을 것이라는 생각이다. 언제 우리가 밥깨나 먹기 시작했는지 아는 사람은 알 것이다. 그다지 까마득한 옛날은 아니다. 그처럼 식민지는 제국주의 침략의 부산물인 근대화가 국민 삶의 질을 담보하는 것이 아닌 것처럼 그저 침략전쟁에 필요한 물자와 인원을 동원하고 효율적으로 자본과 잉여의 확보를 위해 만들어진 조선의 각종 공업시설은 결국 조만간 무너질 제국의 부산물일 뿐이었다. 물론 북한의 경우는 조금 달랐을 수도 있다. 북한지역은 당시 나름 고도한 제철, 석유, 화학, 병기 산업까지 발전한 경험이 있었다.

이것을 북한 김일성 집단이 잘 활용하여 6.25침략전쟁에서 활용한 경험이 있다는 점은 역사적 사실로서 받아들여야 한다. 하지만 남한 지역은 일제강점이 시작되던 1910년대나 해방되던 1945년이나 삶의 질은 거의 변화가 없었다고 봐야 한다. 일부 전쟁특수가 있었고, 그 속에서 현대, 삼성같은 한국인 기업이 촉발한 흔적도 있었지만 해방 초기 한반도에서 일본인 고급인력이 물러간 자리에는 도대체 어떻게 남기고간 시설이나 자본을 활용할 수 있을지 자신 있게 준비된 조선인 인력은 없었다.

이처럼 일제강점기 외형적으로 생산력 앙양과 공업시설 확충이 분명히 있었지만 그것은 6.25전쟁 과정에서 대부분 파괴되었고, 어깨넘어 배웠던 기억의 담지자들과 새롭게 나라를 건설한 한국인들의 피눈물 나는 분투 그리고 박정희 정권 시절 과단성있는 경제개발 정책이 어우러지면서 그야말로 20세기 한국의 공업화가 의미있는 그래프를 그리면서 성장하고 있었다. 일제강점기 우리는 일본인들이 쓰다버리는 소모품과 같은 존재였다.

근대화론자들은 하나 모르는 것이 있다. 아무리 한국사가 정체했고, 타율적이며 형식주의적인 내용이 많아 실속이 없다고 하더라도 백성들은 자신의 고통을 아우성치기 위해 궁궐 담벼락에서 꽹과리를 칠 수 있었다. 그리고 정부조차도 수도 한양도성에 반정부 활동이나 반란을 막기 위한 해자(垓子) 즉, 물구덩이를 파지 않았던 나라였다. 임진왜란 당시 지휘관이 전사해도 새로운 지휘관이 뒤를 잇는 밟혀도 죽지 않는 근성의 나라였다.

박정희 정부의 경제 개발

쿠데타로 집권한 박정희 등 군부는 일단 대중들의 경제상의 욕구를 해결하는 것으로서 자신의 정치적 정당성을 확보하고자 하였다. 쿠데타 성공 이후 박정희는 국가재건최고회의 의장으로서 경제기획원을 새로 설치하고 이를 중심으로 '경제개발계획'에 착수했다. 본 경제계획은 1950년대 이승만 정권과 그 뒤의 장면 내각에 의해서도 입안되었는데, 6·25전쟁으로 인한 피해복구에 중점을 두고 미국의 무상원조를 바탕으로 수입대체산업을 건설하겠다는 정도였다.

이런 정책은 그대로 박정희 정권에 의해서 유지되었다. 그런데 이 시기 미국은 소련 및 쿠바와 갈등을 빚으면서 한반도에서 우위를 점한 북한의 경제력에 맞설 만큼 한국의 경제력 강화를 기도하게 되었다. 이 시점에서 미국은 한국정부가 적극적으로 수출주도 경제전략을 추진할 것을 요청하였으나 박정희는 그러한 미국의 요구에 저항하면서 나름 기왕의 수입대체 경제시스템을 유지하려는 자세도 보였다.

그러나 미국의 압력이 거세지고, 자본수입에 기반한 경제성장에 대한 이해가 확충되고, 실제로 수출이 호조를 보이자 경제노선을 본격적으로 전환하게 된다. 이에 박정희 정권은 기왕의 수입대체형 경제개발계획을 수정하여 외국자본을 적극적으로 도입하여 공업부문을 집중 지원해서 공산품을 수출한다는 불균형 성장전략으로 나아갔다. 그것의 이면에는 선진국의 경제발전 모델을 수용하는 등 후발성의 이점을 활용한 발전전략이 깔려 있었다.

일단 박정희 정권은 미국의 이해와 상충하는 세력과 맞서야 했다. 이에 군부내 반대파를 제거하고 4·19 혁명 이후 드러난 혁신세력·학생들을 검거하는 한편, <국가재건비상조치법>·<반공법>·<노동자단체활동에 관한 임시조치법> 등을 제정하여 집권 기반을 다져갔다. 이에 '자립경제 달성'을 목표로 한 '제 1차 경제개발 5개년 계획'(1962~1966)이 '민족적 숙원인 승공통일을 기약'하기 위한 것이라는 점을 주장하였는데, 역시 이러한 경제개발의 논리에서 당시 경제개발이 가지는 정치적 함의를 읽을 수 있다. 그 뒤 한국경제는 이러한 경제개발 전략이 지속적으로 유지되면서 정책에 의하여 성장·발전을 거듭하였는데 4차례의 5개년 계획을 성공리에 마쳤다는 평가를 얻었다.

전두환 정권시기에 시작된 제 5차(1982~1986)부터는 경제·사회발전 5개년 계획으로 명칭을 바꿔 추진했고, 1991년에 제 6차(1987~1991)로 마무리되었다.

제 1차 계획은 농업 생산력의 향상과 소득증진을 통한 경제구조의 불균형 시정과 공업화의 준비를 위한 동력자원 확보 그리고 기간산업의 확충을 시도했는데, 핵심은 수입대체 효과를 지향하는 소비재공업의 개발이었다. 여기에는 막대한 자본이 필요했으며, 당시 국내자본 조달의 한계라든가, 원조성격의 변화 등의 요인에 의해 외자유치를 통해서 자본부족을 해결하고자 했다.

실질적으로 정권을 장악한 박정희가 미국의 일정한 조정 아래 국내 각계의 반대에도 불구하고 '한일회담'과 '월남파병'을 추진하였던 것은 경제개발을 통해 자신의 정치적 정당성을 확보하려던 의도와 미·일의 입장이 서로 합치된 결과였다. 그러나 초기 수입대체 효과를 노린 개발정책은 국내시장의 취약성과 산업구조의 변동, 자본주의 세계경제의 영향 등으로 어려움에 처했다. 그래서 이후 경제정책은 수출주도형 경공업개발과 중화학공업 개발정책으로 점차 바뀌었다. 이후 제 4차 계획까지는 기본목표를 자립경제 구조의 실현에 두었고, 제 3차 계획부터 지역개발의 균형을 이루고자 했으며, 제 4차 계획부터는 사회개발을 촉진하고 공업화에 따른 빈부격차를 해소하는 정책을 추진하려 했지만 별로 성과를 거두지 못했다.

그런데 한일협정으로 들어 온 6억 달러는 대단히 요긴한 재원이었으나 결정적인 함정이 있었다. 그것은 포항제철 건설과정에서도 보듯이 모든 자금을 활용할 경우 일본측의 확인이나 승인절차가 있었다는 점이다. 바로 이 점이 한일협정으로 얻어진 청구권 자금이 결국 우리 경제에 일본의 간섭을 심화하는 결과를 가져왔다. 이후 우리 경제는 다양한 방면에서 일본경제의 흐름에 편입되거나 큰 영향을 받는 사실상의 '종속' 관계에 들어서게 되었다.

또한 경제성장의 주도세력으로 박정희는 국내국적기업을 대거 활용하였다는 점에서 한국경제의 내구성을 강화하는데 크게 기여하였다. 그러나 국적기업은 대부분 일제강점기때 일본인들이 남긴 적산을 정치적인 유대로 혹은 다양한 유착으로 불하받은 세력들이 그 중심을 이루었다. 그러다보니 정경유착에 필요한 정치 자금을 손쉽게 대는 조건으로 각종 경제적 특혜를 지속적으로 확보하여 마침내 대규모 기업으로 성장하게 된 것이다.

한편, 1960년대 섬유 및 경공업 중심으로 선진국의 사양산업을 이전받아 중간품을 받아 가공하여 되팔던 수출산업육성정책은 급속한 경제성장을 일구는 중요한 통로였다. 하지만 고성장 정책에 따른 자본재와 원자재 수입의 증가를 수반했고, 국제수지 적자를 급증시켰다. 이에 1970년대부터는 원리금 상환부담을 덜기 위해 외국기업의 직접투자를 촉진하기 위하여 수출자유지역을 설치하는 한편, 1972년에는 기업의 사채를 동결하는 <8·3 사채 동결조치>로 기업에 특혜를 부여했다.

또한 이시기는 미국 등 자본주의 진영이 첨단산업 중심으로 전환하고, 노동집약도가 높은 중화학 공업을 신흥공업국으로 이전하는 상황이었다. 아울러 동남아 등 신흥개발도상국의 등장으로 경공업 중심 체제를 더 이상 지속할 수 없었다. 이에 박정희 정권은 중화학공업을 중심으로 한다는 정책선언을 내놓게 되고(1973) 이후 중화학공업에 대한 막대한 투자가 이뤄졌다. 그 산물로서 창원기계공업단지가 건립되어(1973) 기계공업 육성을 본격화하고, 포항제철을 중심으로 한 소재공급력 확충계획이 진행되면서 자본재 산업이 급성장했고 부품자급률도 성장하였다.

1962년 이후 경제개발정책의 결과는 대단히 역동적이었다. 경제기획원의 통계에 따르면 경제활동 인구에서 농림어업 인구가 차지하던 비중이 1965년에 63.5%이던 것이 1970년에는 47.8%, 1975년과 1980년에는 각각 45.9%, 34.0%로 줄고, 1987년에는 21.9%로 파악되고 있다는 점이 그 단적인 증거라 하겠다. 반면, 같은 기간에 광공업 및 '사회간접자본 및 기타'부문의 인구는 각각 9.2%→27.3%→28.1%[이 가운데 제조업 27.0%]→ 50.0%로 증가했다. 국민총생산에서의 업종별 비중을 보면, 농림어업은 38.0%→ 13.5%로, 광공업은 21.7%→ 31.5%로 바뀌었고, 사회간접자본 및 기타 서비스업의 경우에는 40.3%→ 57.1%로 증가했다.

특히 '성장' 위주 경제정책으로 인해 국민총생산(GNP) 성장률은 매우 높아 불변가격 기준으로 평균 5.8~10% 성장을 실현하였고, 그 규모를 경상가격 기준으로 살펴보면, 제1차 계획기간 말인 1966년 말의 37억 달러에서 1991년 말의 292억 달러로 25년간 7배 가까이 늘어났다. 1인당 국민총생산 역시 같은 기간에 125달러에서 6,757달러로 53배나 격증하였다. 이러한 경제성장은 수출신장에 힘입은 바가 큰데 수출규모는 1966년 말의 2억 5천만 달러에서 1991년 말의 718억 7천만 달러로 286배나 폭증했다. 특히 1970년대 중화학공업 중점정책으로 인해 급속도로 중화학공업 비율이 증가하여 1970년에 공업생산 비중에서 38%인 것이 1979년에는 53%로 높아졌다.

그러나 경제개발에는 많은 문제를 포함하고 있었다. 먼저, 저임금·저곡가 정책 및 특혜금융 등에 의한 정부주도의 수출드라이브정책은 국가권력과 결탁한 독점재벌을 비대화시켰다. 즉, 정권과의 관계여부가 시장의 존립을 좌우하는 경우가 많았고, 이러한 정치권력에 부속된 시장 형성의 과정은 각종의 정경유착을 지속시키는 하나의 시스템이 되어버렸다. 그리고 권력과의 긴밀도가 시장의 크기를 좌우하는 상황에서 수익성이 높은 독과점 상품은 대부분 이들 정경유착형 재벌이 장악했고, 역으로 노동자·농민은 빈곤으로, 중소기업은 계열화와 파산으로 나아갔으며, 농촌의 황폐화는 심각해졌다.

둘째로 경제개발이 자본과 기술의 대외의존 위에서 추진되었기 때문에 우리 산업의 대외의존성을 심화시켰다. 특히 한일협정으로 받은 청구권 자금은 경제개발에 크게 기여했으나 설계부터 건립까지 철저히 일본측의 간섭과 승인 아래 집행되고 말았다. 그것은 일본의 구미대로 한국경제의 성장이 가능해지고 있다는 말과도 같다. 따라서 몇몇 경제학자들이 한국경제의 급속한 성장에 고무되어 박정희 경제개발에 대한 찬양 일색의 논리를 전개하기도 하지만 실제로는 그 이후 나타난 수많은 경제적 파탄의 원인은 일본측 간섭과 우리 측의 무지가 착종되어 나타난 비극적 결과이기도 했다.

1970년대 그러한 두 가지의 모순은 적나라하게 드러났다. 예를 들어 박정희 정권이 추진한 중화학공업 우선주의 정책은 우리측의 기획과 집행이 크게 제약되었던 이유로 과도한 생산투자와 중복투자를 조절

할 수없었다. 군사정권이 가지는 장점이 소멸되었다는 점이다. 이는 미국이 중국과 가까워지고 주한미군 철수에 대한 고민이 증가하는 속에서 우리 경제가 더더욱 미국과 일본 일변도의 편향에 내몰렸기 때문에 질서있는 투자를 군사정권이 유도할 수없게 된 사정과 일치한다. 무정부적인 일본 의존적인 설계와 자립적 기술이 취약한 중화학공업화 정책은 군사정권 특유의 '질서있는 투자 가능성'을 왜곡하였고, 결국 이러한 제약은 우리 경제가 필요로 하는 각종 설비 및 자본재의 해외의존도를 확대시키면서 중복투자의 늪으로 몰아갔다. 정권의 취약성은 더욱 중화학공업 투자의 난맥을 확대하였고, 유신체제로도 막을 수 없는 상황까지 나아갔다.

결국 중화학공업 방면의 대규모 기업부실은 박정희 정권의 말로를 재촉하였다. 하지만 당시 형성된 중화학공업은 이후 전두환 정권 아래서 수출주도산업으로 성장하면서 1980년대 이후 한국의 경제성장을 이룩하는 기반이 되었다.

에필로그

선녀와 나무꾼

금강산과 관련한 많은 설화 중에서 가장 사랑을 받는 이야기가 바로 선녀와 나무꾼이다. 이 선녀와 나무꾼 이야기는 금강산에 있는 상팔담(上八潭)이라는 연못을 무대로 만들어진 이야기인데, 각 지방마다 그 내용이 다르다. 일단 각 지역별로 공통된 이야기는 다음과 같다. 옛날 금강산에 사는 어떤 총각이 사냥꾼에게 쫒기는 사슴을 구해 주었는데, 사슴이 은혜를 갚고자 선녀의 날개옷 훔치기 계략을 총각에게 알려주었다. 역시나 사슴이 말한 날 8명의 선녀가 상팔담에 내려와 각각 연못 하나씩 꿰어 차고 목욕을 하는데, 나무꾼은 사슴의 계략대로 8번째 선녀의 날개옷을 훔쳤고, 이윽고 선녀를 아내로 맞아 잘 살았다는 이야기이다.

8번째 선녀라면 여러 가지 해석이 나오겠지만 하강한 선녀 중에서 가장 늑장을 부리거나 게으른 선녀일 수도 있고, 가장 고참 선녀일수도 있다. 물론 마지막 선녀를 택한 것은 역시 들키지 말아야 한다는 전략의 산물이었을 것이다.

그런데 모든 행복에는 옵션이 있어서 아이 셋을 낳기 전에 날개옷을 선녀에게 보여주어선 안 되었다. 그러나 입이 싼 나무꾼은 선녀가 아이 둘을 낳자 "이제는 말해도 괜찮겠지!"하면서 안심하고는 전후 사실을 미주알고주알 일러바쳤다. 그러나 나무꾼의 예상과 달리 선녀는 옷을 다시 입고는 자기 아이 둘을 데리고 하늘로 올라갔다. 이 정도가 전체적으로 공통된 이야기 줄거리이다.

나무꾼과 선녀 설화는 1939년 임석재가 <조선의 이류교혼담(異類交婚談)>에서 '신과 인간의 결혼'이라는 특성을 강조하고자 이 설화를 인용하면서 유명해졌다.

선녀와 인간간의 사랑은 우리나라만 있는 것이 아니고 전 세계적으로 나타난다. 예를 들어 중국에서는 곡녀(鵠女) 전설 일본에서는 우의(羽衣)전설 서구에서는 우리가 잘 알고 있는 백조의 호수와 같은 맥락의 백조처녀이야기(swan maiden) 등의 이야기가 그것이다. 각 지역별로 이야기 내용은 조금씩 달라서 잘 아는 나무꾼과 선녀라는 제목 말고도, 금강산 선녀, 선녀와 수탉이 된 총각, 사슴이 구해준 총각, 노루와 나무꾼, 수탉의 유래, 수탉이 높은 데서 우는 유래 등 여러 가지가 있다.

설화 내용은 다양한 형태로 나타나는데 어떤 것은 대단히 불행한 이야기로 끝나는가 하면 어떤 경우는 대단히 행복하게 끝나기도 한다. 너무 극단적인 결론으로 맺어진 것이 많아서 도대체 진짜 선녀와 나무꾼은 어떻게 되었는지 오히려 오리무중이다.

해피엔딩의 대표적인 결론은 이렇다. 즉, 홀아비가 된 나무꾼은 다시 옛날 자신에게 계교를 알려 준 사슴에게서 하늘에 올라갈 수 있는 계책을 듣게 되고, 결국 하늘에서 내려오는 두레박을 타고 승천하여 하늘에서 선녀와 재회하여 행복하게 살았다는 이야기이다. 그런데 어떤 설화는 해피엔딩을 두 배로 즐기고자 한 듯 나무꾼 부부가 금강산의 아름다움을 잊지 못해 다시 금강산에 내려와 오래오래 행복하게 살았다고 한다.

반대로 불행한 경우는 일단 두레박을 타고 하늘에 올라간 나무꾼이 지상에 두고 온 어머니나 친척이 보고 싶어 다시 지상에 내려왔다가 선녀가 내린 금기를 깨뜨리고 말았고, 결국 재승천하지 못하고 죽어서 수탉이 되었다는 이야기이다. 여기서도 한술 더 뜨는 비극이 있는데, 나무꾼이 결국 외로움을 견디다 못해 죽고 난 다음 선녀가 그를 불쌍히 여겨서 그의 시신만 하늘로 옮겼다는 이야기도 있다.

무릇 설화도 각 지방의 고스톱의 룰이 다르듯이 혹은 아리랑 곡조가 조금씩 차이가 나듯이 조금씩 각색되면서 나름의 이야기가 만들어졌다. 대체로 이야기 형태는 선녀승천형, 나무꾼 승천형, 나무꾼 천상시련극복형, 나무꾼 지상회귀형, 나무꾼 시신승천형, 나무꾼과 선녀동반하강형 등으로 유형화된다. 이러한 이야기의 다양성은 인간의 공통된 정서인 사랑이야기를 그저 일반화하거나 권선징악으로 끝나게 하지 않고 대단히 개별화하고 자기중심적 결론을 만들 기회를 제공하고 있다는 점에서 놀랍다.

그리고 신화가 주로 하늘의 남성신과 땅의 여성신과의 만남 예를 들어 단군신화 같은 것인데 반해, 설화는 하늘의 선녀와 땅의 남성간의 만남이 중심이다. 전자는 가진 남성에 대한 여성의 로망이고, 후자는 여성에 대한 남성의 영원한 로망이다. 그런데 그 꿈은 어느 경우든 행복하게 결론나지 않음도 중요한 교훈이다.

이렇듯 설화적 구성을 가진 것이기에 나무꾼과 선녀이야기의 핵심은 신분이 낮은 남성이 신분 상승하려면 뭔가 괜찮은 끈이나 지체 높은 여성과 인연을 끌어내야 한다는 것이다. 또한 어떤 부분은 남성의 가장 큰 불행이 고부갈등 즉 선녀와 어머니 사이에서 방황하다 불행에 빠져버린 이야기이기도 하다.

우리는 늘 현실의 나보다 나은 모습을 기대하면서 친구도 만나고 연인도 사귀고 한다. 하지만 나무꾼 설화를 통해서 볼 때 하나 중요한 사실을 발견하게 된다. 그런 개별적 욕심이 만든 결론은 대체로 비극에 가깝다는 이야기이다. 그리고 그 욕심을 버리면 해피엔딩으로 끝나는 경우가 많다는 것이다. 서로 다른 생각 서로 다른 환경에서 살았던 선녀와 나뭇꾼이 행복하게 된 것은 서로의 다름에서 발생한 고통을 이겨낸 경우였고, 불행한 경우는 모두 자신의 입장만을 쳐다 본 경우였다.

우리는 선녀와 나뭇꾼이 행복해지길 바란다. 비록 천상의 나라와 이승의 나라에 달리 살아서 서로를 이해하지 못했지만 아이도 낳고 인간은 못가 볼 하늘나라도 갔던 그 행복은 다름 아닌 서로의 깊은 신뢰 아니었을까? 핵문제로 가로막힌 남북관계도 그럴 것이다. 북한을 적개심으로 바라보는 한 선녀와 나무꾼 이야기는 언제나 비극일 것이 자명한데 말이다. 이것을 미리 예견하지 못할 정도로 어리석음은 나무꾼의 입싼 오두방정보다 질이 낮은 것이다.

김인호

부산에서 태어나서 고려대학교 사학과를 졸업하고 동 대학교 대학원에서 석·박사 학위를 취득하였다. 일본 동경경제대학 경제학부에서 연구원을 지냈고, 현재 동의대 사학과 교수로 재직 중이다.

저서로는 『칠천량의 백파』(경인), 『공존과 화해의 한국현대사』(국학자료원), 『20세기 관점에서 본 조선시대사』(경인), 『태평양전쟁기 조선공업연구』(신서원), 『근대한국 지방사의 이해』(신서원), 『식민지 조선경제의 종말』(신서원) 등이 있으며, 『반도의 총후진』(국학자료원), 『격동의 세계사를 말한다』(학고재) 등 외 다수의 번역서와 「조선 후기 원균이미지의 변화상과 원균비판의 정치성」(역사와 교육) 「일제강점기 조선에서 수탈한 일본 국가기관의 자산실태」(한국민족운동사연구) 등 다수의 논문이 있다.

오늘을 생각하는 우리 역사

초판 1쇄 발행 _ 2017년 2월 25일

저　　자 • 김 인 호
발 행 인 • 정 현 걸
발　　행 • 신 아 사
인　　쇄 • 토탈프로세스
출판등록 • 1956년 1월 5일 (제9-52호)
주　　소 • 서울시 은평구 통일로 59길 4(2F)
전　　화 • 02)382-6411 · 팩스 02)382-6401
홈페이지 • www.shinasa.co.kr
E-MAIL • shinasa@daum.net

ISBN 978-89-8396-980-4 (93900)

정가 14,000원

프라임 동의 인문교양 총서

이 저서는 교육부의 산업연계교육활성화선도대학(프라임)사업 사업비를 지원받아 집필한 저서임